"신들을 찾아 나선 여행길이 고되어서 지쳤으면서도, 너는 '헛수고'라고 말하지 않는구나"(사 57:10, 새번역). 이사야서에 나오는 이 말씀이야말로 우리의 현실을 가장 적확하게 표현한 말이 아닐까? 분주하게 살고 있지만 마음은 헛헛하고, 거칠고 사나운 세상에서 살아남기 위해 몸부림치는 동안 마음의 고요함은 흔적도 없이 스러졌다. 이럴 때일수록 질주를 멈추고 가만히 마음을 가다듬어야 한다. 『하나님의 사랑, 우리를 빚다』는 누구나 알고 있지만 주목하지 않았던 근원의 자리로 우리를 이끈다. 우리 시대 어둠의 뿌리를 들여다보는 동시에 그 어둠을 뚫고 솟아 나오는 빛을 보여 준다. 심연의 가장자리에서도 명랑함을 잃지 않을 수 있는 힘은 사랑으로부터 나온다.

김기석 청파교회 담임목사, 『삶이 메시지다』 저자

요즘 세상에서 일어나는 일들을 돌아볼 때 마음에 울리는 시편 말씀이 있다. "여호와여, 도우소서. 경건한 자가 끊어지며 충실한 자들이 인생 중에 없어지나이다. 그들이 이웃에게 각기 거짓을 말함이여, 아첨하는 입술과 두 마음으로 말하는도다.…비열함이 인생 중에 높임을 받는 때에 악인들이 곳곳에서 날뛰는도다"(12:1-2, 8). 3천 년 전에 드려진 이 기도가 오늘에는 더욱 절실하다. 깨어지고 뒤틀린 세상, 사람들에게서 점점 더 심하게 드러나는 비열함과 야만스러움, 이런 문제를 두고 '이를 어찌할까?' 고민하는 사람이라면, 이 책에서 크게 공감하고 위로와 용기를 발견할 것이다. 저자는 심리학과 사회학과 영성학을 두루 엮어서 우리 사회의 질환을 보게 하고 그 질환을 치유하는 길을 제시한다. 참으로 반가운 책이다.

김영봉 와싱톤사귐의교회 담임목사, 『사귐의 기도』 저자

마흔의 나는 하나님이 그분의 나라를 이루시는 방식이 '선하고, 아름답고, 친절한' 방식임을 믿는다. 그러나 이러한 삶의 방식의 무력함을 자주 대면한다. 연약한 자들의 보잘것없는 방법으로 하나님의 나라가 이루어진다고 믿기에는, 세상은 너무나 악하고, 인간은 너무나 연약해 보이기 때문이다. 이러한 의문을 오래 성찰한 듯한 저자는 상처가 인간에게 남긴 트라우마를 깊이 이해하면서도, 십자가라는 강력한 트라우마를 온몸에 지니고 부활하신 그리스도 안에 '선하고, 아름답고, 친절한 삶'이 가능함을 역설한다. 저자는 힘 있게 세상의 변혁을 외치지만, 그리스도와 단절된 채 그 모든 일을 이루고자 하는 우리의 욕망에 브레이크를 건다. 책을 덮으며, 잠잠히 머물러 하나님께 듣게 되길, 긍휼히 여기는 체하기 전에 하나님의 긍휼히 여기심을 풍성히 받게 되길 소망하게 되었다.

전은주 싱어송라이터

『하나님의 사랑, 우리를 빚다』는 사랑의 결핍, 구조적 권세, 개인의 상처로 인해 갈가리 찢기는 세상에서 예수님을 따라 어떻게 살아야 하는지를 평화롭고 은혜롭고 지혜롭게 밝힌 책이다. 독자는 이 책에서 사람의 비위를 맞추는 복음이 아니라, 우리 자신을 치유할 수 있을뿐더러 이 분열된 사회를 바로잡을 수 있는 참으로 은혜롭고 선한 복음을 발견하게 될 것이다. 따로 시간을 떼어 이 아름다운 책과 함께하길 바란다.

스캇 맥나이트 노던 신학교 신약학 교수, 『하나님께 간구하는 기도』 저자

교회에 스며든 부서짐, 기만, 변형을 치유할 자원이 절실히 필요하다. 이 아름다운 책에서 리치 빌로다스는 이를 위한 비전, 신학, 틀을 제시하고 생명을 주는 실천 방안들을 소개하여 우리가 진실함을 되찾고 예수님이 염두에 두셨던 제자의 모습에 더 가까워지도록 돕고자 한다. 그의 목회적이고 분석적이며 강렬한 비전에 깊이 감사한다.

존 타이슨 시티 뉴욕 교회 담임목사, *Beautiful Resistance* 저자

우리 모두에게 주어진 선물 같은 책! 모든 장이 믿기 힘들 만큼 좋다. 아주 시의적절하고 중요한 내용이다. 은혜가 충만하고 소망이 가득하며 실제적이고 생각을 자극한다. 리치는 세상에 있는 균열과 우리 영혼의 상처를 밝힐 뿐 아니라, 온전함으로 가는 길도 제시한다. 이 책에는 "선하고 아름답고 친절하신 하나님이 사랑 안에서 사랑을 위해 우리를 만드셨다"는 것을 알리기를 갈망하는 참 목회자의 마음이 오롯이 담겨 있다. 세상은 부서지고 환멸에 빠져 있지만 이 책에는 소망과 치유가 가득하다. 독자는 예수님의 오래된 길이 과연 미래로 가는 길임을 발견하게 될 것이다.

크리스틴 케인 'A21', '프로펠 위민'(Propel Women) 설립자

화해와 정의가 다음 세대로 이어지기 위해서는 새로운 틀과 실천이 필요하다. 이 책에서 리치 빌로다스는 예수님의 길에 뿌리를 내리고 선, 아름다움, 친절로 가는 길을 제시했다. 온전함과 치유를 갈망하는 모든 사람의 필독서다.

라타샤 모리슨 '비 더 브릿지'(Be the Bridge) 설립자 겸 대표이사, 「뉴욕 타임스」 베스트셀러이자 2021년 ECPA 올해의 책 *Be the Bridge* 저자

탁월한 신학적 통찰과 인간에 대한 예리한 분석을 겸비한 리치 빌로다스는 우리 및 우리 세계를 찢어 놓고 있는 세력들을 면밀히 살피고, 개인적·관계적·사회적 치유를 얻는 데 도움이 되는 실천으로 나아가도록 목회적으로 부드럽게 이끈다. 교회가 그 광채를 되찾을 일말의 소망이 있다면, 그것은 이 책에서 리치가 안내하는 대로 따라가 깊이 있는 작업을 진행한 결과로 나타날 것이다. 세상을 새롭게 바꿀 만한 의미심장한 힘을 가진 놀라운 책이다.…우리가 그럴 기회를 준다면 말이다.

글렌 패키엄 캘리포니아 록하버 교회 담임목사, *Resilient Pastor* 저자

우리가 힘겨운 분열의 시대를 살아가고 있다는 것은 비밀이 아니다. 우리는 이 사실을 알 뿐 아니라 **느낀다**. 이런 시대에 살다 보니 무력감뿐 아니라 더 위험하게는 **절망감**마저 들 수 있다. 그러나 감사하게도, 리치 빌로다스 목사 같은 섬김의 지도자들이 있다. 그는 모든 답을 아는 척 가장하지 않으면서도 '더 나은 길'을 걷도록 우리를 두려움 없이 초청한다. 빌로다스는 이 책에서 더욱 선하고 아름답고 친절한 삶으로 우리를 이끌어 줄 정직하고 성찰적이고 믿음직한 나침반을 제시한다. 좋은 책을 어떻게 알아보는가? 좋은 책에서 내 영혼은 하나님 나라를 계속 추구하고 구현하라는 권고, 격려, 도전을 받는다. 이 책이 바로 그런 책이다!

유진 초 '브레드 포 더 월드'(Bread for the World) 사장 겸 대표이사, *Thou Shalt Not Be a Jerk* 저자

많은 이들이 우리가 분열되고 불안한 시대에 살고 있다고 토로할 것이다. 그런데 이런 진단을 내리는 데서 더 나아가 우리를 치유로 이끄는 소수의 사람들이 있다. 『하나님의 사랑, 우리를 빚다』에서 리치는 대가다운 통찰력과 목회적 명료성을 발휘하여 우리 시대 질병의 근본 원인을 밝히고 온전함으로 이끄는 영적 해독제를 제시한다. 온전함을 얻고자 기도하고 갈망하며 기다리는 이들에게 이 책은 기도의 응답이다. 놀라운 선물이다!

가브리엘 살구에로 개더링 플레이스 교회 목사, 전미 라틴계 복음주의연맹 대표

지금의 세상은 너무나 많은 것이 잘못되었다. 우리는 무엇에 힘입어 또 하루를 버틸 수 있을까? 리치 빌로다스의 『하나님의 사랑, 우리를 빚다』는 제자도의 여정에 기쁨과 달콤함을 되찾아 준다. 시대가 암울해 보일 때도 밝고 풍요로운 삶으로 이끄는 길이 여전히 있다는 사실을 기억나게 해 줄, 모두를 위한 책이다.

제마르 티스비 *How to Fight Racism* 저자

하나님의 사랑, 우리를 빚다

IVP(InterVarsity Press)는
캠퍼스와 세상 속의 하나님 나라 운동을 지향하는
IVF(InterVarsity Christian Fellowship)의 출판부로
생각하는 그리스도인을 위한 문서 운동을 실천합니다.

Good and Beautiful and Kind
Copyright ⓒ 2022 by Richard A. Villodas, Jr.
A Guide for Reflection and Discussion copyright ⓒ 2023 by Richard A. Villodas, Jr.
Foreword by Ann Voskamp copyright ⓒ 2022 by Penguin Random House LLC.
All rights reserved.

Korean translation copyright ⓒ 2024 by Korea InterVarsity Press
156-10 Donggyo-ro, Mapo-gu, Seoul 04031, Republic of Korea.

This translation published by arrangement with Water Brook,
an imprint of Random House, a division of Penguin Random House LLC
through EYA(Eric Yang Agency).

이 책의 한국어판 저작권은 EYA(Eric Yang Agency)를 통하여
Random House와 독점 계약한 IVP에 있습니다.
신 저작권법에 의하여 한국 내에서 보호받는 저작물이므로
무단 전재와 무단 복제를 금합니다.

선하고
아름답고
친절한
삶으로
가는
길

하나님의 사랑, 우리를 빚다

리치 빌로다스
앤 보스캠프 서문 홍종락 옮김

Ivp

내 아이들 카리스와 네이선에게

선, 아름다움, 친절을 생각할 때
나는 너희의 얼굴을 본단다.

난 기다리다 지쳤어.
세상이 선하고 아름답고
친절한 곳이 되기를 기다리다가.
당신은 아닌가?
칼을 꺼내어
세상을 둘로 쪼개고
어떤 벌레들이 껍질을
갉아먹고 있는지 보자.

_랭스턴 휴스(Langston Hughes), "지쳤어"

차례

서문_ 앤 보스캠프 13
들어가며 21

1부

세상의 균열 배후에 있는 세력들

1장 사랑하지 않음 29
　　　죄는 현실의 파괴

2장 보이지 않는 적 53
　　　권세에 맞서 살아가기

3장 걸림이 되는 상처, 거룩한 상처 83
　　　트라우마와 세상의 소망

2부

더 나은 길로 행하기

4장 기도의 문제 111
생각 없는 시대 속 관상의 길

5장 거짓 자아의 벽을 넘어서 133
겸손, 그리고 방어벽 낮추기

6장 반사적 반응에 저항하기 157
불안한 문화 속에서 차분한 현존으로 살아가기

3부

온전함 구현하기

7장 장애물이 아니라 다리 185
온전함을 추구하는 건강한 갈등

8장 용서의 선물 211
가해의 고리를 진짜로 끊기

9장 공적인 사랑 237
예수님의 길을 따르는 정의

나가며 263 / 감사의 글 267
성찰과 토론을 위한 가이드 269 / 주 279

서문

팁 피어슨이 내게 이렇게 말했다. "하나님이 우리를 그분의 토지가 아니라 몸이라고 부르신 데는 이유가 있습니다." 레드윙 작업화에 존 디어 모자(미국의 패션 브랜드 이름—편집자)를 쓴 팁은 손이 오래된 삼나무 난간처럼 거칠고 울퉁불퉁했다.

"몸은 힘줄과 혈관으로 서로 이어지는데, 토지는 울타리와 경계로 조각조각 나뉩니다." 그는 땅을 일구어 먹고사는 사람이 으레 하는 식으로 두 손을 써 가면서 말했다. 그의 손이 녹슨 가시철조망에 익숙하고 울타리에 걸린 것들을 풀어낼 줄 안다는 것을 알아볼 수 있었다.

"울타리를 걷어 내야 합니다. 안 그러면 몸이 다칩니다."

최후의 만찬에서 다음 명령을 내리신 분은 그리스도였다.

새 계명을 너희에게 주노니 서로 사랑하라. 내가 너희를 사랑한 것 같이 너희도 서로 사랑하라. 너희가 서로 사랑하면 이로써 모든 사람이 너희가 내 제자인 줄 알리라. (요 13:34-35)

그러나 우리는 이 계명대로 사는가? 서로 사랑하라는 명령을 싫으면 따르지 않아도 되는 어설픈 제안으로 여길 때가 얼마나 많은가?

가끔 우리는 누군가가 어떤 사람을 피하고 경멸하고 성토하고 안 좋게 여기는지를 보면 그가 그리스도의 사람인지 알 수 있다고 생각한다. 반면에 그가 '누구를 사랑하는가'는 그가 **그리스도인**인가가 아니라 자유주의자인가 보수주의자인가를 말해 준다고 생각한다. 그러나 이것은 아주 많은 점에서 거꾸로 된 생각이다.

갈보리 사건 이전의 예수님, 십자가 아래에 으스러지신 그리스도, 세족 목요일의 기도를 드리신 예수님도 이 사실을 잘 보여 주신다.

내가 비옵는 것은 이 사람들만 위함이 아니요 또 그들의 말로 말미암아 나를 믿는 사람들도 위함이니…내게 주신 영광을 내가 그들에게 주었사오니 이는 우리가 하나가 된 것같이 그들도 하나가 되게 하려 함이니이다. 곧 내가 그들 안에 있고 아버지께서 내 안에 계시어 그들로 온전함을 이루어 하나가 되게 하려 함은 아버지께서 나를 보내신 것과 또 나를 사랑하심같이 그들도 사랑하신 것을 세상으로 알게 하려 함이로소이다. (요 17:20, 22-23)

이 말씀을 생각해 보라. 오직 사랑하는 사람만이 그리스도의 보내심을 받은 것이다. 우리에게 사랑이 없다면, 그리스도가 우리를 보내신 게 아니라는 의미다.

우리가 지난 수십 년 중에도 손에 꼽을 만큼 분열되고 어려운 시대에 살고 있다는 것은 비밀이 아니다. 가끔은 언론의 모든 머리기사가 우리를 상심케 하는, 갈수록 더 힘든 소식을 전하는 것처럼 느껴진다. 주위를 둘러보면 무엇이 보이는가? 질병, 전쟁, 불안, 불확실성. 그리스도의 사람들도 이 시대의 혼란 속에서 똑같이 영향을 받았다. 종종 우리는 예수님처럼 사랑하는 일이 가장 필요한 상황에서 그런 사랑에서 보란 듯이 실패하는 자신의 모습을 거울 앞에 선 것처럼 명확히 본다. 우리는 신앙의 공동체로서 고전했고, 우리 중 많은 이들이 배신감이나 혼란에 직면했다. 낙심하는 것이 자연스럽게 느껴진다. 절망이 유혹한다. 이런 상황에서 새롭게 전진할 길을 찾으려면 무엇을 해야 할까?

이것이 독자가 지금 손에 든 책 이면에 말없이 깔려 있는 큰 질문이다. 리치 빌로다스는 현대 교회에서 가장 깊이 있고 지혜로운 사상가 중 한 사람이다. 그의 마음은 십자가를 닮았고 예수님의 방언으로 말한다. 게다가 앞으로 나아갈 진짜 방법을 그려 보인다. 리치가 들려주는 대항문화적 진리들은 문화뿐 아니라 사람의 마음까지 변화시킨다. 리치는 얄팍한 귀가 듣고 싶어 하는 말 대신, 지금 같은 시대에 마음이 정말 절실히 알아야 할 바를 들려준다. 그는 그리스도의 마음에 자기 마음을 꼭 붙이고 살아가는 사람이기 때문이다. 독자는 이 책의 한 줄, 한 줄에서 그리스도의 마음을 만나게 될 것이다.

이 책은 선하고 아름답고 친절한 삶으로 가는 길을 그리고 있으니 설득력 있는 대목을 만나면 펜을 들고 책의 여백이나 일기장에 소감을 적어 나가라. 독자는 이 길을 따라가고 싶고, 참여하고 싶고, 부르시고 죄를 깨닫게 하시고 감동케 하시는 성령께 귀를 기울이고 싶어질 것이다. 자신이 적은 소감에 머물지 않고 당신이 추구하는 선하고 아름답고 친절한 삶으로 들어서야 할 것이다. 주의를 집중하여 이 책을 읽자. 주의 집중은 받아들임의 시작이기 때문이다. 이 책에는 독자가 온전히 받아들이고 싶을 만한 내용이 담겨 있다. 그 내용은 완전히 새로운 방향을 잡게 해 줄 것이다.

이 책을 읽으면서 자신의 영혼에 이렇게 물어보자. '**이런 방식으로 살아간다면 내 삶은 어떤 모습이 될까? 누가 예수님의 계명, 사랑하라는 명령을 지킬까, 누가 그리스도의 기도에 대한 응답이 될까? 누가 예수님이 사랑하신 것처럼 사랑하고, 선하고 아름답고 친절한 삶을 실천할까?**'

그리스도의 몸에는 수많은 균열과 분열과 파당이 있다. 그러나 사랑의 법에 순종하는 것이 복음을 전하는 가장 적절한 길이다. 사랑은 가장 급진적으로 전복적인 행동이요, 이제껏 사람을 변화시킨 유일한 힘이다.

사랑하기를 두려워해서는 안 된다. 사랑이 진리를 억압하는가? 사랑이 하나님을 죽이는가? 사랑은 진리를 부정하지 않는다. 사랑은 진리를 침묵시키지 않는다. 사랑은 진리의 **토대**다. 사랑이 없으면 진리는 박살 나고 울리는 꽹과리가 된다. 사랑이 없다면 그리스도의 보내심을 받지 않은 것이다. 사랑은 진리의 언어이고, 은혜는 하나님의 방언이며, 진리는 이해심 많은 사랑으로 전해질 때만 이해 가능해진다.

그리스도는 세족 목요일에 명령하신 대로 우리가 온전히 하나 되게 해 달라고 기도하셨다. 그 하나됨은 우리가 서로의 차이점을 은폐하는 것을 의미하지 않는다. 그것은 서로를 공격하고 파괴하는 것이 아니라 그분의 말씀을 펼치고 서로 대화하는 것을 의미한다. 분명, 하나됨의 실천과 진리의 선포 사이에는 늘 이 긴장이 있다. 그러나 마치 다리(교량)처럼 서로를 꽉 잡아 주는 양쪽의 긴장이 있어야 복음이 온 세상으로 나갈 수 있다. 우리는 서로를 놓을 수 없다.

자, 팁 피어슨은 모든 농부가 아는 사실을 말했다. 밭에서 작물을 수확하기 원한다면, 때때로 울타리를 허물어야 한다.

그래서 원수는 (그리스도의) 몸을 잘라 내려고 시도한다. 누군가와 어떤 점에서 의견이 다르면, 그 사람을 경멸하거나 완전히 무시해야 한다고 속삭인다. 누군가를 인정하거나 긍정하려면, 그들의 뜻에 완전히 동의해야 한다고 속살거린다. 이것은 거짓말이다. **부숴 버리라**.

그리스도가 그분의 십자가를 지신다. 하나님은 이 세상에 있는 그리스도의 몸에 이 시간 이렇게 촉구하신다. 신자는 십자가의 공동체 안에서 서로를 가르는 선을 긋지 말라. 부서진 자는 분열의 벽을 허물라.

우리는 선한 것, 아름다운 것, 친절한 것을 추구하는 사람들이 될 수 있다. 성금요일을 앞둔 세족 목요일의 명령을 따를 준비가 된 사람들, 우리와 다른 한 사람을 찾아 나설 준비가 된 사람들이 될 수 있다. 우리 부서진 이들이 담을 허무는 일은 교단, 정치 성향, 국적, 문화, 성향, 피부색, 종교가 다른 누군가에게 손을 내미는 것으로 시작된다.

우리는 선하고 아름답고 친절한 것을 추구하는 사람들이 될 수 있다. 서로를 실제로 **사랑하라**는 세족 목요일의 계명을 진지하게 받아들여서 울타리 건너편의 누군가를 우리의 식탁으로 초대할 수 있다.

우리 식탁에 앉히고 싶지 않은 누군가가 있다면, 최후의 만찬 식탁에서 예수님이 누구 옆자리에 앉기 원하셨는지 봐야 한다. 예수님은 유다와 같은 그릇에서 떡을 찍어 드셨다. 그분이 그렇게 하셨다면, 우리도 은혜를 받아 누구와도 같은 식탁, 같은 공간을 공유할 수 있다.

우리는 선하고 아름답고 친절한 것을 추구하는 사람들이 될 수 있다. 다른 사람의 신앙생활에서 **암묵적** 요소를 공격하는 데 시간을 쓰지 않고, 살아 계신 그리스도에 대한 **명시적** 믿음을 공개적으로 격려하는 데 집중하는 사람들 말이다.

우리는 선하고 아름답고 친절한 것을 추구하는 사람들이 될 수 있다. "사랑으로 표현되는 믿음만이 중요"함을(갈 5:6, 현대인의성경) 아는 사람들 말이다. 우리는 올바른 교리를 알아도 사랑이 없으면 울리는 꽹과리에 불과하다는 사실을 머리로만이 아니라 힘차게 뛰는 심장으로도 아는 사람들이 될 수 있다.

울리는 꽹과리의 일부가 되지 말고, 펜을 쥐고 책장을 넘겨 가면서 리치 빌로다스의 희귀하고 특별한 지혜의 인도를 받자. 그리하여 부서진 세상에서 온전함을 향해 좀 더 나아가자.

리치는 몸이 아는 유일한 진통제(barbs)가 가시철조망 울타리(barbed wire) 같은 더욱 적대적인 분열이 아니라 그리스도의 이마를 파고들었던 가시면류관(barbed thorns)임을 보여 준다. 우리 각자에게 선하고 아름답고 친절한 사람들의 십자가를 닮은 사랑을 실천하며 사는 법을 보여 준다.

앤 보스캠프

들어가며

선, 아름다움, 친절. 우리가 갈망하는 세 가지이고, 잘 살아 낸 삶의 세 가지 증표이며, 하나님의 임재가 가져오는 세 가지 실재다. 하지만 셋 다 여전히 세상에서 삶으로 구현하기 힘들다. 그 반대인 악, 추함, 비열함이 더 쉽게 눈에 띄기 (그리고 경험되기) 때문이다.

세상은 스스로를 갉아먹고 있다. 세상은 안에서부터 균열되었고 온전함을 갈망한다. 균열의 내용이 정치, 인종, 종교, 공공보건, 성(性) 또는 다른 무엇이든—이것들은 우리가 매일 느끼는 양극화된 이슈들의 일부일 뿐이다—우리 삶의 특징은 사랑, 선, 아름다움, 친절보다는 반사적 반응, 초조, 성급한 판단, 폭력, 다른 사람과 함께하는 일의 어려움 등으로 나타난다.

우리는 균열된 세상이 주는 스트레스를 몸으로 느끼고 인간관계에서도 느낀다. 한때 힘이 되어 주던 우정은 혐오의 황무지 안에서 녹아 없어져 버렸다. 한때는 가족이 식탁 주변에 모였지만 이제 식탁은 벽이 되었다. 한때 타인과 삶을 나누던 많은 이들이 이제는 타인에 대한 의심의 구름 아래 살아간다.

이 모든 상황 앞에서 나는 의아해진다. 우리는 어쩌다 이런 지경에 이르렀을까? 더 중요하게는, 어떻게 해야 이와 다른 상황을 꿈꿀 수 있을까? 우리는 이 두 간단한 질문을 거리에서, 가정에서, 교회에서, 우리 영혼 깊은 곳에서 외친다. 우리는 선한 삶, 아름다운 삶, 친절한 삶을 갈망한다.

우리 안팎의 균열이 옳지 않다고 느껴지는 이유는 우리 영혼이 소속감과 깊은 애정의 유대감을 원하기 때문이다. 우리는 세상에 만연한 적대감에 휘둘리라고 만들어진 존재가 아니다. 선하고 아름답고 친절하신 하나님이 사랑 안에서 사랑을 위해 우리를 만드셨다.

하지만 슬프게도 우리는 옴짝달싹 못하는 상황이다. 우리 대부분은 과거를 허황되게 추억하고 다시는 돌아오지 않을 그 시절을 아쉬워하며 한탄하는 것이 우리에게 남은 유일한 선택지라고 믿는다. 그러나 만약 미래가 남아 있다면 어떻게 될까? 치유를 일으키는 방식으로 사랑하는 법을 배울 수 있다면 어떻게 될까? 우리가 짊어진 고통이 최종 결정권을 가진 것이 아니라면 어떻게 될까? 평화, 기쁨, 사랑으로 가는 길이 있다면 어떻게 될까? 나는 그런 길이 있다고 믿는다.

우리가 처한 상황을 이해하고 거기에 잘 반응하려면 스스로에게 몇 가지 질문을 던져야 한다. 어떻게 해야 온전함을 찾을까? 어떻게 해야 잘 사랑할까? 균열의 배후에 어떤 세력이 도사리고 있을까? 우리에게는 어떤 영성이 형성되어야 할까? 요컨대, 하나님의 사랑으로 우리 삶이 형성된다는 것은 무엇을 의미할까? 이 질문들은 내가 여러 해 동안 고민해 온 문제이고, 우리가 이 책에서 함께 탐구할 내용이다.

내가 목회하는 도시 교회는 구성원이 많고 다양하고 복잡하기에 세상의 균열이 교회 생활에 그대로 영향을 끼칠 때가 많다. 나는 사랑의 길, 예수님의 길에 따라 형성되어야만 했고, 다른 이들도 그 길에 따라 형성되게 하려고 최선을 다해야 했다. 인종적·세대적·경제적·정치적·신학적 다양성을 두루 귀하게 여긴 우리는 그리스도 나라의 길에 헌신한다는 것이 무엇인지 끊임없이 재검토해야만 했다. 나는 하나님 나라에 충실하게 사는 일이 그 나라에 관해 설교하는 일보다 훨씬 어려움을 거듭해서 배웠다. 우리 교회 공동체는 예수님의 오래된 길에서 온전함과 치유와 사랑을 찾을 수 있다는 진리를 재발견해야 했다.

예수님이 알려 주시는 인간답게 사는 길은 우리에게 익숙한 적대감의 벽을 능히 허물 만큼 강력하다. 그분의 복음은 우리에게 잘 사랑함에 대한 비전을 제시한다. 영혼을 치유하고 원수와 화해하고 진리를 말하고 정의를 구현하고 죄를 정복하는 비전이다. 그것은 우리 삶에 반드시 필요하다. 대부분의 사람들이 사회 안에서 잘 사랑하도록 형성되지 못했고 교회 안에서도 마찬가지인 지금은 더욱 그렇다.

사랑을 실천하기가 어렵다는 것은 개인적으로도, 공적으로도 쉽게 알 수 있다. 그러나 이런 상황이 달라질 수 있다면 어떨까? 감상주의에서 벗어나 자기 수여적(self-giving) 사랑으로, 분노에서 벗어나 공감으로, 두려움에서 벗어나 환대로 들어서도록 우리를 형성하는 오래된 길을 따른다면 어떻게 될까? 이것이 이 책의 핵심이다.

온전함, 선, 아름다움, 친절, 사랑 같은 큰 단어들에 대해 말하는 것은 간단한 일이 아니다. 최고의 언어 장인들도 신성의 이 증표들을 간결하게 표현하는 데 어려움을 겪었다. 이 책에서 나는 이 단어들을 정의하기보다는 어떤 모습인지 묘사하고 거기에 이르는 길을 제시하려 한다.

세상을 둘로 쪼개기

하지만 이 목표 지점에 이르기 위해서는 내면을 들여다보는 힘든 과정을 거쳐야 한다. 이것은 미국 시인 랭스턴 휴스가 불후의 시 "지쳤어"에서 권했던 일과 비슷하다.

난 기다리다 지쳤어.
세상이 선하고 아름답고
친절한 곳이 되기를 기다리다가.
당신은 아닌가?
칼을 꺼내어
세상을 둘로 쪼개고
어떤 벌레들이 껍질을
갉아먹고 있는지 보자.[1]

휴스는 선하고 아름답고 친절한 세상을 향한 우리 모두의 갈망을 늘어놓은 다음, 갑자기 칼을 꺼내어 "세상을 둘로 쪼개" 표면 아래의 현실을 살피라고 충고한다. 이것은 생생한 그림이다. 그가 내부인과 외부인의 구분을 확실히 하기 위해 판단을 일삼는 이분법적 삶의 방식을 권하는 것이 아니라는 데 주목해야 한다. 이것은 분열이 아니라 깊이를 위한 언어다. 그는 우리가 더 깊이 들여다보도록, 우리 삶을 갉아먹고 있는 부패와 벌레들을 살피도록 도우려는 것이다. 휴스는 우리가 거기서 출발할 때 비로소 선하고 아름답고 친절한 삶에 참으로 들어설 수 있다는 것을 알았다. 나도 바로 그 지점으로 당신을 데려가고 싶다. 세상을 둘로 쪼개어 그 안의 벌레들에 집중하고 싶은 것이 아니다. 그것을 보려면 소셜 미디어로 가면 된다. 내가 원하는 바는 흔히 잘 드러나지 않는 벌레들을 드러내고, 우리 안에서 우리를 통해 일하시도록 하나님께 맡기면 우리가 어떤 존재가 될 수 있는지를 제시하는 것이다.

 우리를 이런 삶의 길에 뿌리내리게 해 줄 내용을 이 책에서 3부에 걸쳐 살펴볼 것이다. 1부에서는 "세상을 둘로 쪼개" 사랑, 선, 아름다움, 친절이 우리의 삶과 세상에서 어떻게 **갉아먹히는지** 탐구해 보고자 한다. 죄, 정사와 권세, 트라우마의 주제를 둘러볼 것이다.

 2부에서는 선하고 아름답고 친절한 삶이 관상기도, 겸손, 차분한 현존의 함양을 통해 우리 안에 어떻게 **형성되는지**에 초점을 맞출 것이다.

 3부에서는 이 모든 것이 건강한 갈등, 용서, 정의를 통해 **구현되는** 방식을 검토할 것이다.

 이 내용들을 살펴보기에 앞서, 인내에 관해 한마디 해야겠다. 선하고 아름답고 친절한 삶을 사는 것, 그리스도의 사랑의 길을 따라 사는 것은 하룻밤 새 이루어지는 일이 아니다. 사랑은 성령의 열매다. 다시 말해, 천천히 자란다. 사랑으로 가는 지름길은 없다. 하나님은 무엇이든 우리 안에 빠르게 만들어 내실 수 있다고 생각하는 이들이 많지만, 열매가 맺히려면 시간이 걸린다. 성령의 은사는 넉넉하게 그리고 빨리 주어지지만, 성령의 열매는 그렇지 않다. 이 둘을 혼동하면 오직 성령의 열매로 천천히 감당해야 할 일을 성령의 은사로 빠르게 해낼 수 있다고 기대할 위험이 생긴다.

그러니 자신에게 자비를 베풀라. 우리는 모두 여행 중이니까. 이 내용들을 서둘러 끝내려고 하다가는 그저 책 한 권을 읽는 데 그치고 하나님의 은혜의 역사에 자신을 열어젖히지 못할 것이다. 하나님의 은혜의 역사는 성급하게 훑고 지나가기에는 너무나 중요하다. 이 책을 읽으면서 여백에 메모하기를 권한다. 곳곳에 밑줄을 치고 형광펜으로 표시해 보라. 책의 내용으로 일기를 쓰고 친구나 소그룹과 나누면서 정리하는 시간을 가지라. 최고의 변화는 공동체 안에서 이루어진다.

이 모든 것과 더불어, 이웃과 함께하는 선하고 아름답고 친절한 삶을 추구하자.

주님, 주께서는 우리가 당신의 사랑으로 빚어지기를 원하십니다. 우리에게 은혜를 베푸소서. 이 책의 내용대로 완벽하게 사는 은혜가 아니라 그 내용으로 신실하게 씨름하는 은혜를 주시옵소서. 이 책의 여정이 끝날 무렵, 우리가 주께로, 이웃에게로, 우리 자신에게로 더 가까이 가게 하옵소서. 예수님 이름으로 기도합니다. 아멘.

1부

세상의 균열 배후에 있는 세력들

1장

사랑하지 않음

죄는 현실의 파괴

죄의 핵심은 사랑하지 않는 것이다. 죄는 '우리를 안으로 굽게 하는' 힘이다. 북아프리카의 감독 성 아우구스티누스(Saint Augustine)의 말에 따르면, 인류는 인쿠르바투스 인 세(*incurvatus in se*)의 상태에 있다. 즉 자신을 향해 안으로 굽어 있다.[1] 이 증상은 아주 심각하다. 우리의 물리적 눈은 위를 올려다볼 수 있지만, 우리의 영적 시각은 흔히 자신에게로 지독히 굽어 있다. 이렇듯 우리의 관심이 편협하게 자기에게 초점이 맞춰져 있다 보니 사랑이 설 자리가 없다.

    죄를 사랑과 연관 지어 생각하는 사람은 많지 않다. 죄라고 하면 흔히 범법, 위반, 빚(모두가 하나님과 우리의 관계를 이해하는 데 유용한 은유들이다)의 이미지를 떠올린다. 하지만 나는 시야를 넓혀 보자고, 달리 말하면 렌즈의 초점을 맞추자고 제안하고 싶다. 예수님의 길을 따라 살고자 하면, 사랑의 관점에서 죄를 이해해야 한다. 온전함을 갈망하는 사람이라면 특히 그래야 한다.

예수님은 가장 큰 계명이 무엇이냐는 질문에 더없이 분명하게 대답하셨다. **사랑**이다. 사랑이 가장 중요한 계명이다. "'네 마음을 다하고, 네 목숨을 다하고, 네 뜻을 다하여, 주 너의 하나님을 사랑하여라' 하였으니, 이것이 가장 중요하고 으뜸가는 계명이다. 둘째 계명도 이것과 같은데, '네 이웃을 네 몸과 같이 사랑하여라' 한 것이다. 이 두 계명에 온 율법과 예언서의 본뜻이 달려 있다"(마 22:37-40, 새번역).

성경에 대한 예수님의 요약을 듣고 내가 내린 결론에 독자가 놀랄지도 모르겠다. 나는 예수님이 주신 가장 큰 계명이 사랑에 뿌리를 두고 있다면, 가장 큰 죄—어쩌면 모든 죄—는 어떤 식으로든 이 계명을 거부하는 것임이 분명하다는 결론에 이르렀다. 이것이 죄가 그토록 치명적인 이유다. 죄는 우리를 우리 안으로 향하게 한다. 죄는 우리를 우리 자신에게로 굽게 만들고, 그렇게 함으로써 사랑, 선, 아름다움, 친절을 뿌리 뽑는다.

죄를 '사랑하지 않음'으로 분류하는 것은 죄를 감상적으로 이해하거나 완화시키는 일이 아니다. 그것은 하나님 및 서로와 함께하는 우리 삶의 본질을 예수님의 방식으로 규정하는 일이다. 인간의 최고 목적은 옛 웨스트민스터 교리문답의 문구대로 "하나님을 영화롭게 하고, 그분을 영원토록 즐거워하는 것"이다.[2] 이 목적으로 가는 길은 단순하다. 사랑이다. 사랑은 믿음의 완성이고 죄는 그 부정이다.

사도 바울은 예수님을 제외한 그 누구보다 이것을 잘 포착해 냈다. 교회의 초창기에 새로운 공동체들이 형성되었는데, 어찌된 일인지 그 과정에서 종종 사랑이 주변부로 밀려났다. 다양한 유혹, 실패, 혼란에 시달린 그리스도인들은 사랑을 가장 중요한 믿음의 표현으로 여기지 않았다. 한 가지 사례를 들면, 고대 그리스의 고린도 시에서는 그리스도를 따르는 이들 사이에서 은사가 사랑을 대체해 버렸다. 사랑을 무시하고 은사를 강조하면서 많은 대인 관계에 균열이 일어났고, 그로 인해 바울은 그들에게 편지를 한 통 쓰게 되었다. 서신의 끝부분에서 그는 이후 '사랑 장'이라고 알려지게 된 유명한 내용을 썼다. 거의 모든 결혼식장에 등장하는 고린도전서 13장은 사랑이 무엇인지를 "오래 참고", "온유하며" 등으로 아름답게 묘사한다. 그러나 바울이 그 대목을 쓸 때 결혼식 종소리, 신부, 부케를 염두에 두지 않았다는 데 주목해야 한다. 그 대목은 독자에게 따뜻하고 포근한 느낌을 선사하려고 쓴 내용이 아니었다. 고린도전서 13장은 그리스도를 따른다면서도 서로 하나되지 못하고 엉뚱한 데 관심을 갖는 이들을 바울이 꾸짖는 대목이다. 그들은 대단한 기적과 은사를 보였지만, 정작 중요한 부분에서는 성숙함과 인격을 거의 드러내지 못했다.

바울은 고린도전서 13장을 마무리하면서 분명하게 밝혔다. "그런즉 믿음, 소망, 사랑, 이 세 가지는 항상 있을 것인데 그중의 제일은 사랑이라"(13절). 사랑이 가장 큰 선이라면, 죄는 그 반대임이 분명하다. 죄는 단순히 법의 위반이 아니라 사랑이 깨진 상태다.

독자는 이 말을 추상적인 신학 개념으로만 생각하기가 쉬울 것이다. 그러나 만약 그렇지 않다면 어떨까? 우리 문화, 교회, 가족, 가장 친밀한 관계에서 생겨난, 끔찍할 만큼 구체적인 상처와 균열의 원인을 사랑이 깨어진 데서 찾을 수 있다면 어떨까? 우리 세상이 지금처럼 선하고 아름답고 친절한 것과는 동떨어진 상태가 된 이유가 바로 이것, 사랑하지 않음이라면 어떻게 될까?

'죄'를 되찾기

그런데 지금 죄를 지적할 또 다른 설교자를 원하는 독자는 없을 것이다. '리치가 도덕을 설교하잖아. 그것도 무려 1장부터!' 혹시 이런 생각부터 든다면 내 말을 한번 들어 보시라. 나는 랭스턴 휴스가 말한 "껍질을 갉아먹고 있는…벌레들"이 무엇인지 우리가 함께 이해했으면 한다. 그런데 그 일을 하려면, 즉 삶을 방해하고 우리 사회의 가장 신성한 유대들을 파괴하는 세력을 지목하고 이해하려면, 사랑과 죄 모두를 상세하고 정확하게 이해해야 한다.

세상의 역사적·현대적 균열을 파악하려면 지금 우리의 크나큰 고통을 이해하게 해 줄 만큼 충분히 방대한 범주가 필요하다. 우리의 균열을 이해하려면 사회학과 심리학의 도움도 필요하지만, 무엇보다 **신학**의 도움이 있어야만 이 균열을 참되고 더 큰 맥락 안에서 볼 수 있다. 이렇게 말하면 이상하게 들리겠지만, 우리에게는 죄가 필요하다. 죄 없이는 우리 자신이나 사회에 대해 정확하게 말할 수가 없다.

성공회 사제 바버라 브라운 테일러(Barbara Brown Taylor)는 자신의 책 『잃어버린 언어를 찾아서』(*Speaking of Sin*, 비아)에서 이렇게 밝혔다.

죄와 관련된 언어를 폐기한다고 해서 죄가 사라지는 것은 아니다.

우리가 다른 어떤 이름을 갖다 붙여도 인류는 여전히 소외, 진실의 왜곡, 지옥 같은 현실, 죽음을 경험한다. 죄와 관련된 언어를 버리면 그런 일들 앞에서 말 못하는 이가 될 뿐이고, 우리 삶에 엄연히 존재하는 그 일들을 더욱 완강히 부정하게 된다.³

우리 문화에서 기독교는 더 이상 인간 세상에서 이루어지는 숙고와 참여의 중심에 있지 않다. 이런 상황에서 죄에 대해 말하는 것은 힘든 일이 될 수 있다. 사람들은 죄라고 하면 남을 심판하는 태도, 독단, 선별적이고 일관성 없는 도덕주의를 떠올리게 되었고, 종교인이든 아니든 죄가 특정한 방식으로 사람을 통제하고 강요하는 데 쓰이는 또 하나의 단어에 불과하다는 결론을 내렸다. 목사인 나는 여기에 상당한 진실이 담겨 있음을 인정해야겠다. 죄 개념은 **오용되고 있고** 사람을 통제하는 데 **쓰이고 있으며** 신앙 공동체들이 사회에서 저지른 변명의 여지없는 위선을 보호하고 심지어 정당화하는 데 **쓰이고 있다**.

최근에 나는 한 아파트 주민과 대화를 나누었다. 내가 목사라는 말을 듣자 그는 종교의 억압적 경향에 대해 열변을 토하기 시작했다. 그가 볼 때 **죄**는 사람들의 성, 돈, 정치적 신념을 통제하고 원하는 대로 붙들어 두기 위한 조작용 단어였다. 거기에는 위협이 담겨 있었다. 그는 죄가 힘 있는 사람들이나 특권층이 자기들 생각대로 세상을 주무르는 또 다른 방식일 뿐이라고 여겼다. 나는 그 말의 상당 부분에 동의할 수밖에 없었다. 주위를 둘러보라! 죄에 관한 언어는 동일한 윤리적 기준을 공유하지 않는 사람을 박살 내는 망치로

쓰였다. 그것은 비극적인 일이다. 그러나 사람을 살리는 방식으로 죄를 이해하는 다른 길이 있다. 그렇다면 회복을 가져오는 방식으로 사랑하는 법을 배울 수 있다는 소망을 굳게 붙들고 한 번 시도해 봐야 하지 않을까?

죄를 새로운 틀로 바라보기

죄를 사랑과 연결시켜 정의한다고 해서 죄에 대한 전통적 이해를 전면 폐기해야 하는 것은 아니다. 사실, 죄는 하나님의 율법을 어기는 것이라고 분명하게 말하는 성경 구절들이 있다. 그러나 그 구절들이 온전한 그림을 제시하는 것은 아니고, 우리 대부분은 궤도 수정이 필요하다. 우리 문화에서는 흔히 죄를 '사랑하지 않음'이 아니라 하나님의 율법을 어기는 것으로만 여겼다.

죄에 대한 이해를 넓히면 우리의 영적 건강 상태를 더 잘 평가할 수 있다. 엄격하게 정의된 율법적 의미에서 우리는 오늘 하나님의 법을 어기지 않았을 수도 있다. 그러나 혹시 누군가를 사랑하지 않았는가? 자기 자신을 향해 굽어 있어서 주위의 가난하거나 취약한 사람들에게 그리스도의 사랑을 전할 기회를 놓쳤는가? 그랬을 가능성이 높다. 그리스도는 이런 높은 기준을 받아들이라고 촉구하신다. 산상설교를 기억하는가? 예수님은 마태복음 5장에서 모세 율법을 거듭거듭 인용하여 "…는 것을 너희가 들었"다고 하시고는 "그러나 나는 너희에게 이르노니…"라는 말씀으로 사랑이라는 새로운 틀로 그 가르침을 규정하셨다. 오늘날의 우리는 그 유명한 가르침이 주는 버거운 격려 아래서 살아가고 있다.

죄에 대한 충실한 신학은 우리가 자기기만에서 벗어나도록 도와준다. 반면 편협한 신학은 종종 영적 성숙에 대한 잘못된 감각을 안겨 준다. 교만한 시선으로 주위를 둘러보고 자신이 저 죄인들과 같지 않음을 감사했던 그리스도의 비유 속 바리새인처럼(눅 18:11 참고), 협소한 죄 이해에서 죄의 심연으로 직행하기까지의 거리는 한 걸음밖에 되지 않는다. 다시 말해, '그래, 난 저건 하지 않고 있으니 괜찮은 게 분명해'라고 생각하기가 쉽다. 그러나 '저것을 하지 않는 것'으로 죄 문제를 해결할 수는 없다. 죄는 사랑의 반대다.

영적 활력의 기준이 죄를 피하는 것이 되면, 우리는 스스로를 속이고 자신이 예수님을 신실하게 따르고 있다고 착각하게 된다. 그러나 예수님을 따르고 있는지를 가늠하는 척도는 사랑이어야 한다. 이웃 사랑으로 표현되는 하나님에 대한 사랑 말이다. 이것은 선하고 아름답고 친절한 삶이다. 나는 이 사실을 깨닫기까지 여러 해가 걸렸다. 사실, 지금도 이 사실을 자주 상기해야만 한다.

나는 스무 살에 그리스도인이 되었다. 하나님의 사랑에서 소망을 발견했고 감동했다. 한 설교자가 하나님이 나의 과거, 현재, 미래에 관심을 갖고 계시며 나를 죄에서 구해내기 원하신다는 좋은 소식을 선포했다. 나는 그 소식을 기쁨으로 받아들였고 내 삶을 예수님께 바쳤다. 그러나 그리스도와 함께하는 삶에 들어서고 보니, 죄는 무엇보다 도덕규범의 위반이라는 이미지로 표현되고 있었다. 그 결과, 거룩함은 그와 유사하게 부정적인 방식, 즉 죄를 피하는 일로 이해되었다. 사람들에게 죄는 사적인 것이었다. 죄의 고백은 누군가에게 내 영혼의 깊고 어두운 비밀(과 어쩌면 인터넷 검색 기록)을 털어놓는 것을 의미했다. 죄에 대한 이런 생각은 죄를 사랑의 반대로 보는 입장과 많이 동떨어져 있다. 죄는 우리가 사적으로 한 일들, 보통은 우리가 부끄럽게 여긴 일들이었다.

물론, 하나님은 우리 삶의 모든 면에 관심을 갖고 계시고, 우리의 사생활, 그 가장 내밀한 측면까지도 예외는 아니다. 예수님을 따르라는 초청은 우리가 혼자인 순간과 그때 내리는 결정에까지 전해져야 한다. 그러나 기독교는 많은 영역에서 우리가 사생활에 초점을 맞추고 대부분의 시간을 보내도록 유도한다. 죄는 사실상 몰래 하는 활동이라고 보는 것이다.

그리스도인이 된 초창기에 나는 죄를 피하는 데 집착했다. 영적 승리는 포르노를 보지 않는 데 있었다(거룩에 대한 너무 낮은 기준이었다). 내가 듣는 음악, 보는 영화, 어울리는 사람들의 목록을 작성했다. 그중 어느 것이라도 나를 죄로 끌어들인다 싶으면 잘라 내려고 최선을 다했다. 한편으로 이것은 좋은 훈련 같다. 그러나 이것이 죄를 이해하는 유일한 방식 또는 주된 방식이라면, 우리는 자신이 악마의 제자 노릇을 하고 있음을 발견하게 될 것이다. 무슨 말인지 설명해 보겠다.

시인이자 신학자인 토머스 머튼(Thomas Merton)은 그의 책 『새 명상의 씨』(*New Seeds of Contemplation*, 가톨릭출판사)에서 우리가 어떤 식으로 악마의 제자 노릇을 하는지 밝혔다.

악마는 죄에 반대하는 설교를 함으로써 많은 제자를 만든다. 악마는 죄가 대단히 나쁜 것이라고 그들을 설득하고 '하나님께 만족감을 드린다'며 죄책감의 위기를 조장한다. 그러고 나서 그들이 남은 인생 내내 다른 사람들의 극명한 악함과 확연한 영벌의 상태를 묵상하며 살게 만든다.[4]

다시 말해, (아주 좁게 정의된) 죄를 멀리하는 데만 초점을 맞추다 보면 참담한 도덕주의에 따라 사느라 하나님을 즐거워하지 못하고 다른 이들보다 자신을 우월하게 여기는 독선에 빠진다. 이것은 우리가 많은 사람들에게서 목격하고 우리 삶에서도 끝없이 드러나는, 기독교 신앙의 서글픈 모습 중 하나다.

기독교 신앙의 모습이 이런 방향으로 나타나기 때문에, 이것을 지켜보는 세상 사람들은 기독교를 위선적 종교라고 여긴다. 세상은 그리스도인이 개별적 죄와 개인적 경건에 예민하게 굴면서 사랑과 정의에는 그만큼 헌신하지 않는 모습을 본다. 그리스도인을 두고 사랑이 없다고 질책하는 이들은 기독교 신앙의 교리를 아주 잘 이해하고 있는 것이다. 기독교의 핵심은 예수를 따르는 이들을 통해 표현되는 하나님의 사랑이다. 때로는 세상이 우리의 신앙을 우리보다 더 잘 아는 것 같다. 물론, 기독교에 대한 이 평가가 기독교의 전모를 담지는 못한다. 우리가 사는 세상의 선함 중 많은 부분은 여러 세기에 걸친 그리스도인들의 사랑 없이 이해할 수 없다. 그러나 여기서 우리는 겸손해야 한다. 사실, 예수님은 이 문제와 관련해서 당대 종교 지도자들에게 몇 가지 엄한 말씀을 하셨다.

화 있을진저, 외식하는 서기관들과 바리새인들이여! 너희가 박하와

> 회향과 근채의 십일조는 드리되 율법의 더 중한 바 정의와 긍휼과 믿음은 버렸도다. 그러나 이것도 행하고 저것도 버리지 말아야 할지니라. (마 23:23)

주의 깊게 듣자! 예수님은 향신료의 10퍼센트를 하나님께 바친 (이것은 이들이 율법을 대단히 꼼꼼하게 지켰음을 말씀하시는 예수님의 표현 방식이었다) 종교인들의 개인적 신앙 표현을 무시하지 않으셨다. 그러나 예수님은 그에 걸맞은 사랑의 헌신은 없는 그들의 위선을 꾸짖으셨다. 그들은 율법을 지켰지만 사랑은 버렸다.

이것은 죄의 작동 방식을 이해하는 데 있어서 중요한 측면을 보여 준다. 죄라는 힘은 우리를 안으로 굽게 하고 거기다 우리를 묶어 두려 한다는 것이다. 그로 인해 우리는 안팎으로 심하게 부서진다. 자신의 영혼 안에 갇혀 버린 사람이 어떻게 드넓은 세계와 건강한 관계를 맺을 수 있겠는가?

안으로 굽은

자기 안을 들여다보는 일에는 큰 가치가 있다. 우리 모두 하나님의 은혜를 받아 내면 점검에 정성을 들여야 한다. 그러나 그분의 은혜가 우리를 안으로 향하게 하는 목적은 자기 인식, 고백, 궁극적으로는 사랑에 있다는 데 주목하라. 이러한 과정을 거치고 나면, 하나님의 방법에서 드러나는 역설적인 아름다움으로 인해 우리는 바깥으로 향하는 사랑을 키우게 된다. 하지만 죄는 도무지 옴짝달싹 못하게 만드는 방식으로 우리를 안으로 굽게 만든다. 우리가 망상을 바라게 만든다. 우리의 안락함, 안전, 두려움, 욕망, 개인적 관점을 세상의 중심으로 여기게 한다. 죄는 우리를 안으로 굽게 만들고 하나님을 비롯한 어느 누구도 들어설 여지를 거의 주지 않는다.

그러니까 죄는 우리가 행하는 일일 뿐만 아니라 우리를 굴복시키는 힘, 우리 안으로 구부러지게 만들어 그 상태로 꼼짝 못하게 만드는 힘이다. 이제 나와 함께 유서 깊은 이 질문들을 던져 보자. 세상은 왜 부서졌는가? 우리는 왜 이토록 깨어졌는가? 답은 간단하다. 죄 때문이다. 우리는 죄의 결과로 다른 이들과 분리된다. 죄가 파괴적인 이유는 다른 사람들과 맞서서 자기 잇속만 챙기며 살게 만들기 때문이다. 죄는 결코 개인적이지도, 사적이지도 않다. 죄는 우리 세상의 특징인 교묘한 (그리고 노골적인) 권력 추구의 배후다. 폭력을 부르는 에너지요, 모든 오만, 냉담, 증오를 일으키는 동력이다.

명백한 인종 차별을 경험한 이들이 공감과 배려는커녕 그 문제를 거론했다는 이유로 악마 취급을 당할 때, 거기에 죄가 작용하고 있다. 우리가 심각한 불의에 무심하게 반응할 때 죄가 작용하고 있다. 우리가 누군가를 존중하지 않을 때, 뒷담화로 누군가에게 상처를 줄 때 죄가 거기 있다. 매주 교인들과 함께 고백의 기도를 드릴 때, 죄는 우리가 한 일과 하지 않은 일 모두에서 명백히 드러난다. 여기서 도움이 될 만한 이야기를 하나 소개할까 한다.

'인쿠르바투스 인 세'에 저항하는 사랑

하나님이 약속하시는 영생을 누리는 삶은 사랑의 수

고에 헌신할 때 찾아온다. 영생은 하나님의 거저 주시는 은혜로 우리에게 허락되지만 영생을 누리며 살기 위해서는 사랑—'인쿠르바투스 인 세'(자기 안으로 굽은 상태)의 중력에 저항하는 사랑—에 흠뻑 잠긴 삶이 필요하다.

예수님이 들려주신 아름다운 이야기 한 편이 수천 년 동안 사람들의 상상력에 큰 영향을 주었다. 바로 누가복음 10장에 등장하는 선한 사마리아인의 이야기다. 어느 날, 예수님은 영생을 어떻게 상속받느냐는 질문을 받으셨다. 그분은 다시 한번 '사랑'—하나님을 향한 사랑과 이웃을 향한 사랑—을 그 길로 제시하셨다.

예수님은, 얻어맞고 죽을 것으로 여겨져 길에 버려진 사람의 이야기를 들려주셨다. 이야기의 등장인물들을 살펴보면, 먼저 제사장이 등장하고 레위인(사회적이고 윤리적인 면에서 '이상적'인 내력을 갖춘 중요한 종교 지도자)이 그다음에 나온다. 두 사람은 예배에 참석하러 가는 길이었던 듯하고, 얻어맞고 쓰러진 사람을 도우려는 시도를 전혀 하지 않았다. 그러나 그다음, 사마리아인이 현장에 나타났다. 예수님의 말씀을 듣고 있던 청중에게는 뜻밖의 주인공이었다.

사마리아인은 두들겨 맞은 사람을 보고 불쌍히 여겼다. 그는 부상자에게 다가가 상처를 싸매고 기름과 포도주를 부었다. 그다음에 그를 나귀에 태우고 여관으로 데려가 보살폈다. 다음 날, 사마리아인은 두 데나리온을 꺼내서 여관 주인에게 주었다. 그가 "말하기를 '이 사람을 돌보아 주십시오. 비용이 더 들면, 내가 돌아오는 길에 갚겠습니다' 하였다"(35절, 새번역).

이 이야기에는 죄에 대한 언급이 없지만, 우리는 여기서 중요한

점을 유추할 수 있다. '인쿠르바투스 인 세'에 저항한 사람은 사마리아인이었다는 사실이다. 그는 자기 안으로 굽지 않고 약자를 보호했고 긍휼과 관대함을 베풀었다. 그는 사랑―이웃 사랑으로 표현된 하나님을 향한 사랑―에 헌신했다. 아이러니하게도, 죄에 대한 성경 구절을 잘 알았던 종교 지도자들은 자기 자신을 향해 굽어 있었다.

나는 이 이야기를 읽을 때 두렵고 떨렸다. 이른바 도덕적으로 올바르게 살면서도 여전히 죄에 사로잡혀 자기에게 빠져 있을 수 있음을 떠올리게 되었기 때문이다. 우리는 죄에 사로잡힌다는 말을 흔히 중독 행위의 관점에서 이해한다. 그러나 이 부분에서도 접근법을 넓혀 보자. 우리는 중독에 빠졌을 때뿐 아니라 사랑하지 않을 때도 죄에 사로잡힌다. 이것이 성경의 첫 부분에 나오는 이야기들이 묘사하는 내용이다.

안으로 굽는 이야기들

나는 훌륭한 기원 이야기를 좋아한다. 기원 이야기는 우리가 사랑하게 된 영웅이나 경멸하게 된 악당을 더 잘 이해하도록 돕는 지식의 빈틈을 메워 준다. 창세기 첫 몇 장은 몇몇 개인이 아닌 전 인류를 상대로 바로 그런 일을 한다. 이 이야기들, 특히 첫 11장까지의 이야기들은 우리의 집단적 기원에 대해 들려준다.

우리 모두에게 있는, 안으로 굽는 성향 때문에 이 세상은 죄에 매인다. 죄는 하나님 및 다른 이들과의 사랑의 교제에서 우리를 분리시킨다. 이것은 태초부터의 이야기였다. 창세기 첫 열한 장에 걸쳐 나오는 세 이야기를 간단히 훑어보기만 해도 이 사실이 잘 드러난다. 우리는 이 이야기들 안에서 자신을 발견하게 될 것이다.

아담과 하와: 움켜쥠을 통해 안으로 굽음 아담과 하와는 하나님처럼 된다는 생각, 선악을 분별하게 된다는 생각에 유혹을 받는다. 하나님처럼 되어 그분만의 특권을 차지하여 무엇이 선하고 악한지를 직접 결정하고 싶어 한다. 자신이 하나님의 형상으로 만들어졌다는 사실에 만족하지 못하고 아예 하나님이 **되기를** 원했다. 바깥을 내다보고 위를 올려 보아 옳음, 선, 진리에 대한 정의를 얻는 대신, 그들은 자기 안을 바라보았고 일종의 움켜쥠, 영적 탐욕에 굴복했다.

이야기는 탐욕에 빠진 그들이 유혹에 넘어가 타락하는 과정을 보여 준다. 이것은 영원한 이야기다. 이후 인간들은 그들의 선례를 좇았다. 선악을 알게 하는 나무의 열매를 따먹는 그 악명 높은 순간 이전에는 그들이 하나님과 사랑의 교제를 누렸다. 벌거벗었으나 부끄러워하지 않았다. 주님의 임재 앞에서 즐겁고 자유롭게 살았다. 그러나 이야기가 펼쳐지면서 그들의 시선은 안으로 향했다. 뱀의 충동에 넘어간 그들은 그 나무 열매를 먹을 경우에 갖게 될 힘을 곰곰이 생각했다.

우선, 그 나무는 거룩한 한계를 의미했다. 하나님은 그들 앞에 경계를 두셨는데, 그것은 필요한 조치이자 사랑에서 나온 조치였다. 그러나 얼마 후 유혹이 닥치자 그 경계는 톨킨의 마법 반지에 홀린 골룸의 말처럼 그들에게 "내 보물"이 되었다. 그들이 그 열매를 욕망하고 자신들의 상황을 합리화하고 결국 선악을 알게 하는 나무의 열매를 따먹은 것은 죄 때문에 안으로 굽어진 결과였다. 그들이 그 과

일을 깨물었을 때, 사랑은 이미 뿌리 뽑힌 후였다. 안으로 굽은 그 상태는 이후 죽 이어졌다.

우리 세상은 저돌적 움켜쥠이라는 악한 덫에 걸려 있다. 영토를 탈취하고 그것을 '명백한 운명'이라고 부르는 일, 탐욕스런 기업이 토지를 장악하고 경제적 이익을 위해 환경을 착취하고서는 그것을 혁신이라 말하는 일, 우리 가정을 깨뜨리는 성적 학대나 일중독 등 그 형태는 다양하다.

가인과 아벨: 시기로 인해 안으로 굽음 창세기 4장 서두에서 아담과 하와는 사랑을 나누고 아들을 낳았다. 그리고 이후에 아들을 또 낳았다. '아담스 패밀리'는 만사가 순조로워 보였다. (내 농담을 이해했는가? 독자가 한숨을 쉬어도 이해한다.) 자녀를 지극히 사랑하는 부모를 떠올려 본다. 그들이 현대인이었다면 흰색 상의에 카키색 바지를 맞춰 입고 가족사진을 찍었을 것이다. 옹알대는 아기를 각기 무릎에 앉히고 환하게 웃으면서 치즈라고 말한다. 그들에게는 활력과 즐거움이 가득하다.

에덴동산에서 쫓겨나긴 했지만 그들은 가족을 꾸렸다. 그러나 어느 순간 상황이 달라지기 시작했다. 한 남자와 여자로 시작했던 죄의 이야기가 아들 형제에게로 넘어가면서 계속 이어졌다. 두 형제는 농부(가인)와 목자(아벨)였다.

창세기 기록을 읽어 나가면 두 형제가 아주 다르다는 것을 금세 알게 된다. 차이점은 그들이 드리는 예배에서 나타난다. 아벨은 첫 열매, 곧 최고의 제물을 바쳐 제사를 드렸고 연기는 하늘로 올라갔다. 가인의 제사는 그와 달랐다. 하나님은 아벨의 제사를 더 기뻐하셨고, 그로 인해 가인은 분노와 시기에 사로잡혔다. 질투에 빠진 그는 안으로 굽었고 그와 동생 중 한 사람만 성공할 수 있다는 결론을 내렸다. 그에게는 간단한 문제였다. 내면에서 일어난 이 균열로 행복한 가족이 붕괴되기 시작했다. 그것은 곧 피비린내 나는 외부적 결과로 드러난다.

자신이 시기하고 있음을 인정하는 사람은 잘 없다. 질투는 자랑스럽게 드러내기에는 너무 옹졸한 감정이고 품위를 떨어뜨리는 일이다. 하지만 질투는 지구상에 널리 퍼져 있는 파괴적인 힘이고, 우리 대부분은 시인할 용기를 내지 못하지만 모두에게 매우 깊이 배어 있다.

우리는 자신에게 가장 중요한 것에 대해서만 질투한다. 이것이 질투에 관한 중요한 내용이다. 질투는 우리 마음의 우상을 드러낸다. 예를 들어, 나는 설교자이고 작가다. 누군가가 악기를 능숙하고 아름답게 연주하는 모습을 볼 때 일말의 질투도 느끼지 않는다. 그 재능에 감탄하며 감상할 뿐이다. 왜 그럴까? 나는 음악가가 아니기 때문이다. 하지만 다른 설교자, 특히 내 또래의 설교자가 성공하고 찬사를 받는 것을 보면 기쁨에 사로잡히지 않는다. 많은 경우, 제일 먼저 질투라는 옹졸하고 못된 반응이 일어난다.

이런 반응을 '인식'하는 일이 늘 나쁜 것은 아니다. 그러나 남과의 비교에서 나온 열망('나는 그들이 가진 것을 원한다'/'그들처럼 되고 싶다')이 감사하는 삶, 온전한 삶을 방해하고 자신이 가진 것을 불만스럽게 생각하여 소홀히 여기게 만든다면, 이미 선을 넘어 탐심에 빠지기 직전이라는 것을 알아야 한다. 그뿐 아니라, 그런 갈망은 가장 해로운 '게임'에 참가하도록 이끈다. 제로섬 게임 말이다.

제로섬 게임은 많은 사회적 상호 작용의 핵심에 자리 잡고 있다. 여기에 말려들면 **나**의 진정한 승리를 위해서는 **너**의 명백한 패배가 필요하다고 믿게 된다. 제로섬 게임은 정치 생활과 소비 시장의 본질이다. 여기서 삶의 목표는 성공이 아니라 상대와 내가 명확하게 구분되는 방식으로 번영하는 것이다. 경쟁은 정복으로 이어진다. 성공하려면 다른 사람을 제거해야 한다. 이것이 제대로 사랑하지 못하는 세상의 중심에 놓여 있다.

가인의 질투는 상상의 세계를 만들어 냈고, 그 '낙원'은 동생을 거기서 제거해야만 존재할 수 있었다. 이 죄―외부의 현실을 발육 부진의 비좁은 우리의 내면과 비슷하게 만들려는 시도―는 대대로 반복되었다. 이것이 우리 존재가 깨어진 근본 이유다. 로힝야 부족에 대한 미얀마의 인종 청소든, 정적의 패배를 먹고사는 정치적 적대감이든, 자신이 괜찮아 보이기 위해 다른 사람들이 실패하기를 바라는 사적 욕망이든 근본 이유는 모두 같다. 이러한 삶의 방식은 가인뿐 아니라 우리의 특성이기도 하다. 그런 식으로는 기대했던 '낙원'이 결코 실현되지 않는다.

바벨탑: 배타주의를 통해 안으로 굽음   우리가 살펴볼 안으로 굽는 마지막 이야기는 바벨탑과 관련이 있다. 창세기 11장의 이 이야기에 이르기까지, 우리는 인류가 아담, 하와, 가인의 비극적 궤적을 따라 계속 나아갔음을 보게 된다. 사람들은 동쪽(아담과 하와가 에덴동산에

서 쫓겨난 이후 보냄을 받은 상징적 방향으로, 하나님으로부터 멀어진 거리를 가리킨다)으로 이동하다가 탑을 건설한다. 표면적으로 보면 이것은 아무 문제가 없는 일 같다. 하나님은 왜 우려하시는가? 그냥 탑일 뿐인데! 우리가 알다시피, 인간은 하늘을 탈취할 수 있는 구조물을 지을 수 없다. 하나님의 거처는 실재의 다른 차원에 있다.

그러나 하나님은 그들의 시도가 위험하다고 보셨다. 그들이 도시와 이 탑을 건설하기 원한 이유 중 하나는 온 땅에 흩어지는 일을 두려워했기 때문이었다(4절 참고).

그래서 무엇이 문제인가? 한 자리에 머무르려 하는 것이 왜 잘못일까? 좋은 질문이다. 땅을 가득 채우라고 명령하신 하나님의 말씀에서 답을 찾을 수 있다. 하나님은 창세기 앞부분(1:28)에서 사람들에게 땅에 충만하고 온 땅에 그분의 임재를 드러내라는 명령을 내리셨다. 그들이 이 도시를 건설한 일의 문제점은 다른 이들과 어울리며 살기보다 자기들만의 동질적 환경 안에 머물고 싶어 했다는 데 있다. 그들은 집단적으로나 지리적으로 자기를 향해 굽었다. 믿음으로 나아가지 않고, 오만한 태도로 머물기 시작했다.

하나님은 이런 생활 방식이 만들어 내는 심각한 문제들을 보셨다. 그들은 자신과 다른 이들을 두려워했기에 탑을 만들었다. 나는 탑을 '필터 거품'[filter bubble, 성향과 취향에 맞는 정보의 막(bubble)에 갇힌 상태—옮긴이]으로 읽는다. 일종의 '반향실'(echo chamber, 생각이 비슷한 사람들끼리 소통하여 편향된 사고를 강화시키는 폐쇄된 커뮤니티. 원래 반향실은 특수 재료로 벽을 만들어 소리가 밖으로 나가지 않고 잘 되울리도록 만든 방을 가리킨다—옮긴이)이다. 그들 방식의 통일성은 **균일성**으로 이어지고, 균일성은 배타성과 위계를 만들어 내는 경향이 있기 때문에 문제가 된다. 우리는 이것이 매일 재현되어 기독교 국수주의, 인종 차별, 자민족 중심주의, 성차별주의로 표출되는 것을 본다. 이것은 소셜 미디어가 정교한 알고리즘을 통해 우리를 자기 자신을 향해 굽게 만드는 과정에서 드러난다. 이것은 유해한 정치권력의 행사로 표현되기도 한다. 이런 균열의 외형은 새로울지 몰라도 그 안의 깊은 핵심은 모두 같다.

우리가 건설하는 '탑'의 뿌리에는 보통 자기 이익이라는 우상숭배가 놓여 있다. 우리와 가난한 이들을 분리하는 '계급의 탑'이든, 우리와 같은 것을 보고 믿는 이들과 우리를 이어 주는 '기술적 탑'이든, 죄는 흔히 우리의 가치들(특히 절대적인 것으로 의도된 적이 없는 가치들)을 절대화하여 더 큰 파편화를 초래한다. 가족 체계 이론가 에드윈 프리드먼(Edwin Friedman)의 말에 따르면, 우리 사회의 특징은 "군거 본능"(herding instinct)[5]이고 이런 사회에서는 함께하고자 하는 힘이 다른 모든 것을 제압한다. 여기서 질문은 이렇게 바뀐다. '**나는 지금 나 자신에게로 굽게 만드는 탑(즉, 삶)을 건설하고 있는가?**' 이 질문에 답이 '그렇다'라면, 우리는 영적 위험에 처해 있는 것이다.

굽은 상태 펴기

움켜쥠, 질투, 배타주의. 이 세 가지는 성경의 첫 번째 책 앞부분에서 보았던 우리의 집단적 기원 이야기의 특징이다. 이것들은 죄가 우리가 저지르는 일일 뿐 아니라 우리를 지배하는 힘, 잘못된 방식으로 안으로 굽게 만드는 힘임을 떠올려 준다.

이것은 한 가지 중요한 질문으로 이어진다. 우리는 어떻게 '굽은 상태를 펼까?' 굽은 상태를 펴는 것은 사랑에 뿌리를 내리고 하나님이 우리에게 바라시는 선하고 아름답고 친절한 삶을 향해 나아가는 일을 말한다. 그러나 이것은 극복할 수 없는 과제처럼 느껴진다. 우리에게는 과연 그렇다. 죄의 무게는 우리를 안쪽으로 누른다. 우리는 그 억압적 힘 아래 갇힌다.

하나님 없는 세상은 죄 안에 있고, 우리는 스스로를 구해낼 수 없다. 우리 자신을 구원할 수 없다. 열심히 노력하거나 법을 제정하여 여기서 빠져나갈 수가 없다. 교육을 통해 죄의 손아귀에서 벗어날 수 없다. 점진적 성취나 도덕적 일관성으로도 죄를 극복할 수 없다. 죄의 해결책은 왼쪽이나 오른쪽을 쳐다보는 식으로는 찾을 수 없다. 그것은 우리 바깥의 힘, 그리스도의 십자가에 있다.

기독교 신앙은 파편화를 일으키는 힘이 우리 각 사람과 모든 사람 사이에서 작용하고 있다고 말하고, 거기서 빠져나갈 길이 없다고 선언한다. 스위스의 신학자 칼 바르트(Karl Barth)가 말한 대로, "죄의 실체는 그것을 이기신 분과의 관계 안에서 말고는 알 수도, 묘사할 수도 없다."[6] 다른 말로 하면, 우리가 죄에 대해 말할 때마다 그리스도께서 죄를 이기셨음을 바로 선언하는 것이 좋은 습관이라는 것이다. 이것은 좋은 소식이다!

복음은 하나님 나라가 예수 그리스도 안에서 가까이 왔고, 그분의 삶, 죽음, 부활, 즉위를 통해 죄와 죽음의 권세가 더 이상 최종 발언권을 갖지 않게 되었다는 좋은 소식이다. 예수님은 십자가 위에서 그리고 부활을 통해 죄와 싸우셨다. 우리 개인의 삶을 황폐하게 만든 죄, 역사 내내 수많은 상심의 원천이던 죄, 명백한 심판을 요구하는 죄를 정복하셨다. 그 일로 인해 우리는 그분의 피로 용서받고, 하나님과 이웃과 사랑의 연합 안에서 살게 하는 성령의 능력을 받고, 역사의 마지막에 있을 삼위일체 하나님과의 온전한 연합을 기대한다. 이 좋은 소식은 우리가 안쪽으로 구부러진 상태에서 벗어나게 해 줄 것이다. 죄의 무게는 예수님의 어깨로 옮겨졌고 그분의 성령은 우리 삶에 생기를 불어넣어 매일 우리의 '구부러진 상태를 펴신다.'

이 과정이 우리 안에서 어떻게 구현되는지는 뒷부분에서 좀 더 살펴볼 것이고, 지금은 중요한 영적 훈련에 대한 간단한 설명을 제시하고자 한다. 십자가 위에서 예수님이 완성하신 사역을 신뢰하는 사람은 그분의 사랑 안에서 사는 큰 기쁨을 얻는다. 우리가 하나님의 임재 앞에 자신을 열어 놓으면, 그분의 사랑이 우리를 새로운 방향으로 서게 해 준다. 그 방향으로 흔들림 없이 나아가도록 잡아 주는 것이 바로 그리스도인의 삶에서 가장 중요한 영적 실천 중 하나인 죄의 고백이다.

죄 고백의 실천

고백은 우리의 구부러진 상태를 바로 편다. 죄가 그리스도 안에서 결정적으로 처리되었고 그분이 세상을 온전히 새롭게 하실 때 죄에 대한 온전한 승리가 이루어질 것이라고 믿는다면, 그 사이에 우리는 무엇을 해야 할까? 이 질문에 대한 좋은 답변이 많지만, 고백보다 더 나은 출발점은 없을 것 같다.

우리가 하나님과 서로 앞에서 죄를 고백하는 겸손한 삶을 일관

되게 살아가기 전까지는 서서히 안으로 굽는 이 상태가 나아지지 않을 것이다. 그렇기 때문에 우리에게는 바버라 브라운 테일러의 지혜가 필요하다. 그녀는 죄가 우리의 유일한 소망이라고 도발적으로 말했다. 그 말의 의미는 다음과 같다. "우리가 어떻게 하나님을 등지고 떠났는지 인식할 때, 그때 비로소 돌이키는 데 필요한 조건을 갖추게 된다. **죄는 우리의 유일한 소망이다.** 참된 회개의 가능성에 눈뜨게 하는 화재 경보다."7

그리스도를 따르는 이들은 죄를 정기적으로 두려움 없이 고백하고 회개함으로써 세상에서 도덕적 신뢰를 얻는다. 우리 죄를 밝히기를 거부할 때 우리는 신뢰를 잃는다. 이것은 신앙의 역설이다. 죄를 고백한다는 것은 우리의 잘못에 집착한다는 의미가 아니다. 우리 죄를 고백하는 것, 특히 공동체 안에서 함께 죄를 고백하는 것은 연대의 행위다. 그것은 우리 모두가 똑같은 처지라는 것, 모두에게 은혜가 필요하다는 것, 우리 모두가 죄를 지었고 죄의 피해자들이라는 것, 모두가 깨어진 한 가족의 일원이라는 것을 떠올리게 하는 실천이다.

뉴 라이프 펠로십 교회의 일요일 예배 시간마다 우리 교인들은 잠시 시간을 내어 마음을 잠잠하게 하고 지난주를 되돌아본다. 자신의 실패와 결점을 밝히고, 약함 안에서도 모두를 함께 묶어 내는 고백의 기도를 같이 드린다. 사순절 기간이 돌아오면, 재의 수요일(사순절 첫날—옮긴이)을 지킨다. 재의 수요일은 우리가 생각보다 훨씬 더 약하고 깨어지기 쉽고 부서진 상태이며 죄로 얼룩져 있음을 매년 상기하는 날이다. 또 그날은 하나님이 우리가 도무지 믿을 수 없을 만큼 은혜롭고, 자비롭고, 우리와 늘 함께하시는 사랑이 많으신 분임을 기억하게 한다.

예배 모임 중에 이루어지는 이런 고백의 실천은 그 주의 다른 엿새 동안 각자의 죄를 고백할 자유를 준다. 잘못된 방식으로 자녀를 꾸짖었을 때 그 죄를 고백하면 자녀의 용서를 구할 수 있는 겸손이 우리 안에 만들어진다. 누군가와의 열띤 대화 끝에 상처를 주는 말을 뱉었다면, 자신의 부주의함을 고백하고 대화 상대에게 너그러움을 구함으로써 죄의 힘을 제한할 수 있다. 그렇게 해서 세상은 온전함의 방향으로 나아간다. 우리의 죄와 실수를 은폐하는 방식이 아니라 하나님 및 서로 앞에서 사랑으로 죄와 잘못을 인정하는 방식으로 말이다. 이것은 선하고 아름답고 친절한 삶의 출발점이다.

그런데 이런 종류의 삶으로 나아가기 위해서는 주의해야 할 또 다른 면이 있다. 세상이 깨어진 것은 우리가 안쪽으로 구부러졌기 때문만이 아니라 우리의 보이지 않는 원수 때문이기도 하다. 이 원수는 군대(legion, 막 5:9―옮긴이)다.

2장

보이지 않는 적

권세에 맞서 살아가기

한 부인이 있었다. 그녀는 흠잡을 데 없고 교회에 꼬박꼬박 다니고 애플파이를 만들어 대접하는 텍사스 출신의 엄마였다. 다정한 남부식 환대로 이웃 사이에서 유명했고, 언제라도 성경 구절로 다른 사람을 격려할 준비가 되어 있었다. 그녀는 평생 욕을 한 번도 한 적이 없었다. "무릇 더러운 말은 너희 입 밖에도 내지 말[라]"(엡 4:29)는 성경 구절을 외우고 이를 진지하게 받아들였기 때문이었다. 언제나 미소를 띠고 있어서 많은 사람이 그녀의 유쾌한 성품을 놀라워했다. "어쩜 그렇게 행복하세요?" 이웃 사람들의 한결같은 질문에 이 경건한 엄마는 태엽장치처럼 똑같은 대답을 내놓았다. "무슨 말씀이세요. 그리스도인은 '주 안에서 항상 기뻐하라. 내가 다시 말하노니 기뻐하라'는 말씀을 받았잖아요."

어느 뜨거운 여름날, 이 충실한 그리스도인은 몇몇 친구를 점심 식사에 초대하여 교회의 최신 소식을 가지고 이야기를 나누었다. 그녀가 그 자리를 마련한 것은 한담을 나누기 위해서가 아니라 진정으로 기도하기 위해서였다. 그들의 도시와 이웃 사람들을 하나님의 일 하심에 맡기기 위해서였다. 그녀와 남편은 자녀들을 주님의 방식에 따라 기르려고 힘써 왔다. 그들은 재정적으로 너그럽게 나누었고, 잠자기 전, 식사 전, 장거리 자동차 여행을 앞두고 기도했다. 이 가족은 기독교적 선함의 본이었다.

어느 날, 이 가족은 흥미로운 주민 모임이 열린다는 소식을 들었다. 그들은 가족 간의 유대를 강화하고 추억을 만들 기회를 늘 찾고 있었고 주민 모임이 열리는 그날 밤도 그런 기회일 것이라고 생각했다. 마을 사람들이 전부 인근 공원에 모여 즐거운 시간을 보내며 교제하고, 많은 남부인에게 친숙한 행사를 지켜볼 예정이었다. 그날 밤에 있을 행사는 열일곱 살의 흑인 제시 워싱턴의 목을 매다는 일이었다.[1]

사회 지도자들, 아이들, 경찰, '선량한' 종교인들을 포함해 만 명 이상이 모여서 이 공개 처형을 지켜볼 것이었다. 제임스 콘(James Cone)은 그의 책 『십자가와 교수대 나무』(*The Cross and Lynching Tree*)에서 이렇게 썼다. "흑인 미국인에 대한 사적 교수형이 한창 이루어지던 때에는 그것이 비밀이 아니었다. 그것은 공개적인 구경거리였고 흔히 신문과 라디오에서 미리 광고를 해서 많게는 2만 명의 군중을 끌어모으기도 했다."[2] 군중 교수형은 엽서에까지 등장하여 미국 전역에 보내졌다. 엽서 전경에는 웃는 얼굴들이 있었고 목 매달린 시체들이 배경에 등장했다.

위에서 언급한 아이 엄마는 어쩌면 그날 그 자리에 있던 여느 엄마의 모습일 수도 있었다. 실제로, 텍사스의 그 지역과 다른 많은 주에서 **많은** 엄마 아빠들과 고통스럽지만 아이들까지 그런 자리에 모였다. 이 정도의 잔혹함과 비인간화가 당혹스럽게도 유쾌한 축하의 정신과 함께 나타나는 것을 생각할 때, 내가 내릴 수 있는 결론은 하나뿐이다. 여기서는 무엇인가 다른 일이 벌어지고 있다는 것이다. 우리가 제대로 파악하기 어려운 사악한 일이.

성경을 읽고 파이를 만들어 대접하고 욕이라고는 할 줄 모르는 다정한 엄마가 어떻게 이 혐오스러운 '가족 친화적' 악행의 현장에 아이들을 데려가 비참한 광경을 함께 지켜볼 수 있었을까? 그녀는 어떻게 자신의 신앙과 도덕적으로 비열한 그 행위를 조화시킬 수 있었을까? 뭐, 많은 경우에는 조화시키고 말고 할 것도 없었다. 사적 교수형은 애플파이만큼이나 미국적인 일이었으니까. 그녀는 주기도문을 읊으면서도 자신보다 더 큰 사악한 힘에 속았다.

1장에서 우리는 죄가 사랑, 선, 아름다움, 친절을 휴스의 시에 나오는 벌레처럼 갉아먹는 과정을 탐구했다. 이 세상에 태어난다는 것은 '인쿠르바투스 인 세', 즉 안으로 굽은 상태로 살게 만드는 힘 아래 있게 된다는 뜻이다. 그러나 우리가 직면하는 이 문제의 원인은 우리 마음에만 있지 않다. 우리가 잘 알아채지 못하지만 관심을 기울여야 하는 다른 무엇인가가 여기에 작용하고 있다.

우리는 세상의 잘못된 점에 관해 분명하고 쉬운 답을 내놓는 데 아주 익숙하다. (자유주의자들이 문제야! 보수주의자들이 문제야! 피자에 파인애플을 올리는 사람들이 문제야!) 그러나 성경의 서사는 문제의 근원을 찾는 일이 생각보다 복잡하다는 것을 인정하도록 도와준다.

성경 이야기에는 우리 삶에 어떻게든 피해를 입히고 우리를 유혹하여 하나님의 사랑에서 떠나게 만드는, 우리 바깥의 세력들이 나온다. 그 세력들을 지칭하는 성경의 용어는 정사와 권세다. 성경의 이야기들은 선지자 다니엘, 사도 바울을 포함한 성경의 여러 저자들이 견지했던 생각을 보여 준다. 사람들과 사람들의 집단(이를테면 국가, 교회, 기관)의 행위 배후에 하나님의 길에 반대되는 일을 획책하는 영적 세력이 존재한다는 것이다.

이런 종류의 외부 세력을 진지하게 생각하는 것이 어려운 이들도 있다는 것을 나는 잘 안다. 우리는 자신이 자각이 있고 영리하기 때문에 우리 바깥의 세력이나 우리보다 큰 세력의 영향을 받는다면 그 사실을 충분히 인식할 수 있다고 생각하고 싶어 한다. 우리는 충분히 강해서 모든 외부의 영향력에 저항할 수 있다고도 생각할 수 있다. 그런데 자신에게 통찰과 힘이 있다는 그런 인식이 바로 문제다. 우리는 생각보다 외부의 영향에 더 무방비로 노출되어 있다.

정사와 권세

온 세상은 영적이다. 그러나 세상은 그 사실을 숨기는 데 능하다. 뉴스를 시청하고 신문을 읽고 소셜 미디어를 넘겨 보면서 특정한 악이 도대체 어떻게 가능한지, 더 나아가 그런 악행을 '훌륭하다'고 여기는 이들이 어떻게 존재할 수 있는지 의아했던 적이 있는가? 무대 뒤에서 무엇인가 다른 힘이 작용하고 있다는 느낌을 받은 적이 있는가? 나는 아동학대나 무분별한 전쟁의 이야기, 또는 견해가 다른 이를 폭력적으로 대하는 사람들의 이야기를 접할 때, 그 사건들 안에 첫인상으로 접하는 정보 말고도 무엇인가 더 있을 거라는 생각을 떨칠 수가 없다. 일상적인 인간의 부패상이라는 논리나 그 한계를 넘어서는 듯한 상황에서 무엇인가 사악한 힘이 우리를 떠밀고 충동질하는 것은 아닐까? 혹시 그렇게 느낀다면, 당신만 그런 것이 아니다. 사실, 이런 느낌은 우리를 사랑에서 잘라내는 일을 유일한 목표로 삼는 존재, 즉 보이지 않는 적을 가리키는 것일 수도 있다.

지금 나는 음모론을 말하는 것이 아니다. 여기저기 들쑤시며 귀신을 찾고 있는 것이 아니다. 지나치게 단순하거나 논리가 부족한 세계관을 내세우는 것이 아니다. 다만 내가 분명히 믿는 바가 있다. 우리가 경험하는 파편화 상태를 이해하려면 세상을 가득 채우고 있고 우리에게 영향을 주는 세력을 담아낼 수 있도록 우리의 언어를 확장해야 한다는 것이다. 바로 이 부분에서 성경이 도움이 된다. 성경은 세상이 (그리고 우리 마음이) 자기를 향해 안으로 굽도록 만드는 악을 이해하게 해 줄 만큼 충분히 큰 범주를 제공한다.

정사와 권세는 우리가 일상적으로 사용하는 용어가 아니다. 그래서 상당히 낯설고 이상하게 느껴질 수 있다. 최근에 내 아내 로지는 십대 시절 교회에서 이 단어들을 처음 들었을 때의 일을 다시 들려주었다. 어느 날 주일학교 선생님이 우리의 싸움은 권세와 정사(principalities, 통치자)를 상대로 하는 것이라고 말했고, 그 말에 로지의 어린 친구는 궁금해하며 물었다. "'팰러티스의 군주'(Prince of Palities)가 누구인가요?"

어떤 사람들은 권세를 개인의 내면을 파괴하는 개별 악령들이라고 본다. 〈엑소시스트〉(The Exorcist) 같은 영화에 등장하는 악령을 생각하면 되겠다. 그런가 하면 권세는 구조적 죄를 설명하는 은유적 언어라고 말하는 이들도 있다. 일부 기독교 전통에서는 정사와 권세 개념이 너무 분명한 것이라 여기고 종종 예배 시간에 발생하는 문제들을 정사와 권세의 관점에서 이해한다. 내가 참석한 많은 오순절파 집회와 은사 집회에서는 음향 시스템이 작동하지 않으면 사람들이 사탄을 열렬히 꾸짖었다. (그런데, 그렇게 하면 음향 시스템이 **켜지곤** 했다는 말씀.)

반면 다른 신앙 전통에 속한 그리스도인들은 권세, 귀신, 사탄 같은 언어를 진지하게 말하는 것만도 창피하게 여긴다. 그들은 이 언어를 심리학적 설명으로 완전히 대체하거나 인간의 진보를 강조하는 설명으로 대체한다. 그러나 신학자 월터 윙크(Walter Wink)는 이렇게 밝힌다.

> 점점 늘어나는 우리 시대의 참화를 설명하는 데 있어서 낙관적 진보관이 철저히 실패했기 때문에, 우리 시대를 뒤덮은 악행의 근원과 독성을 이해하기 위해 새로운 접근법을 적어도 시도는 해 볼 필요가 있다.[3]

그의 말은 무슨 뜻일까? 우리 시대의 파괴적인 악을 묘사할 만큼 충분히 큰 영적 언어 없이는 그 악을 설명할 수 없다는 것이다.

나는 우리가 이전에 해 보지 못했을 방식으로 정사와 권세의 존재를 심각하게 고려해 보아야 한다는 주장을 하고 싶다. 그렇게 함으로써 우리가 훨씬 더 깊은 수준의 이해에 도달하고, 더 큰 파편화로 우리를 이끄는 세력들을 그 이해에 힘입어 뿌리 뽑고, 사랑을 기반으로 하도록 돕고 싶다. 이것은 우리가 다루어야 할 절박한 현실이다. 세상의 문제는 '우리 안'의 무언가에만 기인한 것이 아니다. 그 원인은 '저 밖에'도 있다.

권세란 무엇인가?

권세에 대한 온전한 시각을 확보하려면, 성경에서 권세를 어떻게 묘사하는지 보는 것이 중요하다. 많은 사람들이 권세를 악마와 자동적으로 동일시하지만, 그것은 최고의 연결 방식이 아니다. 권세는 악령의 세력에 영향을 받지만, 육체가 없는 악한 인격체로 여겨서는 안 되고 사악한 제도적 구조로만 여겨서도 안 된다. 권세는 개인들, 조직적 구조와 제도적 구조 안에 들어선 적대적인 영적 세력들이 수렴된 것으로 이해해야 한다. 이렇게 해서, 나는 정사와 권세를 다음과 같이 정의한다.

정사와 권세는 적대적이 된 영적 세력으로, 기만, 분열, 비인간화를 목표로 개인, 이데올로기, 제도에 뿌리를 내리고 있다.

권세가 전적으로 악하기만 한 것은 아니라는 데 주목해야 한다. 원래 권세는 하나님께 순종하여 삶을 유지하게 한다는 특정한 방식으로 기능하게 만들어졌다. 사도 바울은 정사와 권세가 모든 창조 세계의 안녕을 위하고(골 1:15-17을 보라) 하나님의 영광을 위해 쓰이도록 창조되었다고 언급했다. 신학자 헨드릭 베르코프(Hendrik Berkhof)는 이렇게 썼다. "바울은 결코 권세를 그 자체로 악하다고 생각하지 않는다. 권세는 하나님의 사랑과 눈에 보이는 인간 경험 사이의 연결고리다. 권세는 삶을 유지시키고 하나님의 사랑 안에서 보존하는 역할을 한다."[4]

언젠가 이 권세는 범사에 하나님의 뜻에 온전히 지배를 받겠지만, 그때까지는 반역적일 것이기에 무장 해제되어야 한다. 신약성경의 아름다운 한 부분에서는 그리스도께서 **이미** 권세를 무장 해제시키셨음을 시적으로 묘사하고 있다(골 2:15을 보라). 그러나 이 현실을 계속해서 증언하고 그에 충실하게 사는 과제가 우리에게 남아 있다.

권세는 다양하다

아동학대부터 종족 학살, 인종 차별부터 테러리즘, 각종 중독과 착취적 자본주의에 이르는 세상의 참사를 보면 정사와 권세가 두루 퍼져 있다. 그것들은 도처에서 나타난다. 다음은 정사와 권세가 자주 등장하는 곳의 목록이다.

- 정부
- 정치 지도자
- 기업
- 교회
- 교단
- 교육 기관

- 도시
- 국가

성경적 견해에서 정사와 권세는 비가시적이면서 가시적이고, 천상적이면서 지상적이고, 영적이자 제도적이다. 이 목록에 언급된 모든 권세는 그 자체로는 나쁘지 않다. 그러나 흔히 인간의 우상숭배(우상숭배적 권력욕과 금전욕을 포함하여)로 생겨나는 다양한 이유들 때문에 권세가 왜곡되고 평범한 사람들의 삶을 장악할 수 있게 된다. 이런 사로잡힘은 빙빙 도는 머리나 무서운 비명 소리가 아니라 기만, 분열, 비인간화의 영속화로 나타난다. 이 상태에서 권세는 그것의 직접적 궤도 안에 있는 이들에게 영향을 끼치고, 내가 이번 장 서두에서 소개한 텍사스의 어느 엄마처럼 우리가 도덕적이라고 여길 만한 사람들까지 심각하게 손상시킨다. 친절하고 예의바르고 환대를 베푸는 여성이 지역 사회가 소년을 살해하는 장면을 마치 교회 피크닉에 참석하듯 부담 없이 지켜볼 만큼 심각한 영적 맹목과 단절 상태에 있는 상황을 달리 어떻게 설명할 수 있겠는가?

개인의 도덕에 초점을 맞추고 더 큰 세력을 배제하는 일은 너무나 쉽다. 개인의 죄에 공들여 우선순위를 부여하면서 더 큰 규모의 구조적 불의를 외면하는 것은 쉽다. 작가이자 신학자인 제임스 콘은 이 점을 통렬히 지적하며 이렇게 말했다. "교회들이 고래가 요나를 집어삼켰는지 아닌지를 가지고 논쟁을 벌이는 동안, 국가는 억압받는 자들을 상대로 비인간적인 법들을 시행하고 있다."[5] 모종의 강력한 기만이 왜곡된 영적 목적을 위해 사회적 세력을 움직이고 있다는 것 외에 이런 영적 단절 상태, 영적 맹목을 설명할 방법이 있는가?

콘은 그리스도인들이 세상의 세력을 정복한 그리스도의 승리에 걸맞게 살지 못하는 모습을 묘사한다. 하나님 백성의 이러한 실수로 우리 삶과 여러 기관, 문화, 국가에서 권세가 제어되지 않고 있다. 우리는 그것들이 과연 존재하는지를 놓고 논쟁을 벌이지만, 그리스도가 죽음으로 무찌르신 개인적·구조적 악이 계속해서 작용하면서 약하고 무고한 이들의 삶에 가인처럼 피해를 입히고 있다.

익명의 권세

에베소서 6:12에서 사도 바울은 이렇게 썼다. "우리의 씨름은 혈과 육에 대한 것이 아니요 정사와 권세와 이 어두움의 세상 주관자들과 하늘에 있는 악의 영들에게 대함이라"(개역한글). 여기에 함축된 내용, 권세는 인간의 눈에 들키지 않게 숨는 것을 대단히 기뻐한다는 점을 놓치지 말자.

바로 앞 절에서 바울은 이렇게 썼다. "**마귀의 간계**를 능히 대적하기 위하여 하나님의 전신 갑주를 입으라." 마귀의 가장 큰 간계는 그가 존재하지 않는다고 믿게 하는 것이다. C. S. 루이스는 『스크루테이프의 편지』(*The Screwtape Letters*, 홍성사)에서 이렇게 쓴 바 있다.

악마에 대해 생각할 때 우리 인류가 빠지기 쉬운 두 가지 오류가 있습니다. 그 내용은 서로 정반대이지만 심각하기는 마찬가지인 오류들이지요. 하나는 악마의 존재를 믿지 않는 것입니다. 또 다른 하나는 악마를 믿되 불건전한 관심을 지나치게 많이 쏟는 것입니다. 악

마들은 이 두 가지 오류를 똑같이 기뻐합니다.[6]

최대의 간계는 우리가 싸우는 상대가 살과 피를 가진 사람이라고 믿게 하는 것이다. 달리 표현하면, 사탄의 큰 간계는 근본적인 문제가 사탄이 아닌 우리, 우리 상황, 우리 이웃에게만 있다고 믿게 만드는 것이다.

권세는 어떻게 우리를 사랑에서 떼어 놓는가?

정사와 권세는 역사 내내 많은 목표를 추구했는데, 그중 하나는 우리를 사랑에서 떼어 놓는 것이었다. 바울은 로마서 8:38-39에서 이것을 암시했고 우리를 하나님의 사랑에서 떼어 놓으려 드는 여러 영적 세력 중 하나로 "권세"를 언급했다.

권세의 반역적 상태의 한 가지 특성은 기만, 분열, 비인간화를 통해 하나님의 사랑과 서로를 향한 사랑에서 우리를 떼어 놓으려 하는 것이다. 왜? 사랑은 사실에 근거하고, 연합 안에서 육성되며, 한 사람의 가치와 존엄을 공감하고 귀하게 여김을 통해 보호되기 때문이다.

- 기만
- 분열
- 비인간화

이 세 단어는 권세가 맡는 (타락한) 역할을 말해 준다. 각 단어를 살펴보면서 우리 삶을 상세히 들여다보기로 하자. 우리는 이 세 가지의 영향에서 자유롭지 않다. 이렇게 자문해 보자. '**여기에 내 삶이나 관계를 파편화시키는 어떤 요인이 있을까? 무엇에 관심을 기울여야 그리스도께 더 가까이 갈 수 있을까?**'

기만   세상의 정사와 권세는 타락한 상태이기 때문에 거짓에 의해 강화된다. 거짓은 인간 제도와 사회 안에서 정사와 권세를 떠받친다. 사실이 아닌 그 상태 자체가 우리를 사랑에서 떼어 놓는다. 예수님은 사탄을 "거짓의 아비"(요 8:44)라고 부르신다. 기만은 권세의 핵심 전략이다. 때로는 거짓이 어디에나 있는 것처럼 느껴진다.

    종교계에서든 비종교계에서든 거짓말은 가장 알아내기 쉬운 죄 중 하나이고 심각한 인격적 결함으로 여겨진다. 어린 시절부터 우리는 진실을 말하는 것을 미덕으로 여기고 자녀들이 정직하지 못할 때 합당하게 바로잡아 준다. 거짓말의 위험은 자꾸 하다 보면 자신의 허위를 믿게 된다는 것이다. 우리는 사실과 일치하지 않는 현실을 만들어 내고 그 안에서 살려고 하는 자신을 발견한다. 그런 상태로 충분한 시간이 흐르면, 우리는 결국 자신의 거짓말에 어울리는 존재가 될 것이다.

    우리가 진실함을 만들어 가는 부분에서 해야 할 일이 많기는 하지만, 때로는 **우리의** 거짓말에 초점을 맞추느라 더 큰 기만의 문화를 소홀히 하기 쉽다. 사실 권세는 개인적 진실과 개인적 관계에만 계속 관심을 집중하게 하고 권세의 기만적 방식은 깊이 들여다보지 않게 만들려고 한다.

우리는 우리 입에서 나오는 거짓말과 삶에서 드러내는 기만에 책임을 져야 하지만, 기만이 보상을 받고 필수적 생존 수단이 되는 방식으로 우리가 권세의 영향을 받는다는 사실 또한 인식해야 한다.

권세의 목적은 한 가지, 자신의 생존이다. 권세는 그 우주적 배를 채우기 위해 우리를 어떻게든 이용하려 드는데, 가장 두드러지는 수단이 기만이다. 그런데 권세가 우리에게 기만적 삶을 가르치는 방식은 노골적으로 거짓을 훈련시키는 것이 아니라 특정한 가치들(흔히 적어도 처음에는 좋은 가치들)을 중심으로 우리 삶의 방향을 설정하게 만들고 그 가치들이 우리를 철저히 지배하게 되어 결국 속임수를 써서만 그 가치들을 달성할 수 있게 하는 것이다.

예를 들어, 생산성, 효율성, 성과는 좋은 가치들이다. 그것들은 아무 문제가 없다. 문제없는 정도가 아니라 매우 좋은 것들이다. 그러나 그것들이 점점 주도권을 행사하고 부추김을 받아 건강한 한계를 넘어설 경우, 지나치게 강조된 나머지 기만에 의지하지 않고는 그 가치들을 실행에 옮길 수 없는 지경에 이를 수 있다.

이것이 우리가 아직 기억하는 시기에 미국인의 삶에서 어떤 모습으로 나타났는지 살펴보자. 1990년대 후반에 미국 프로야구 메이저리그(MLB)는 엄청난 인기를 누렸다. 마크 맥과이어, 새미 소사, 베리 본즈 같은 유명 선수들이 놀라운 힘으로 꾸준히 홈런을 쳤고 각 경기는 국민적 관심사가 되었다. MLB는 막대한 경제적 성공과 사회적 관심을 누렸다. 그러나 그것이 상황의 전부는 아니었다. 사실, 이 핵심 선수들은 역사에 남을 만한 압도적 수준의 성적을 내기 위해 약간의 '도움'을 받고 있었다. 결국, 그들이 경기력을 향상시키는 약물을 복용하고 있었다는 진실이 밝혀졌다. 메이저리그의 '역사'는 속임수로 지탱되고 발전했던 것이다. 다른 말로는 표현할 길이 없다. 불법 스테로이드를 투여한 이들이 승리했다. 정당하게 경기한 이들은 패배했다. 그리고 MLB 측은 이런 떳떳하지 못한 관행에 눈을 감았다. 개별 선수, 코치, 트레이너, 감독의 일부만이 아니라 개인의 무리보다 더 크고 나름의 생명을 갖게 된 하나의 조직으로서 그렇게 했다.

스포츠법 분석가 엘든 햄(Eldon Ham)은 「마켓 스포츠법 리뷰」(*Marquette Sports Law Review*)에 "무흠 기만"이라는 제목의 기사를 써서 거대한 조직적 거짓을 포착했다.

> 야구는 가장 오래되고 가장 사랑받고 가장 유명한 주요 팀 스포츠다. **하지만 야구계는 스테로이드만이 아니라 기만으로 미국을 실망시켰다.** 그리고 그런 상황을 모른 체했다. 아마도 스테로이드 시대가 '무흠' 기만처럼 특별히 주목하거나 불평하는 일 없이 받아들여지기를 바랐을 것이다.…그러나 야구계는 왜 그런 오만한 생각을 했을까? 왜 그런 계략을 쓰고도 그냥 넘어갈 수 있다고 믿었을까?[7]

메이저리그는 존경과 신뢰를 받던 조직이 효율성, 생산성, 성과라는 가치들에 홀려서 기만의 문화를 만들어 내고 진정한 정체성을 희생시키면서까지 성장을 도모하는 모습을 보여 주었다.

분열　　분열 또한 권세의 전략 중 하나다. 권세의 의도는 목회자

겸 신학자 데이비드 피치(David Fitch)의 표현처럼 우리를 "적을 만드는 체제"[8]에 참여하게 만드는 것이다. 우리가 사는 세상은 슬프게도 적을 만드는 데 특화되어 있다.

우리 사회를 구성하는 이들의 상당수는 두 사람이 중요한 사안에 대해 의견을 달리하면 그들은 서로 적이 분명하다고 확신한다. 미디어, 정치, 기타 많은 대중적이고 강력한 여론 형성 세력들이 이런 갈등 기반의 상황에서 이익을 얻는다. 너무나 많은 이들이 의견 차이를 그냥 의견 차이로 **결코** 인식하지 않기 때문이다. 그들에게 그것은 그보다 훨씬 심각한 문제다. 팬데믹 상황에서 마스크를 착용하는 일에 동의할 수 없는가? 그렇다면 당신은 적이다. 다른 쪽에 투표했는가? 그렇다면 당신은 적이다. 신학적 신념이 다른가? 그렇다면 적이다. 이런 목록은 계속 이어진다.

우리의 차이 때문에 서로를 피해야 할 대상이나 공격할 대상으로 보는 경향은 우리의 미성숙함을 보여 준다. 이런 경향의 희생물이 될 때 우리는 권세의 손에 놀아나고 만다.

비인간화   타락한 권세의 또 다른 전략은 우리가 개인을 보지 않고 사람들의 일반 집단을 보게 만드는 것이다. 우리가 개인—누구나 인정하다시피 각기 독특한 사연, 고통, 재능을 보유한 존재—과 관계를 맺지 않고 사람들의 범주를 상대하게 (심지어 미워하고 조롱하고 무시하게) 된다면, 우리와 다르거나 의견을 달리하는 이들의 인간성을 잊어버리기가 더 쉬워진다. 비인간화는 비신성화의 행위다. 우리가 누군가를 비인간화하는 것은 그를 더 이상 하나님의 신성한 피조물로 보지 않는다는 의미다. 우리는 그를 '그것'으로 보기 시작한다. 독특하고 대체불가한 개인을 일반화하여 대하도록 길들여지면, 그들과 멀찍이 거리를 두거나 적대적 세력으로 대하는 일이 더욱 쉬워진다.

사람을 일반화하는 것은 많은 편견과 불의의 실제적 핵심이다. 예를 들어, 흑인을 하나의 큰 범주로 뭉뚱그릴 수 있다면, 경찰이 그들을 부당하게 대우하여 고통을 안겨 주기가 더 쉬워진다. 멕시코인을 살인자와 강간범이라는 거대한 하나의 분류로 묶어 낼 수 있다면 '그들'을 덜 존엄하게 대하는 일을 정당화할 수 있게 된다. 모든 팔레스타인 사람을 테러리스트로 규정할 수 있다면, 그들에 대한 가차 없는 폭격이 허용할 수 있는 일이 된다. 성소수자(LGBTQIA+, 레즈비언, 게이, 양성애자, 트랜스젠더, 퀴어, 간성, 무성애자+―옮긴이)를 하나의 거대한 집단으로 쉽게 합쳐 버리면, 그들은 쉽사리 타자화와 차별의 대상이 된다. 이런 목록은 계속 이어진다. 우리가 이야기하는 대상이 보수주의자이든 자유주의자이든 아시아인이든 백인이든, 그들을 제각각 사람으로 보지 않고 사회적으로 구성된 여러 인간 집단의 결합체로 보고 싶은 유혹이 크게 작용한다.

비인간화가 권세의 무기인 이유는 각 개인 삶의 미묘한 차이들을 회피할 수 있으면 신중히 분별하여 공감하는 일 또한 쉽게 피할 수 있기 때문이다. (이번 장의 서두에 나온 남부의 친절한 엄마를 생각해 보라. 그녀가 속한 지역 사회는 한 젊은이의 살해 현장을 사교 행사장으로 바꾸기 위해 그를 사람으로 생각하는 일을 중단해야 했을 것이다.) 우리 교회는 한 회중으로서 비인간화의 문제를 정기적으로 다루어야 했다.

예를 들면, 뉴 라이프 펠로십 교회는 1987년 설립된 이래 결혼과 관련된 인간의 성에 대한 역사적이고 전통적인 견해를 견지해 왔다. 하지만 그러면서도 감수성과 은혜를 잊지 않고자 힘썼다. 때로는 슬프게도 실패했지만 우리는 배우고, 성장하고, **열린 자세와 사랑 또한 견지하려고** 애썼다. 그런데 이런 점잖은 접근 방식이 몇 년 전, 유난히 미묘했던 목회적 상황에서 시험대에 올랐다.

당시 우리는 까다로운 문제에 대응하고 있었다. 우리 선교회 중 한 곳에서 봉사하는 기혼 커플이 있었는데, 그들은 새로운 그리스도인이었고 뉴 라이프 교회에서 선포하는 환대와 은혜의 메시지를 좋아했다. 그리고 동성애자들이기도 했다. 그들이 봉사를 시작했을 때는 결혼한 사이임을 밝히지 않았다. 그 사실은 몇 달 후 드러났다.

그 사이 많은 이들이 그 두 사람을 아끼게 되었고, 그들은 우리 안에서 공동체를 발견했다. 두 사람의 결혼 소식이 목회자들 사이에 퍼졌을 때, 우리는 기도로 분별하는 접근법을 채택했다. 우리는 특정한 신학적 입장을 견지했지만, 그들이 전해 준 이야기의 특별함도 인정했다. 정직한 대화 끝에 우리는 그들에게 선교회에서 물러나라고 요청하지 않았다. 불안해하지 않고 기도로 분별해야 하는 아슬아슬한 순간이었다. 우리의 신학적 확신이 문제가 아니었고, 그들을 우리 공동체의 귀중하고 사랑받는 구성원으로 인정하고자 하는 우리의 마음을 어떻게 표현하느냐가 문제였다. (몇 달 후, 그 커플은 자의로 물러났고 자신들의 결혼을 신학적으로 긍정하는 공동체를 찾는 쪽을 선택했다.)

이런 공동체적 문제는 한 교회 안에서 발생할 수 있는 가장 어려운 시나리오 중 하나다. 보수적 입장에서든 진보적 입장에서든 많은 이들이 우리의 접근 방식에 동의하지 않을 것이다. 하지만 그 커플을 귀중한 형제요 하나님의 형상을 지닌 자로 보았다는 점에서 우리는 비인간화라는 권세의 전략에 맞서고자 최선을 다했다고 말할 수 있다. 그 시기에 비인간화가 이루어졌다면 그들을 즉각 심판하고 선교회에서 몰아내자는 결론이 나왔을 것이다. 섬세한 구분은 없었을 테고, 사랑은 더 없었을 것이다.

기만, 분열, 비인간화. 우리 세상을 파괴하는 모든 세력.

자신의 삶을 잠시 생각해 보라. 당신은 권세와 그것이 중요하게 여기는 기만, 분열, 비인간화에 어떤 식으로 사로잡혔는가?

하나의 권세인 교회

이 시점에서 교회에 대해, 그리고 교회가 사로잡힌 권세로 변질될 수 있는 여러 방식에 대해 한 마디 해야겠다. 20세기의 미국인 신학자 라인홀드 니버(Reinhold Niebuhr)는 그의 책 『도덕적 인간과 비도덕적 사회』(*Moral Man and Immoral Society*, 문예출판사)[9]에서 우리가 홀로 있을 때와 달리 집단으로 모였을 때 종종 발생하는 윤리적 수준의 저하를 묘사했다. 일반적으로, 우리는 다른 이들과 함께 있을 때보다 혼자 있을 때 더 도덕적이다. 이런 원리는 갱단, 정치 집회, 중학교 운동장에서 볼 수 있고 교회도 예외가 아니다.

교회는 그 시작부터 이중의 정체성을 갖고 있었다. 교회는 여러 아름다운 일을 했다. 병원을 설립했고 가난한 사람들을 섬겼고 노예제 폐지를 위해 일했고 초월적 실재에 따라 살도록 사람들에게 영감을 주었다. 이런 노력들은 개인의 일이었을 뿐 아니라 교회의 활동이기도 했다. 그러나 그와 동시에—때로는 그런 활동을 하는 와중에도—교회는 폭력적인 십자군을 이끌었고 인종 차별을 받아들였으며 학대가 지속되게 했고 기독교의 증언을 심각하게 훼손하는 정치 권력과 타협하는 행보를 보였다. 우리는 이런 현실을 이해하고 인정해야 한다. 그렇지 않으면 우리 자신의 결함이나 죄까지도 합리화하거나 거기에 눈감게 될 위험이 있다.

그러면 이 모든 것에 우리는 어떻게 대응해야 할까? 우선, 인식을 갖추어야 한다. 그리스도인과 교회 지도자, 교단, 교구의 일상적 과제 중 하나는 우리가 권세에 의해 과연 이용당하고 있는지, 그렇다면 어떻게 이용당하고 있는지 묻는 것과 예수님의 이름으로 권세를 더 잘 극복할 방법을 따져 보는 것이다. 우리는 그리스도의 사랑 이외의 어떤 힘에도 노예가 되어서는 안 된다.

우리는 인식을 높이기 위한 어려운 질문을 정기적으로 던져야 한다. 이를테면 '나는 나의 시간, 신념, 돈, 열정, 의견으로 무엇을, 또는 누구를 실제로 섬기고 있는가?' 같은 질문이다. 그다음에는 예수 그리스도의 본을 따라 권세에 저항하고 권세를 정복하기 위한 실질적이고 평화적이며 결단력 있는 조치를 취할 준비를 해야 한다.

권세를 뿌리 뽑기

흥미롭게도, 에베소서 6장에 나오는 하나님의 갑주는 흔히 지나치게 개인주의적으로 적용된 나머지 권세의 손에 놀아나는 상황이다. 그러나 바울의 말은 세상에 작동하는 세력들을 상대로 주어진 집단적 격려다.

하나님의 전신 갑주를 취하라. 이는 악한 날에 너희가 능히 대적하고 모든 일을 행한 후에 서기 위함이라. 그런즉 서서 진리로 너희 허리 띠를 띠고 의의 호심경을 붙이고 평안[평화]의 복음이 준비한 것으로 신을 신고 모든 것 위에 믿음의 방패를 가지고 이로써 능히 악한 자의 모든 불화살을 소멸하고 구원의 투구와 성령의 검 곧 하나님의 말씀을 가지라. (13-17절)

진리, 의, 평화, 믿음, 구원, 하나님의 말씀.

진리(진실)　　마틴 루터 킹 2세 박사는 세상을 살피고 그 파편화된 상태를 분명히 설명하면서 "인종 차별, 경제적 착취, 군사주의라는 3대 악"을 지목했다.[10] 그는 이렇게 권세의 이름을 구체적으로 밝히면서 각 권세의 진실을 말하고 그 전략을 폭로했다.

나는 영적 형성을 다룬 책에서 어떤 것의 이름을 정확히 밝히는 일의 중요성을 강조한 바 있다. 이것은 진실 말하기의 중요한 부분이다. 나는 우리의 영적·정서적 건강을 훼손하는 내면의 메시지를 명명할 필요가 있다고 강조했다. 그러나 이것이 개인에게만 필요하거나 개인만 추구할 바가 아님을 인식해야 한다. 우리는 공동체와 사회의 더 큰 움직임과 구조도 점검해야 한다.

권세의 이름을 밝힐 때 우리는 커튼을 걷어 실제로 벌어지는 일을 보게 된다. 그래서 이름 밝히기는 묵시적이다. 계시적 행위다. 해방을 안겨 주는 측면이 있다. 나는 기술의 힘을 상대할 때 이것에 대해 생각한다. MIT 교수인 작가 셰리 터클(Sherry Turkle)은 날카로운 통찰력을 드러내며 이렇게 주장했다. "우리는 기술을 정확하게 설명할 수 있을 만큼 기술을 사랑해야 한다. 그리고 기술이 우리에게 끼치는 진정한 영향력에 맞설 수 있을 정도로 우리 자신을 사랑해야 한다."[11]

우리 부부는 딸아이가 중학생이 되었을 때 휴대폰을 사 주었다. 이전 몇 달 동안 로지와 나는 휴대폰을 구입해야 하는지를 놓고 상의했다. 우리는 딸이 그 새로운 기기를 통해 이전에 전혀 몰랐던 세상에 눈뜨게 될 것임을 알았다. 그것이 두려웠다.

분별 작업의 일환으로 우리는 딸아이가 동의해야 하는 온갖 규정이 들어 있는 계약서를 살펴보았다. 거실 소파에 앉아서 계약서의 모든 문장을 천천히 읽었다. 부모인 우리의 목표는 아이를 무자비하게 통제하는 것이 아니라 진실을 확인하고 실제적으로 상대하는 것이었다. 진실은 휴대폰 기술이 그저 컴퓨터 프로세서, 화면, 데이터 연결에 불과한 것이 아니라는 점이었다. 한편으로 휴대폰은 손에 쥔 기기일 뿐이지만 그 실체는 대단히 영적일 수 있는 어떤 것, 한 영혼을 형성할 엄청난 잠재력을 지닌 어떤 것이다.

부모인 우리는 딸아이가 속한 문화 안에 휴대폰이라는 작은 유리와 전선 덩어리를 이용하여 기만(고도로 편집된 사진을 통해), 분열(상처를 주는 뒷담화로), 비인간화(사람들을 그 디지털 페르소나 또는 아바타 이상으로 보기를 거부함으로써)의 길로 아이를 이끌려는 영적 세력이 있다는 것을 안다. 계약서를 한 줄씩 읽어 가면서 나는 이 작업이 내게도 절실히 필요함을 알게 되었다! 나 역시 사로잡힌 권세의 유혹에 쉽사리 넘어갈 수 있다. 우리 모두 영적 속박의 영역에서 눈이 멀 수 있고 그 상태에 길들여질 수 있다.

의(義)　　기만, 분열, 비인간화가 권세의 특징이라면, 의(흔히 이것은 진리 말하기, 하나됨, 각 사람의 신성함 인정하기로 나타난다)는 하나님의 구속 전략 중 하나다. 이사야 59:17(현대인의 성경)은 그분을 전사로 묘사한다.

> 그가 의를 갑옷처럼 입으시고
> 구원의 투구를 쓰시며

바울에게 의―또는 정의―는 그리스도 안에 있는 사람들의 본질적 특성이고 권세에 저항하기 위한 강력한 수단이다. 믿음의 강조점이 사적인 죄악과 자기 지향적 영적 실천에만 있을 때 권세는 번창한다. 그리스도인들이 빈곤, 학대, 전쟁에 눈감고 그 안에서 작동하는 더 큰 세력들을 상대하지 않을 때 권세는 기뻐한다.

고참 악마(스크루테이프)가 조카 악마(웜우드)에게 유혹의 기술을 가르치는 책인 C. S. 루이스의 『스크루테이프의 편지』로 돌아가 보자. 나는 스크루테이프가 이런 종류의 의에 대해 무슨 말을 할지 상상해 보았다. 아마도 늙은 악마는 이렇게 쓸 것 같다.

친애하는 웜우드에게,
　불의가 상존하게 만드는 중요한 전술이 있다. 인종 차별이나 계급 차별은 속속들이 개인적 우월감의 문제라고 인간들을 설득하는 것이다. 인간들이 인종 차별이나 계급 차별의 제도적 측면에 집중하지 못하게 만들어라. 지금처럼 잘해다오.

너의 삼촌,
스크루테이프

우리가 세상의 거짓에 매여 있지 않고 자유롭게 살아간다는 것을 보여 주는 일상 속 작은 의(義)의 실천은 그리스도를 따르는 사람들에게 대단히 중요하다. 우리의 영향력이 크게 느껴지든 작게 느껴지든 개의치 않고 정의를 위해 일할 때, 권세는 그분의 이름으로 밀려난다.

평화 정사와 권세는 종종 폭력으로 힘을 얻고, 세력 범위의 확장과 보호를 위해서라면 기꺼이 폭력에 의지한다. 바울은 여기에 대응하면서 그리스도인들에게 "평화의 복음이 준비한 것으로 신을 신"으로라고(엡 6:15) 권한다. 바울이 말한 평화는 성령을 통해 가능해진 내면적·영적·심리적 평화인 동시에, 파편화된 세상에서 평화(온전함, 샬롬)의 좋은 소식을 전하겠다는 헌신이다. 우리는 권세의 지배에 맞서 평화롭고 비폭력적인 저항을 선택한다. 이것은 수동적인 평화가 아니라 적극적인 평화다. 서두르라는 말이 들려올 때 우리는 삶의 속도를 늦추어야 한다. 다른 사람들, 특히 우리와 의견이 다른 이들이 인간이라는 사실을 잊으라는 말이 들려올 때, 그 사실을 기억하기 위해 두 배로 힘쓴다. 권세가 탐욕을 부추길 때 갑절로 너그럽기 위해 애써야 한다. 권세가 아무 생각 없이 오락을 즐기며 멍하게 있도록 유혹할 때, 겸손하고 주목하는 풍성한 지성의 삶을 발전시키려고 노력한다. 우리는 불안이 가득한 세상에서 불안하지 않은 존재가 되어 권세의 영향력을 이겨 낸다. 매일 더 예수님처럼 됨으로써 권세의 영향력을 이겨 낸다. 예수님은 권세의 거짓 지배의 그늘 아래에서 죄 없이 사셨고 십자가를 통해 권세를 정복하셨다.

우리는 가정, 학교, 직장, 도시, 세상에서 평화를 일구는 자들이 됨으로써 권세를 뿌리 뽑을 수 있다. 예수를 따르는 자들은 점점 더 분열되는 세상에서 상황을 악화시키는 데 참여할 것이 아니라 평화를 일구는 데 참여해야 한다.

믿음 믿음의 방패는 바울이 자세히 설명한 갑주를 구성하는 다음 장비다. 우리를 위해 싸우시는 분을 신뢰할 때 권세에 가장 잘 맞설 수 있다. 우리는 자신의 능력이 아니라 하나님의 능력을 확신함으로써 권세를 이긴다. 그렇기 때문에 기도는 권세에 대응할 아주 강력한 방법이 된다. 혼자서든 공동체로 모여서든 우리가 기도할 때 예수님의 길을 따라 살아갈 수 있게 하나님이 힘을 주신다. 믿음으로 우리는 성령께서 우리 삶을 빚으실 공간을 연다. 모든 일을 바로잡으실 분을 바라본다. 믿음으로 우리는 하나님의 영광이 가득한 세상을 기대한다.

그러나 믿음은 자기 지향적인 것이 아니다. 물론 우리는 믿음으로 구원받지만, 믿음은 외부 지향적이다. 작고한 신학자 마르바 던(Marva Dawn)이 말한 대로, "믿음의 방패는 갑주의 중요한 부분으로서 하나님의 능력에 대한 신뢰 또는 확신을 의미하고, 방패를 드는 것은 메시아의 신실함에 참여하는 일이다."[12]

우리는 신실하신 예수님을 믿는다.

구원 구원의 투구에는 다른 사람들을 위한 해방도 들어 있어야 한다. 우리는 권세에 저항하되 각 사람이 권세를 거부하도록 이끄는 방식으로만이 아니라 그들을 속박하는 더 큰 사회적·경제적·정치적 삶의 영역으로 확장되는 구원을 선포하는 방식으로 저항한다. 나는 남아프리카의 교수이자 주교인 피터 스토리(Peter Storey)의 날카로운 지적을 인용해 이 부분을 강조하고 싶다. 그는 통찰력 있게 이렇게 썼다.

> 미국 설교자들의 과제는 어쩌면 남아공 아파르트헤이트 치하의 우리나 공산주의 치하의 그리스도인들이 직면하는 것보다 더 어려울지 모르겠다. 우리에게는 상대해야 할 명백한 악이 있었다. 그러나 당신들은 미국 문화에 여러 해 동안 쌓인 빨갛고 하얗고 푸른 신화를 벗겨 내야 한다.…선량한 사람들이 그곳의 여러 제도가 자신들 대신에 죄를 범하도록 스스로 방치했던 과정을 알아보도록 도와야 한다.[13]

복음 선포에 있어서 우리는 복음의 능력을 믿음의 개인화된 경험 이상으로 적용하도록 부름받았다. 구원의 개별적 열매를 붙들되 더 큰 사회적·우주적 실재를 선포하고 그것을 위해서도 일해야 한다. 그리스도의 죽음은 '나'에게만 적용되는 것이 아니다. 그것은 '우리'에게도 적용되어야 한다.

하나님의 말씀 바울은 하나님의 백성을 위한 갑주의 마지막 장비로 성령의 검을 제시했다. 그는 그 검이 하나님의 말씀이라고 밝혔다. 대부분의 사람들은 이 대목을 읽을 때 그가 성경을 가리킨다고 자동적으로 받아들인다. 어떤 의미에서는 옳은 해석이다. 그런데 오늘날 우리가 가진 성경이 최종 확정된 시점은 바울이 에베소서를 쓰고 몇 세기가 지난 후이기에, 여기서 바울이 말한 하나님의 말씀이 오늘날 우리가 말하는 성경과 정확히 일치할 수는 없다. 하지만 하나님의 말씀은 우리가 권세에 맞설 수 있게 형성되는 데 결정적으로 중요하다.

여기서 하나님의 말씀은 두 가지와 관련이 있다. 하나님의 진리를 주의 깊게 통합시켜서 방향이 정해진 삶, 그리고 예수님 안에서 이미 확정된 승리다.

하나님의 말씀을 이해하는 첫 번째 방식은 사탄의 시험 앞에 서신 예수님을 보면 된다. 그분은 성경을 지혜롭게 내면화함으로써 악마의 힘을 한결같이 이기셨다.

시험을 받으실 때 예수님의 입에서는 성경이 흘러나왔다. 도전을 받으실 때도 그분의 입에서 성경이 흘러나왔다. 십자가에 못 박히실 때도 그랬다. 예수님처럼 사는 방법 중 하나는 상처를 입을 때 성경이 흘러나오도록 성경을 내면화하는 것이다.

더욱이, 하나님의 말씀은 예수 그리스도를 통하여 권세를 압도하는 하나님의 승리 수단이다. 예수님은 하나님의 말씀이고 권세를 정복하셨다. 나는 이 부분을 제시하는 것으로 이번 장을 마무리하고 싶다.

급진적 승리

성경을 읽다 보면 우리가 권세를 무찌르는지 아닌지는 핵심 사안이 아니라는 것, 그 문제는 이미 해결되었다는 것이 눈에 들어온다. 복음에 따르면, 그리스도께서 사로잡힌 권세를 포함한 **모든 것**에 승리하신다.

예수님은 생애 내내 권세를 무장 해제시키셨다. 그분이 소외된 사람에게 측은한 마음으로 손을 얹으실 때마다 사회의 어떤 사람들은 오염되었고 만져서는 안 된다는 강력한 영적 메시지에 저항하신 것이었다. 죄인을 사랑받고 무리에 속할 수 있는 존재로 맞아들이실 때마다, '우리'와 '그들'의 범주로 세상을 깔끔하게 나누는 권세에 저항하신 것이었다. 그분은 가난한 자들과의 연대를 보여 주심으로써 탐욕의 권세에 당당히 맞서셨다. 종교적 외부자를 사랑하심으로 종교성의 권세를 무너뜨리셨다.

여기서 좀 더 나가 보자. 예수님이 십자가에서 죽으신 것은 우리 죄를 용서하기 위해서만이 아니었다. 그분은 사탄의 일을 파괴하고 권세를 무장 해제하기 위해 죽으셨다. 권세는 여전히 세상에서 승리하는 것처럼 **보이지만** 실제로는 패배**했다**. 이것이 십자가의 놀라운 신비다. 십자가 처형을 받으실 때 예수님은 비극적인 실패자처럼 보였지만 그분이 바로 승리자다. 하나님 나라 안에서 권세의 정복은 권세를 흉내 내는 식으로가 아니라 저항을 통해 이루어지기 때문이다. 예수님은 권세의 전술에 의지하지 않으신다.

예수님은 사역 내내 가르치셨던 내용을 십자가 위에서 온전히 구현하셨다. 그 내용인즉, 우리 시대의 악한 권세는 그들의 방식으로는 쓰러뜨릴 수 없다는 것이다. 권세는 고난받는 사랑에 패한다. 이것이 권세에 맞서는 전략이다.

이렇게 설명해 보자. 나는 블록버스터 마블 영화 〈블랙 팬서〉(Black Panther)가 개봉한 그날 극장에서 관람했다. 많은 내용을 소개할 마음은 없다(스포일러 없다!). 트찰라왕이 입는 슈퍼 영웅 수트는 비브라늄으로 만들어졌다. 마블 세계관에서 비브라늄은 가장 강력한 물질이다. 그것은 자기에게 가해지는 온갖 종류의 에너지를 흡수하여 다시 바깥으로 발사할 수 있다. 블랙 팬서는 적들이 공격할 때마다 그 에너지를 저장했다가 반격하는 데 쓰곤 했다.

개봉 당일에 극장에 앉아 블랙 팬서 이야기가 펼쳐지는 것을 지켜보면서, 나는 십자가를 생각했다. 예수님에게는 비브라늄 수트가 없었지만 우주에서 가장 강한 물질로 알려진 것을 갖고 계셨다. **희생적 사랑**이었다. 예수님은 폭력과 잔혹함을 흡수하실 수 있었다. 그분의 몸을 찢은 채찍부터 양손을 거친 나무에 매단 못까지도. 그분은 머리에 쓰인 가시면류관과 부당한 조롱, 놀림이 안겨 주는 믿기 어려운 고통과 잔인무도함을 받아 내실 수 있었다. 하지만 권세가 보지 못한 것이 있었다. 예수님은 권세가 성공적인 무기라고 생각했던 것들을 이용하셔서 죽음의 권세를 무찌르게 될 다른 종류의 힘을 발사하실 것이라는 사실이었다. 권세는 세상의 무기에 패하지 않는다. 권세는 하나님의 희생적 사랑에 패한다. 이것이 십자가에서 사실로 드러났다. 이것은 우리에게도 사실이다.

그리스도께서 권세를 무장 해제시키셨다는 말은 그분을 따르는 우리가 종종 권세의 영향력에서 벗어난다는 순진한 의미가 아니다. 그러나 그리스도 안에서 우리는 실제로 권세의 지배로부터 구원**받았고** 구원**받고 있고** 구원**받을 것이다**. 종종 우리는 조직화와 트윗과 시위를 충분히 하고, 올바른 사람을 공직에 당선시킬 수 있다면, 문화의 파괴적 방식을 변화시킬 수 있을 거라고 생각한다.

세상의 권세는 우리 힘으로만 극복하기에는 너무 강하다. 개인적 고투를 벌이든 사회적 문제를 다루려 하든, 권세는 너무나 강해서 하나님 없이는 정복할 수 없다.

궁극적으로 세상의 문제는 우리 행동을 통해서가 아니라 그리스도의 사랑을 통해 해결된다. 우리는 거기에 소망을 둔다. 우리가 하는 어떤 일이 아니라, 하나님이 이미 이루신 일에 소망이 있다.

지금 당장은 권세가 여전히 활동한다. 죄가 우리 모두에게 파편화를 초래하는 현실인 것과 같다. 권세의 흔적은 우리 삶과 제도에서 볼 수 있다. 권세는 우리 사회를 파괴한 데 상당 부분 책임이 있는 영적 세력이다. 결과적으로, 우리는 상처**받은** 사람들이자 상처를 **주는** 이들로 살아간다. 그러므로 우리가 보고 느끼는 파괴된 세상을 어떻게든 치료하려면 모두가 안고 있는 트라우마를 다루어야 한다. 이것이 우리가 어떻게 그리스도처럼 선하고 아름답고 친절해질 수 있는지 탐색하는 여정의 다음 단계다.

3장

걸림이 되는 상처, 거룩한 상처

트라우마와 세상의 소망

우리 모두 아픈 것의 의미를 안다. '인쿠르바투스 인 세'와 사로잡힌 권세로 얼룩진 세상은 우리에게 상처를 준다. 이렇게 죄가 겉으로 드러나는 과정에서 사랑의 길은 선함, 아름다움, 친절과 함께 우리 삶에서 뿌리 뽑힌다. 우리의 상처, 즉 트라우마는 거리낌 없이 사랑을 주고받지 못하게 가로막곤 한다. 배신과 버림받음, 가혹한 말이 주는 고통은 우리를 제약한다. 유쾌하고 열린 존재가 되도록 창조된 우리가 불안과 의심에 사로잡힌다. 천진성이 냉소적 태도에 밀려난다. 트라우마의 경험은 사랑의 경험을 가로막을 가능성이 있다.

내 자신의 트라우마를 생각해 보니 몇 가지 기억이 바로 떠오른다. 그중 하나는 스포츠와 관련이 있다.

몇 년 동안 나는 9월이 되면 운동 경기에 참가하기를 꺼렸다. 이상하지 않은가? 그 이야기를 해 보자. 청년 시절의 어느 차가운 9월 오후, 나는 몇 명의 친구, 친척들과 함께 양손 터치풋볼 경기를 했다. 내가 살던 브루클린 동네의 가장 가까운 공원에는 풀이 없었고 전부 아스팔트였다. 우리는 두 시간가량 치열하게 뛰었다. 경기가 끝나 갈 무렵, 나는 기회를 포착했고 패스를 받기 위해 경기장 한 가운데로 들어갔다. 나는 전력으로 뛰면서 공을 향해 달려들었다. 공이 점점 가까워지면서 잡기 직전에 이르렀다. 온 세상이 느려지면서 공이 손가락 끝을 스치는 것을 느꼈다.

그런데 문제가 있었다. 상대편의 어마어마하게 빠른 친구도 나와 같은 생각을 했다는 것이다. 우리는 공을 향해 손을 뻗은 상태로 충돌했다. 그 충격으로 나는 기괴한 자세로 땅바닥에 처박혔다. 다시 일어나 경기를 이어 가려 했지만 몸이 말을 듣지 않았다. 골절과 탈구가 일어난 오른손목은 끔찍한 모습이었다. 경기는 중단되었고 아버지가 나를 인근 병원으로 급히 데려갔다. 몇 달 동안 깁스를 했다.

1년 후 나는 같은 공원에 있었다. 이번에는 농구장이었다. 나는 공격적으로 공을 드리블했고 빠른 속도로 힘차게 치고 나갔다. 막 점수를 얻을 참이었는데 누군가가 뒤에서 발을 걸었다. 두 번째로 아스팔트 바닥에 심하게 부딪쳤다. '또야.' 오른손목을 쳐다보았다. 또다시 엉망이었다. 아버지는 다시 나를 인근 병원으로 급히 데려갔다. 손목을 치료하기 위해서였다. 다시 몇 달간 깁스를 했다.

두 번의 고통스러운 시기가 지난 후, 다시 9월의 농구장이나 풋볼장에 발을 들여놓기까지 몇 년의 시간이 필요했다. 그냥 그러면 안 될 것 같았다. 너무나 재미있던 일이 거북하고 불길해졌다. 불운하다는 느낌도 있었지만 그것은 무엇보다 트라우마 때문이었다. 나의 경험이 운동 경기를 향한 자유분방한 사랑을 가로막았다.

내 마음이 과거에 받은 상처의 흔적들을 온전히 처리하지 못했던 것이다.

그러나 균형 잡힌 시각으로 보면, 병원에 실려 간 일들은 적어도 내게는 트라우마의 분포 범위에서 가장 약한 쪽에 속한다. 우리 몸이 경험하는 신체적 트라우마 이상으로 우리에게 상처를 주는 정신적 트라우마가 많은데, 그것들의 공통점은 우리가 부름받은 대로 기꺼이 너그럽게 사랑하지 못하게 한다는 데 있다.

우리의 상처를 탐구함

잘 사랑하는 것이 예수님을 따르는 일의 본질이라면, 우리는 잘 사랑하기 위해 내면에 감추어진 이야기, 특히 우리 트라우마와 상처의 이야기들을 참을성 있게 탐구해야 한다. 정도는 다 다르겠지만, 우리 모두 몸과 정신에 저장된 어느 정도의 고통을 안고 산다.

베셀 반 데어 콜크(Bessel van der Kolk) 박사는 영향력 있는 저서 『몸은 기억한다』(The Body Keeps the Score, 을유문화사)에서 이렇게 밝혔다. "미국인 다섯 명 중 한 명은 어릴 때 성추행을 당했고…세 커플 중 한 쌍에게서 물리적 폭력이 일어난다.…우리 중 4분의 1에게는 성장기에 알코올 중독자 친척이 있었고 여덟 명 중 한 명이 어머니가 맞는 모습을 지켜보았다."[1]

2020년, 주요 시장조사 기업인 바나그룹이 미국의 트라우마에 대한 연구서를 발간했다. 그들의 조사 결과에 따르면 다음과 같다.

실천적 그리스도인의 5분의 2(40퍼센트)가 사랑하는 이의 죽음으로 트라우마가 생겼다고 말한다. 이 집단이 겪는 트라우마의 주된 원인이다. 그다음으로 많이 언급된 트라우마의 원인은 믿었던 사람에게 당한 배신이었는데, 응답자의 3분의 1(33퍼센트)이 그렇게 대답했다. 가정폭력 같은 여러 형태의 학대가 그다음 빈도(21퍼센트)를 차지한다.[2]

우리가 과거의 고통에 둘러싸여 있고 현재에도 그것을 지고 있을 가능성이 높다는 것은 분명한 사실이다. 의도하지 않아도, 지금 안고 있는 상처는 불안한 반작용과 함께 참으로 '여기에' 충실하지 못하는 무능력을 낳을 수 있다. 이런 무능력은 종종 현실도피를 꾀하기도 하고 고통을 직시하는 대신 믿고 싶은 대안적 해석을 만들어 내기도 한다. 하지만 우리가 사랑으로 살려면 어렵지만 해방을 안겨 주는 사실을 깨달아야 한다. 각자의 상처와 트라우마를 공감적으로 마주해야 비틀대면서라도 온전함으로 나아갈 수 있고, 그렇게 되면 결국 우리가 치유의 매개자가 될 수 있다는 사실을 말이다.

우리가 잘 사랑하기가 어려운 이유는 자신이나 다른 사람들 안에 쌓인 트라우마의 깊은 사연을 이해하지 못해서일 때가 많다. 이 둘의 연관성이 추상적으로 느껴질 수 있지만 사실은 대단히 실제적이다. 과거의 트라우마 때문에 현재와 연결되지 못할 때 (두 번의 고통스러운 9월의 부상 때문에 내가 한동안 운동 경기를 못했던 것처럼), 우리는 세상이 그토록 분열된 상태로 느껴지는 보이지 않는 이유 중 하나를 깨닫게 된다. 트라우마가 있을 때면 우리는 늘 자기방어의 장벽을 세운다는 것이다. 그 결과, 잘 사랑할 수 있는 우리의 능력이 심각하게 손상된다.

그러나 여기 훌륭한 초청이 있다. 교육자이자 저자인 파커 파머(Parker Palmer)는 이렇게 말했다. "다른 사람의 이야기를 알수록 그를 증오하거나 해를 입히기가 어려워진다."³ 이번 장에서 우리가 탐구할 것은 자신을 향한 공감과 다른 이들을 향한 감정이입을 끌어내는 일이다. 이 둘은 꼭 필요한 사랑의 훈련이다.

몇 년 전 평소 자주 충돌했던 한 교인과의 대화를 앞두고 있었던 일이 기억난다. 나는 신학적·문화적·정치적·세대적인 면에서 그리 다르지 않은 우리 사이가 왜 이런지 생각하곤 했다. 1년에 적어도 네 번은 그와 긴장된 대화를 나누게 되기 때문이었다. 그러다 결국 나의 목회적 감수성이 바닥을 드러내는 시점이 왔다. 참을 만큼 참았다는 생각이 들었다. 브루클린 시절로 되돌아갈 참이었다. 성난 눈빛으로 노려보고 참았던 말들을 쏟아 내던 때 말이다. 그와의 또 다른 만만찮은 대화를 준비하며 퀸스 대로를 달리고 있는데 교회의 다른 교역자가 내게 전화를 했다.

"리치, 그냥 걸었어요. 어떻게 지내세요?" 그가 물었다. 나는 격앙된 목소리로 대답했다. "해리와 또 피곤한 대화를 나누어야 해요."

지혜로운 친구 목사가 말했다. "있잖아요, 리치. 해리가 그렇게 된 데는 이유가 있어요. 그 사람이 성장기에 외상성 상실을 경험했다는 거 알아요?"

"정말이에요?" 나는 신호등이 파란색으로 바뀌기를 기다리며 부드럽게 물었다.

"정말입니다." 그리고 나는 해리의 깊은 사연을 듣게 되었다. 십대 시절 그는 자살한 가족의 시신을 발견했다고 했다. 이후 살아오면서 의미심장하고 고통스러운 상실을 더 겪었다는 이야기도 들었다.

5초간의 긴 침묵 뒤에 (5분처럼 느껴졌다) 나는 끊일 기미가 없는 (적어도 뉴욕에서는) 자동차 경적 소리에 정신을 차렸다. 바로 내 뒤에서 나는 소리였다. 해리의 충격적인 과거를 알게 되면서 내가 도로 위에 있다는 사실을 잠시 잊어버린 것이었다. 급하게 가속 페달을 밟고 나서 나는 동료 교역자에게 고마움을 전했다. 퀸스 대로에서 해리의 사연을 들은 순간에 무엇인가가 달라졌다. 물론 무엇이 달라졌는지 깨닫기까지는 시간이 좀 걸릴 터였다. 그 시점부터 해리와 나누는 대화들이 변했다. 나는 다시는 해리를 이전처럼 보지 않았다. 다른 상황은 전혀 달라지지 않았지만, 그를 훨씬 호의적으로 대하게 되었다.

물론, 나는 해리가 부적절한 말이나 행동을 하는 순간들을 용납하거나 그냥 넘어가지 않았다. 하지만 내 안에서 무엇인가가 바뀌었다. 그가 사랑을 갈망하지만 그것을 진실하게 주고받을 수 없는 사람으로 보이기 시작했다.

누군가의 사연을 알게 될수록 그 사람을 미워하거나 해를 입히기가 어려워진다. 그 대상이 자기 자신인 경우도 마찬가지다.

트라우마의 여러 층위

정신질환이라는 낙인 때문인지 몰라도, 교회를 포함하여 우리가 속한 여러 공동체에서 많은 이들이 트라우마를 안고 있다는 개념조차도 거부하곤 한다. 그러나 우리가 인정하든 안 하든, 트라우마는 인생의 고통스러운 현실이다. 그것은 우리 생각보다 더 널리 퍼져 있고 엄연히 존재한다. 사람들은 놀랄 만한 회복력을 갖고 있지만, 인생의 여러 난관은 우리에게 영향을 미친다.

우리가 인식해야 할 트라우마의 여러 층위가 있는데, 우선 전체 그림부터 살펴보자. **트라우마**는 그리스어에서 기원하여 17세기 후반에 생겨난 단어로 문자적으로는 '상처'를 의미한다. 트라우마가 있는 사람들은 어떤 식으로든 상처를 입었고 그것은 분명한 사실이다. 이제 좀 더 나가 보자.

웹스터 사전은 트라우마를 이렇게 정의한다. "심각한 정신적·정서적 스트레스나 물리적 부상으로 인해 생기는 정신이나 행동의 혼란 상태."[4] 작가이자 심리 치료사인 레즈마 메나켐(Resmaa Menakem)은 트라우마를 "무엇이 안전하고 무엇이 위협인지 우리 몸이 스스로에게 들려주는 말 없는 이야기"[5]라고 설명했다.

이 모두를 이어 보자. 상처, 상처 입은 상태, 그 상태에서 살아가면서 생겨나는 이야기. '인쿠르바투스 인 세'와 사로잡힌 권세를 기반으로 한 세상은 끊임없이 상처를 주고 덧나게 하는 상태에 있다. 이 상처는 문자적이고 물리적인 것에서부터 정서적·사회적·심리적, 심지어 영적인 것까지 있다.

이 상처들 중에는 새로운 것이 있는가 하면 아주 오래된 것도 있다. 오래된 상처 중 하나인 **초세대적 트라우마**는 한 세대의 상처가 이후 세대에 영향을 끼치게 만든다. 메나켐의 "말 없는 이야기"로 인생의 한 부분이 새롭게 열리는 것과 같은 방식이라고 보면 된다.

근년의 연구 결과에 따르면, 고통스러운 사건들은 후성적·세포적 수준에까지 영향을 준다고 한다. 우리 모두에게는 씨름해야 할 긍정적·부정적 유산이 있다. 우리 교회에서 말하듯, 예수님이 우리 마음속에 사신다면 할아버지는 우리 뼛속에 사신다.

상처의 또 다른 사례가 있다. 사랑을 방해하는 상처는 **인종적 트라우마**의 형태로도 발생한다. 실라 와이즈 로우(Sheila Wise Rowe)는 그녀의 탁월한 책 『인종적 트라우마의 치유』(Healing Racial Trauma)에서 인종적 트라우마를 "심각한 인종 차별 사건 이후에 유색인들이 종종 경험하는 신체적·심리적 증후군"이라고 정의했다.[6] 그녀는 한 보고서의 결론을 가져와 인종적 트라우마의 영향을 강조했다. "이 트라우마의 영향으로는 두려움, 공격성, 우울증, 불안, 부정적 자아상, 수치심, 과경계, 비관주의, 악몽, 집중 장애, 약물 남용, 플래시백(flashback, 현실에서 어떤 단서를 접했을 때 현실과 완전히 격리된 채로 그것과 관련된 강렬한 기억에 몰입하는 현상—편집자), 관계 장애가 있다."[7] 인종적으로 대단히 다양한 도시에서 사역하는 목사인 나는 인종적 상처를 안고 살아온 사람들과 수십 차례 대화를 나누었다. 너무나 많은 사람이 끊임없이 그 짐을 지고 있다.

또한 **성적 트라우마**의 상처도 있다. #미투(MeToo)와 #처치투(ChurchToo) 운동은 전 세계의 취약한 사람들이 하나님의 형상을 지닌 존재로 대접받지 못했다는 사실을 고통스럽게 떠올리게 만든다. 이것은 우리가 비판하고 탄식하고 회개해야 할 구조적·개인적 죄의 또 다른 비극적 사례다. 성적 지배가 남자의 권리라는 문화적·신학적 서사를 받아들인 남자들의 경우, 비판과 탄식과 회개의 필요성이 더욱 시급하다. 이 서사는 인종 차별과 상당히 비슷하게 우리 사회의 구조에 단단히 자리를 잡았기에, 하나님의 형상으로 만들어진 여성을 새로운 방식으로 바라보고 가치를 부여할 상상력이 필요하다.

어쩌면 이런 명백한 수준의 상처를 경험하지 못한 독자도 있을 것이다. 그러나 나는 그런 독자에게 이번 장을 성급하게 건너뛰지 마시라고, 우리가 관심을 기울여야 할 트라우마의 또 다른 층위가 있다고 말하고 싶다. 우리가 안고 사는 상처가 다 눈에 보이는 것은 아니기 때문이다. 그 상처들 중 일부는 오랜 시간에 걸쳐 만들어졌고 특정 사건을 원인으로 지목할 수 없다. 자기가 물속에 있는 줄 모르는 물고기처럼, 발달 트라우마(어릴 적 적절한 정서적 보살핌을 받지 못해서 생기는 트라우마—옮긴이)가 있는 사람들은 그것을 안고 살면서도 깨닫지 못할 수 있다.

나는 첫 번째 책 『예수님께 뿌리내린 삶』(*The Deeply Formed Life*, IVP)에서 다음과 같이 트라우마의 여러 층위를 강조했다.

대부분의 사람들은 트라우마라고 하면 재난적 순간들만 생각한다. 그러나 트라우마는 그럴 때만 나타나는 것이 아니다. 트라우마의 존재는 종종 감지되지 않은 채 우리가 정상이라고 여기는 정서적 괴로움으로 표현된다. 그러니 오해하지 말자. 우리는 어느 정도 트라우마의 경험들을 깊이 안고 살아간다.

트라우마에 대해 말할 때 나는 동전의 양면과 같은 상황을 생각한다. 받지 말아야 할 것을 받고 받아야 할 것을 받지 못하는 상황이다. 첫 번째 경우에서 많은 사람들은 (물리적·성적·정서적) 학대를 경험하거나 끔찍한 상실의 시기를 견딘다. 그 순간들이 남긴 고통스러운 마음의 상처는 평생 지속될 수 있다.

두 번째 경우에는 소아 정신과 의사 도널드 위니콧(Donald Winnicott)이 "무엇인가 유익한 일이 있어야 할 때 아무 일도 없는 것"이라고 표현한 상황 때문에 사람들이 트라우마를 겪는다. 부모나 보호자가 늘 곁에 있어도 아이가 잘 성장하는 데 필요한 양육, 따스함, 애정을 주지 못하는 가정들이 있다. 아이에게 안전감과 관심을 주는 환경을 만드는 법을 모르는 가정들도 많다. 내가 볼 때 이것은 우리가 통상적으로 경험하는 일이다. 가정마다 빈자리가 있고 때로는 불행히도 그 빈자리가 은밀한 파급 효과를 일으킨다. 원가족(原家族)을 점검하면서 우리의 트라우마를 파악해 보면 성령께서 치유하실 기회가 열린다.…

어떤 가정에서 자랐든 상관없이 우리의 행복과 온전함을 위해서는 가족의 정서 체계에 주목하는 일이 꼭 필요하다. 정신과 의사이자 철학자인 로버트 스톨로로(Robert Stolorow)는 발달기에 "정서적 고통을 받고 그것을 해결할 관계를 제공하는 가정을 찾을 수 없을" 때 트라우마가 발생한다고 설명했다. 다시 말해, 일상생활을 통해 경험하는 고통은 전이되는 경향이 있어서 우리의 나머지 감정 전반에 해를 입힌다.[8]

위에 인용된 위니콧의 말에 대해서는 추가 설명이 필요하다. 가보 마테(Garbor Maté) 박사는 그의 책 『몸이 아니라고 말할 때』(When the Body Says No, 김영사)에서 일부 독자가 갖고 있을지 모를 다음 질문을 명료하게 제시했다. 학대나 트라우마를 경험하지 않은 사람들은 어떻게 되는가?

스트레스와 질병의 관계를 폭넓게 연구한 의사인 마테는 많은 사람이 스트레스 관련 질병을 겪는 이유를 이렇게 밝혔다. 그것은 "무엇인가 부정적인 일을 당해서가 아니라 긍정적인 어떤 일을 경험하지 못했기 때문이다."9 이것은 우리 모두에게 중요한 통찰이다. 인간의 사랑은 언제나 불완전하기 때문에 우리에게는 심리적·정서적·관계적 발달에서 살펴야 할 빈틈이 생기곤 한다.

어느 일요일 오전에 유배를 주제로 설교하고 예배 후에 한 교인의 소감을 들었던 기억이 난다.

그녀는 이렇게 말했다. "리치 목사님. 오늘 아침 설교처럼 교회에서 저의 이야기를 설명해 주는 것을 들어 본 적이 없었어요. 제가 유배 상태라는 것을 이제 깨달았습니다."

파키스탄 출신의 이민자인 그녀는 가족 대부분을 고국에 두고 타국 땅에서 살아가며 느끼는 혼란스러움에 마침내 이름을 붙일 수 있었다. 내가 사는 이곳에서는 그녀의 이야기가 친숙하다. 퀸스 자치구 주민의 절반이 외국 태생이기 때문이다. 잭슨하이츠 같은 동네에서 이 국제적 현실은 분명하게 볼 수 있다. 한 블록에서는 페루, 멕시코, 한국, 도미니카, 중국 식당을 쉽게 발견할 수 있다. 대단한 선물이다. 그러나 각국의 멋진 향과 맛 근저에는 외로움, 불안, 계속해서 '사이에 걸쳐' 살아가야 하는 존재 방식이 놓여 있다.

그렇다면 우리 시대에 합당한 질문은 '이 모든 상처를 어떻게 다룰 것인가?'가 될 것이다. 우리의 트라우마를 어떻게 극복하고 살아갈 것인가? 우리의 상처보다 큰 능력을 어떻게 증언할 것인가? 트라우마에 시달리는 세상에서 어떻게 사랑할 것인가? 이번 장 나머지 부분에서는 이 내용에 초점을 맞추고 싶다.

트라우마에 시달리는 세상에서 사랑하는 법 배우기

때로는 트라우마가 사람들 사이에서 상존하는 현실처럼 느껴질 수 있다. (그리스도께서 부활 이후에도 몸에 트라우마의 흔적을 지니고 계셨다는 것이 흥미롭지 않은가?) 죄로 얼룩지고 부서진 이 세상에서는 트라우마가 계속 우리와 함께 있을 것이다. 그러나 하나님의 은혜로, 그것이 우리를 삼켜 버리지 않게 할 수 있다. 트라우마는 구속(救贖)될 수 있다. 참으로 이상하지만, 그것이 복음이 전하는 **좋은 소식**이다.

우리에게는 두 가지 선택지가 있다. 상처 입고 **상처 주는 사람**이 될 수도 있고, 상처 입은 **치유자**가 될 수도 있다. 상처 입은 치유자의 참된 모델이신 그리스도 안에 있는 사람들은 개인적으로든 대인관계에서든 제도적으로든, 사랑이 가져오는 온전함을 드러내는 일을 그분과 함께할 수 있다. 그러나 거기에는 수고가 따른다.

트라우마에 시달리는 세상에서 잘 사랑하려면 스스로를 직시하는 충분히 깊은 차원의 공감적 자기 직면이 있어야 하고, 그럴 때 비로소 다른 사람과 다른 방식으로 관계 맺을 힘을 얻는다. 한마디로, 우리가 사랑하는 법을 배워야 할 대상은 무엇보다 우리 자신이다. 다른 사람의 트라우마에 먼저 초점을 맞추기(그렇게 해야 하는 경우가 따로 있다)가 아주 쉽지만, 우리는 그 전에 자신을 열어 하나님의 사랑 안에서 얻을 수 있는 치유를 받아들이라는 부름을 받는다.

상존하는 트라우마를 인식하는 것은 잘 사랑하라는 부름을 따르는 중요한 발걸음이다. 이런 상태에서 우리는 자신의 삶에서 사랑의 흐름을 가로막는 세력을 의식하게 된다. 이런 장애물에 친숙해질 때, 자신을 열어 버겁고 고통스러운 과거를 뛰어넘는 새로운 가능성을 모색할 수 있다.

사랑하는 법을 배우기 위해 익혀야 하는 습관으로는 우리의 수치에 이름 붙이기, 우리 이야기를 이해하기, 우리의 온전한 인간됨(특히 우리 몸)에 주목하기, 상처 입고 부활하신 주 예수님을 바라보기 등이 있다.

우리의 수치에 이름 붙이기　　트라우마를 다루려고 할 때 우리 대부분은 첫 번째로 이것을 인정해야 한다. '**그건 내 잘못이 아니야.**' 트라우마를 겪는 사람들이 종종 큰 수치심을 느끼는 이유는 상처의 책임이 자기에게 있다고 믿기 때문이다. 그러나 그들의 상처가 그들 탓인 경우는 거의 없다. 다른 누군가의 죄의 결과로 생긴 고통의 경우는 특히나 그렇다.

나는 다양한 종류의 심각한 학대를 당한 교인들과 많은 대화를 나누었다. 학대의 과정에서 그들은 그 일이 자기 책임이라는 생각을 여러 방식으로 내면화했다. 힘 있는 남자에게 학대를 당한 여자는 흔히 두려움과 수치심 때문에 그 일을 밝히기를 두려워하고, 그 일이 자기 탓이라고 느낀다. 여러 해에 걸친 성적 착취의 충격에 시달리는 청년은 자기 안으로만 몰입하여 상처를 악화시킨다. 이것이 상황을 고통스럽고 복잡하게 만드는 트라우마의 현실이다. 우리는 충격적인 일이 주는 고통에 시달릴 뿐 아니라 수치심이라는 내면의 자기 정죄까지 짊어질 때가 많다.

성경의 첫 이야기에는 죄에 대한 두 가지 주된 반응이 잘 드러나 있다. 아담과 하와가 선악을 알게 하는 나무 열매를 먹었을 때, 수치심과 죄책감이 즉각 일어났다. 이 이야기에서 **트라우마**는 벌어진 일을 설명하는 최고의 단어가 아니다. 나는 **반역, 죄, 교만, 내재적 두려움** 같은 다른 용어들이 더 낫다고 본다. 그러나 수치는 태곳적 선악과 사건에서 두드러진 인간의 현실로 나타난다.

수치심은 우리가 자신에게 몰두하게 만들고 다른 이들과 단절되게 한다. 수치심에 사로잡혀 있을 때는 사랑 안에 든든히 서기가 불가능하다. 왜 그럴까? 참된 사랑에는 취약성이 필요하기 때문이다. 작가이자 연구 교수인 브레네 브라운(Brené Brown)의 유려한 표현처럼, "취약성은 트라우마의 가장 큰 피해자다."[10] 이것은 인간의 조건에 대한 적절한 평가다. 이것이 내 삶에서 분명해졌던 순간을 독자들과 나누고 싶다.

최근 나는 내적 돌파구를 찾는 놀라운 순간을 경험했다. 어느 평일 저녁, 식당에서 트라우마에 관한 자료를 읽고 있었다. 자신의 고통스러운 경험을 밝히는 사람들의 이야기를 읽다가, 내 자신의 과거를 돌아보게 되었다. 물리적·성적·정서적 학대를 받은 특정한 순간을 콕 집어낼 수는 없었다. 하지만 더 깊이 생각하면서 상처받았던 때와 그 상처가 내 삶의 수면 아래에서 계속해서 끼친 영향을 적어 가기 시작했다.

나의 유년 시절에 우리 가족은 무척 부유했다. 두둑한 은행 계좌, 큰 집, 비싼 차가 있어서 부유한 것은 **아니었다**. 사실, 돈으로만 보면 우리는 아주 가난했다. 우리는 기쁨, 사랑, 따스함 면에서 부자였다.

돈이 부족했던 것은 사실이다. 그 때문에 종종 힘들었고, 재정적 불안정이 눈에 보이게 드러날 때는 수치스럽기도 했다. 어린 시절의 몇 년 동안 우리 가족은 정부 지원금을 받아 부족한 생활비에 보탰다. 당시에 정부 지원금은 직불카드에 입금되지 않았다. 우리는 식품 구입용 쿠폰을 받아 식료품을 구매해야 했다.

어느 날 (열두 살쯤 되었을 것이다) 나는 길모퉁이에 있는 식품 잡화점으로 계란과 빵을 사러 갔다. 물건 값을 낼 차례가 되었을 때, 쿠폰을 꺼내서 계산대에 올려놓았다. 그런데 무슨 이유에서인지 계산대 직원이 나를 바라보더니 가게 안의 몇 안 되는 사람들을 향해 내가 현금으로 물건 값을 지불하지 않는다고 큰 소리로 말하기 시작했다. 그는 나의 결제 방식을 놀렸고 뒤에서는 키득거리는 소리가 들렸다. 나는 창피했다. 부끄러웠다.

그 시점부터 나는 식품 쿠폰으로 물건 값을 지불해야 할 때마다 상점에 손님이 있는지 항상 확인했다. 더 이상 조롱을 감당할 수 없을 것 같아서였다. 상점에 손님이 하나도 없을 때까지 길모퉁이를 그냥 돌아가곤 했다. 아무도 없다는 것을 확인하고 나면 〈슈퍼마켓 스윕〉(Supermarket Sweep, 슈퍼마켓에서 정해진 시간 내에 카트에 비싼 물건을 빠르게 담아서 승패를 가르는 미국 TV 오락 프로그램―옮긴이) 경쟁에 참가한 사람처럼 급하게 물건들을 집었다. 잡화점 점원의 메시지로 나는 가난한 나에게 큰 문제가 있다고 믿게 되었다. 지원을 받는 것은 부끄러워해야 할 일이요, 조롱받을 만한 일이라고 생각하게 된 것이다.

시간을 30년 후로 빠르게 돌려 보자. 2020년의 팬데믹 기간에 뉴욕시는 모든 부모에게 식료품 구입에 쓰도록 400달러씩 제공했다. 많은 가족이 재정적 부담을 떠안아야 했기에, 모두가 느낄 재정적 압박을 덜어 주고자 마련한 기금이었다. 400달러는 정부지원금을 받는 가족들이 흔히 사용하는 것과 같은 직불카드의 형태로 제공되었다.

우리 가족은 그 추가 자금이 **필요한** 상황은 아니었지만 감사한 마음으로 받았다. 카드를 받고 얼마 후 나는 슈퍼마켓으로 갔다. 계산원이 내가 가져온 물건의 총액을 알려 주었을 때, 나는 계산을 위해 정부가 발행한 카드를 꺼냈다. 그런데 그때 내 손이 떨리고 내 눈이 계산원의 눈을 피한다는 것을 알게 되었다. 최대한 빨리 카드를 긁고 식료품들을 챙겨 빠른 걸음으로 슈퍼마켓에서 나왔다. 차에 올라 탄 후에 나는 잠시 그대로 있었다. 슈퍼마켓에서의 일이 나의 내면 깊은 곳의 무언가를 건드렸다는 것을 알 수 있었다. 옛날 그 식품잡화점에서 느꼈던 수치심이 잠들어 있다가 수면 위로 다시 떠오른 것이었다.

그날 밤 식탁에 앉아서 그 감정의 이름을 밝혀냈다. 내 안에 깊숙이 저장된 메시지를 찾고자 애썼다. 내 마음을 하나님께 올려 기도하고 귀를 기울였다. 은혜로운 말들로 일기장을 몇 쪽이나 채웠다. 그날 나는 나와 돈의 관계에 영향을 준 다양한 수치심의 각본을 드러낼 수 있었다. 침묵 가운데 하나님이 내 마음 깊은 곳에서 이렇게 말씀하시는 것을 느꼈다. '리치, 너는 너의 은행 계좌가 아니다. 너는 너의 가난도, 재정적 부도 아니다. 너는 사랑받는 자다. 너는 소중하다. 너는 내 것이다.' 내 안에 있는 수치심을 밝혀내면서 나는 돌파의 순간을 경험했고 지금도 그 자유를 누리고 있다.

우리 이야기 이해하기   목사인 나는 누가 트라우마의 손아귀에 붙들려 있는지 보통은 알아볼 수 있다. 흔히 그들은 자신의 부서진 이야기를 일관성 있게 전달하지 못한다. 나는 사람들에게 자신의 이야기를 하고 상처를 정확히 밝히고 그 일의 지속적 영향력을 들려달라고 초청하는 역할을 자주 맡는다. 어떤 사람들은 내면의 작업 덕분에 자신에게 영향을 준 상처의 시간을 잘 이야기하지만, 이 과제를 극복할 수 없는 것으로 여기는 이들도 있다. 나는 온갖 주제에 대해 유창하게 말할 수 있지만 자신의 상처에 대해서는 할 말이 없는, 뛰어난 표현력을 가진 사람들과 함께 일한 적이 있다.

정신과 의사 커트 톰슨(Curt Thompson)은 부모가 자신의 이야기를 일관성 있게 이해하는 일의 중요성을 강조했다. 그는 저서 『영혼의 해부학』(*Anatomy of the Soul*, IVP)에서 이렇게 썼다. "자신의 이야기를 일관성 있게 이해한 사람들은 자녀들에게 [부모와] 안정감 있게 애착 관계를 형성할 수 있는 힘을 준다.…사실, 한 아이의 애착 패턴이 형성되는 데 영향을 미치는 **가장 강력한 단일 요소는 부모가 자신의 인생을 이해했는지 여부다**."[11] 톰슨의 말은 더 나은 부모가 되기를 바라는 이들뿐 아니라 온전한 사람이 되기를 바라는 모든 이들에게 해당한다. 우리 이야기를 일관성 있게 이해하는 일의 핵심은 과거의 상처들을 시간 순으로 나열할 수 있다는 것이 아니다. 그 핵심은 우리 이야기를, 특히 고통스러운 부분을 염려 없이 온전하게 인정하고 정죄감 없이 표현할 수 있다는 것이다.

무엇이든 우리가 거론할 수 없는 대상은 우리 자신이 여전히 은밀한 속박 상태에 있음을 드러낸다. 하지만 우리는 하나님의 사랑을 통해 솔직하고 편안하고 용감하게 살 수 있게 되었다. 그럴 수 있는 힘은 자신의 상처를 자세히 이야기하면 할수록 더욱 커진다. 지금 나는 경박함을 옹호하는 것이 아니라, 상처와 트라우마가 우리의 실체를 말해 주지 않는다는 한결같은 확신을 밝히는 것이다. 우리는 상처와 트라우마보다 훨씬 큰 존재다.

우리의 이야기를 이해하기 위해서는 그것과 좀 친숙해져야 한다. 근년에 우리 문화에서는 자신의 이야기를 이해하고 서로의 연결 관계를 이해하려는 시도가 엄청나게 늘었다. 족보와 혈통을 추적하여 심지어 유전자의 지리적 역사까지 파악하도록 돕는 단체들이 인기를 끌었다. 사람에게는 자신의 역사를 이해하고자 하는 갈망이 있기 때문이다. 하지만 우리의 DNA에 관한 모든 것을 알아도 각자의 가장 깊은 내면의 이야기에 내적으로 제대로 대응하지 못할 수 있다는 것이 현실이다. 그러나 우리는 이 일을 해내야 한다. 그래야 자기 여정에 대해 거짓말을 하거나 진실을 외면하지 않고 세상에서 건강한 변화를 일구며 살 수 있다.

자신에 관한 진실을 직면하고 그 부분을 하나님께 열어 보이는 일이 긴요한 이유는 하나님은 실재에만 거하시기 때문이다. 물론 우리 이야기를 하는 것은 굉장히 어려운 일이다. 반 데어 콜크는 이렇게 썼다. "자신에게 기억할 기회를 주려면 엄청난 신뢰와 용기가 필요하다."[12] 이런 기억의 행위가 가능하려면 채근하지 않고 치유를 선사하는 환경이 꼭 필요하다.

우리가 트라우마를 안고 있을 때 공동체는 아주 중요한 자원이 된다. 우리는 분명히 공동체에서 상처받을 수 있지만 (어쩌면 늘 상처를 받겠지만) 그리스도인의 경우 공동체 안에서 치유를 얻는다는 진실을 부정할 수는 없다. (큰 상처가 있는 공동체에서는 치유가 이루어지지 않을지 모른다. 그래도 대부분의 경우는 치유에 공동체가 필요하다.) 정신분석가 로버트 스톨로로에 따르면, 트라우마가 종종 지속되는 이유는 "극심한 정서적 고통을 나눌 '릴레이셔널 홈'(relational home, 나의 이야기에 진심으로 공감해 주고 내 편이 되어 지지해 주는 관계—옮긴이)을 찾지 못하기" 때문이다.[13] 공동체의 구성원이 신뢰하는 친구든, 실력 있는 치료사든, 기도와 관심을 나누는 교회 내의 건강한 그룹이든, 우리에게는 우리 자신과 우리 상처를 받아 줄 수 있는 릴레이셔널 홈이 필요하다.

우리 몸에 주목하기 자신의 수치를 인정하고 자신의 이야기를 일관된 방식으로 이해하는 훈련은 트라우마를 헤쳐 나가는 데 결정적으로 중요하다. 하지만 치유로 나아가기 위해서는 많은 이들에게 익숙하지 않은 일, 즉 더 깊은 수준의 체화된 참여가 필요하다.

신학자 셸리 램보(Shelly Rambo)는 트라우마를 "생생한 침입적 현실"이라고 묘사했다.[14] 과거의 사건들이 때로는 아무 통고도 없이 밀고 들어온다. 이런 일이 일어나면, 흔히 생리적 반응이 뒤따른다. 맥박이 빨라지고, 호흡이 가빠지고, 명료하게 생각하기가 어려워진다. 이런 반응들을 통해, 우리 몸은 영혼이 고통스러워하는 부분이 자극을 받았다고 마음을 향해 경고한다.

뉴 라이프 교회에서는 이렇게 말하곤 한다. "우리 몸은 소선지자가 아니라 대선지자다." 몸은 이성적 사고가 때로는 몇 시간, 며칠, 몇 주, 심지어 몇 달에 걸쳐 해석해야 하는 지식을 담고 있다. 그래서 몸에 주목하는 일은 너무나 중요하다. 우리 몸은 '살로 된 수트' 이상의 것이다. 몸은 하나님의 성령이 거하시는 거룩히 구별된 성전이다. 우리는 여전히 상처를 안고 있지만, 우리 몸에서 평화와 의와 행복을 발견하는 것이 하나님의 뜻임을 이해해야 한다. 그분의 뜻이 온전히 이루어지기를 기다려야 하는 것은 사실이지만, 우리는 예수님의 이름으로 그 뜻의 완성을 향해 지금 움직이기로 선택할 수 있다.

거룩한 상처?

이런 전인적 반응이 필요한 이유는 부분적으로 십자가라는 궁극의 구속적 트라우마 없이는 우리의 기독교 신앙을 이해할 수 없기 때문이다.

십자가 처형의 트라우마는 다층적이다. 예수님은 이루 말할 수 없는 육체적 트라우마, 고문, 잔혹하고 느린 죽음을 경험하셨다. 다른 층위에서는 거절과 조롱, 가까운 이들에게 버림받음, 사람들 앞에서 발가벗겨지는 수치를 겪으셨다. 이 모든 일의 절정은 우리를 위해 신비하게도 "죄"가 되시고(고후 5:21 참조) 하나님의 심판의 짐을 지시는 상상도 못할 트라우마였다. 게다가 예수님을 따르는 이들의 공동체(이들 중에는 아들 예수가 죽어 가는 모습을 지켜보았던 어머니 마리아도 있었다)는 그분의 잔혹한 죽음을 고통스럽게 목격함으로써 상상도 못했던 트라우마를 떠안게 된다. 하지만 하나님은 이 모든 일 가운데서 일하고 계셨다. 하나님은 그분의 나라를 불러오시고, 권세를 정복하시고, 온 인류가 그분의 이름으로 영생을 얻을 수 있는 공간을 창조하고 계셨다.

트라우마를 겪었지만 부활하신 주님으로 예수님을 묵상하는 일은 그리스도 중심적 방식으로 트라우마를 바라보기 원하는 모든 사람에게 중요하다. 그러나 우리의 묵상은 예수님의 십자가 처형에 머물지 말고 그분이 부활 후 제자들과 만나신 장면으로 넘어가야 한다.

예수님의 상처 만지기

요한복음 20장에서 예수님의 제자들은 며칠 전에 예수님이 당하신 것과 같은 일을 당할까 봐 두려워 문을 걸어 잠그고 숨어 있었다. 그 두려운 순간에, 그들은 부활하신 주님을 만났다(19절을 보라). 이것이 부활하신 예수님과 그들의 첫 만남은 아니었지만 예수님의 제자 중 한 사람인 도마는 아직 부활하신 예수님을 보지 못한 터였다. 도마는 예수님의 놀라운 귀환 소식을 신나서 전하는 친구들의 증언을 들었지만 그 정도로는 확신이 서지 않았다. 그는 예수님의 상처를 직접 만져 보고 싶었다. 예수님은 바로 그 기회를 주셨다(24-29절을 보라).

제자들이 문을 걸어 잠그고 방 안에 모여 있을 때 예수님이 들어오셨다. 그분은 도마에게 가서 그분의 몸에 남아 있는 상처를 만져 보라고 하셨다. 예수님의 부활하신 몸은 벽을 통과할 수 있으면서도 사람이 물리적으로 만질 수 있었다. 그분의 몸 안에서 하늘과 땅이 뜻밖의 방식으로 결합했다.

셸리 램보는 자신의 책 『부활의 상처』(Resurrecting Wound)에서 이 이야기를 탐구했다. 그녀는 교회사의 주요 대변인들이 예수님의 상처를 어떻게 이해했고 그들의 여러 통찰이 사람들에게 자주 상처를 입히는 우리네 세상에서 어떤 의미가 있는지 추적했다. 이 책에 등장하는 많은 질문 중에서 한 가지가 떠오른다. 예수님이 충격적인 십자가 처형으로 입은 상처가 여전히 남아 있다면, 우리 각자의 상처들도 내세에 그대로 남을까? 램보는 교회사의 모든 사람이 예수님의 상처를 영구적인 것으로 믿은 것은 아니라고 설명했다. 그녀는 그중에서도 개신교 종교개혁에서 매우 영향력 있는 신학자인 장 칼뱅을 지목했다.

칼뱅은 요한복음 주석에서 예수님의 상처는 믿음 없는 도마의 상태에 맞추어 **일시적으로** 보존된 것이라고 가르쳤다. 한마디로, 예수님은 자신이 진짜 예수라는 확신을 도마에게 심어 주기 위해 상처를 보여 주셨다는 것이다. 그렇다면 그 상처는 영구적인 것이 아니라 일시적인 것이고, 이야기의 주요 부분이 아니라는 뜻이 된다. 하지만 램보는 예수님의 상처가 사소한 세부 내용 이상의 것이라고 주장했다.

나는 그녀가 옳다고 생각한다. 그리고 이것은 중요한 문제다.

예수님은 부활한 상태에서도 인류와 일체감을 느끼신다는 것을 그분의 상처를 통해 보여 주신다. 그뿐 아니라, 예수님에게 남은 상처는 그분을 따르는 이들에게 강력한 메시지를 전한다. 우리 모두 상처 입은 치유자로 부름받았지만, 우리의 치유가 시작되려면 각자가 안고 살아온 상처를 대면해야 한다. 특히 주목할 만한 대목에서 램보는 이렇게 말했다. "기독교 사상에서 '상처'의 논리는 복합적이다. 상처가 중심에 있는 기독교 사상은 상처를 지우는 기이한 역사를 갖고 있다."[15]

부활하신 예수님의 몸에도 옛 상처―구속받은 것이 분명하지만―가 남아 있었다고 생각하면 내게 큰 위안이 된다. 나는 그것이 우리의 미래 상태에 어떤 의미가 있든지 간에, 현재의 우리에게 몇 가지 교훈을 가르쳐 준다고 생각한다. 첫째, 우리의 상처는 최종 결정권을 갖고 있지 않다. 예수님의 몸에서 우리는 그분의 부서진 인간성이 그분의 부활로 도래한 영광스러운 현실과 이어진 동시에 그 현실의 지배를 받는 것을 본다. 신약성경의 위대한 약속 중 하나는 이 부활 생명이 우리가 **지금** 누릴 수 있는 현실이라는 것이다.

몸과 마음에 흔적을 남기는 상처와 트라우마 속에서 예수님을 붙드는 사람들은 우리의 상처가 우리 삶의 주된 서사가 아닐 것이라는 큰 소망을 얻게 된다. 우리는 더 크고 아름다운 이야기의 일부이다. 그렇다. 우리는 큰 고통을 겪을 수도 있지만, 고통보다 더 큰 것이 우리 존재의 중심에 놓여 있다. 그것은 하나님의 사랑에서 흘러나오는 치유의 은혜다.

또한 예수님이 몸에 상처를 지니고 계신다면, 우리는 자신의 트라우마를 수치스럽게 여길 필요가 없다. 내가 앞서 언급한 것처럼,

트라우마의 경험과 함께 큰 수치심이 찾아오는 경우가 많다. 그러나 예수님은 그 흔적을 당당하게 지니신다. 그것이 기적적이고 형언할 수 없는 어떤 것으로 변모했기 때문이다. 이것이 우리의 이야기이기도 하다고 생각해 보자. 이것은 그리스도 안에서 실제로 우리의 이야기다. 우리의 상처는 구속받고 변모될 수 있다. 갑작스러운 기억 상실이 일어나 트라우마를 잊게 된다는 것이 아니라 다른 방식으로 기억한다는 의미다.

하나님의 손 안에서 우리의 상처는 우리 자신 및 다른 이들에게 일어나는 치유의 원천이 된다. 하나님은 그 어떤 것도 허비하지 않으신다. 우리의 가장 심각한 고통도 예외가 아니다. 우리에게 남는 상처에는 새로운 서사가 부여된다. 더 이상 최악의 기억이 우리를 규정하지 못한다. 우리는 새로운 미래를 상상할 수 있게 된다. 더 이상 과거의 일에 종속되지 않는다. 우리는 과거의 이야기에 하나님이 임하시도록 초청할 때 무엇인가 변혁적인 일이 일어난다는 것을 세상에 보여 줄 은혜를 받는다. 이제는 상처가 사랑을 가로막을 필요가 없다. 십자가에 못 박히신 분의 은혜로, 우리는 사랑을 깊어지게 할 자원을 얻는다. 바울의 표현을 빌리면, 우리는 그리스도와 함께 십자가에 못 박혔다(갈 2:20을 보라). 상처 입은 주님과 연합되었고, 이 연합을 통해 개인과 집단이 새로운 생명을 누릴 수 있다.

끝으로, 예수님의 부활하신 몸에 남은 상처는 우리 각자가 모종의 방식으로 상처 입었거나 상처 입게 될 것임을 상기시키는, 꼭 필요한 역할을 한다. 이런 인식은 이 세상에서 치유의 존재가 되고자 하는 우리의 헌신을 굳게 하는 데 필요하다. 세상은 부서진 곳이고,

사람들이 지고 있는 상처는 다층적이다. 우리가 온전해지려면 상처 입고 상처를 주는 세상에서 치유자 하나님의 대리인이 되겠다는 의식적 헌신이 필요하다.

대부분의 사람들이 모종의 상처를 안고 산다는 사실을 인식하는 것은 부적절한 (특히 폭력적인) 행동 패턴을 무시하거나 용납하는 것이 아니다. 학대에 대한 반응을 약화시키는 것은 건강하지 못한 일이다.

우리는 지혜로운 경계를 설정할 필요가 있다. 트라우마라는 현실을 드러내는 것은 트라우마를 겪는 사람이 다른 사람들에게 상처를 가하도록 허용하는 것을 뜻하지 않는다. 오히려, 그것은 우리가 자신을 이끄는 일을 누구에게 맡기고 누구를 권좌에 올리는지 분별하도록 돕는다. 뉴 라이프 펠로십 교회의 목사가 되었을 때, 나는 지원 과정의 일환으로 포괄적인 심리 점검을 받았다. 청빙을 책임지게 될 교회 지도자들과 그 결과를 공유하게 될 터였다. 뉴 라이프 교회의 현명한 리더들은 내가 아주 큰 공동체에서 영적 리더십을 행사해야 할 것임을 알았기에, 지혜로운 경계를 설정하는 일에 합당한 역할을 했다.

트라우마와 그것이 우리 삶에 미치는 영향에는 이루 다 말할 수 없을 만큼 많은 내용이 있다. 이번 장을 마무리하는 이 대목에서 기억해야 할 좋은 소식은, 우리의 상처는 남지만 그 상처는 여전히 하나님의 구원 목적을 이루는 데 쓰일 수 있다는 것이다. 예수님은 상처 입는다는 것이 무엇인지 아시고, 그분 안에서 우리 상처는 다른 이들에게 공감하고 그들과 깊이 이어지는 자리가 될 수 있다. 그리스도 안에서 우리의 상처는 더 이상 수치의 흔적이 될 필요가 없고 은혜의 표지가 될 수 있다. 우리는 하나님 사랑의 품 안에서 더 이상 걸려 넘어지지 않는다.

이런 일이 일어나려면 이 진리에 지적으로 동의하는 것 이상이 필요하다. 새로운 삶의 방식, 삶의 재조정, 일련의 새로운 실천들이 필요하다. 우리는 지금 여기서 모두가 바라는 (그리고 하나님이 우리에게 바라시는) 연결성, 목적, 명료성을 가지고 사는 법을 배워야 한다. 깨어지는 관계, 닳아서 해어진 사회, 폭풍 같은 내면의 삶 한복판에서 우리는 온전하게 살아갈—매일 조금 더 선하고 아름답고 친절하게 될—길을 찾을 수 있고 찾아야 한다.

하나님을 찬양하라, 길이 있다.

2부

더 나은 길로 행하기

4장

기도의 문제
생각 없는 시대 속 관상의 길

　세상이 부서진 것은 많은 부분 우리 기도의 수준 때문이다. 내 말을 잘 들어 보길 바란다. 세상을 변화시키는 기도는 그리스도 안에서 우리를 변화시키는 기도다. **저 바깥에서** (세상에서, 그들에게) 벌어지는 일을 중심에 둔 기도는 **여기 안에는** (우리 내면의 자아 안, 우리에게는) 문제가 별로 없다고 믿도록 우리를 오도한다.

　온전함과 사랑에 관해 의미 있게 말하려면 먼저 우리의 기도를 재평가해야 한다. 그렇게 하면 우리 영혼이 무엇을 갈망하는지 곰곰이 살피게 될 것이기 때문이다. 사랑을 형성함이 기도의 궁극적 목표다. 분열을 치유하고 세상의 상처를 변화시키는 기도의 능력은 기도의 제도화 여부에 달려 있지 않다("학교에서 다시 기도를 할 수만 있다면!").[1] 우리 세계가 부서진 것은 국가 차원에서 '기독교적' 기도를 인정하지 않아서가 아니라 그리스도를 따르는 많은 이들이 하나님의 치유에 자신을 열어 놓는 방식으로 기도하는 법을 배우지 못했기 때문이다.

우리는 1년에도 몇 번씩 미국에서 총기 난사 사건이 벌어지고 나면 이와 같은 상황을 보곤 한다. 그런 분별없고 비극적인 공개 살인이 발생할 때마다, 세상은 어떤 면에서는 기도의 무력함을 고통스럽게 떠올리게 된다. 그때마다 다양한 유명 인사들이 피해자를 "생각하고 기도하겠다"는 상투적 표현을 꺼내 드는 탓이다. 샌디후크 초등학교 총기 난사 후에 사람들은 생각하고 기도했다. 마더임마누엘교회 총기 난사 이후 더 많은 생각과 기도가 있었다. 파크랜드 고등학교 총기 난사? 생각하고 기도했다. 애틀랜타에서 아시아계를 노린 총기 난사? 또 다른 생각과 기도가 있었다.

'기도'라는 문화는 비극에 약간은 공감하지만 실제 변화를 만들어 내는 데 무력하거나 심지어 무관심한 감상주의를 가리키는 말이 되었다. 이런 기도 문화의 사례는 이어지고 있고, 앞으로도 계속 이어질 것으로 우려된다. 이 상황이 두려움, 상실감, 분노, 슬픔을 느끼는 많은 이들에게 시사하는 바는 그런 기도가 세상에 절실히 필요한 일을 해내지 못하고 있다는 것이다.

비극, 분열, 적대감 앞에서 모든 기도가 동일한 것은 아니다. 어떤 기도는 공감적 사랑을 낳는다. 이 사랑은 한 문화를 변화시키거나 한 생명을 구제할 힘을 갖고 있다. 그런가 하면 어떤 기도는 감상주의적인 무관심을 낳는다. 이 무관심은 영적 마비 상태와 같다.

대부분의 사람들은 세상을 바로잡는 일을 생각할 때 기도가 우선적 행동 단계라고 여기지 않는다. 설령 기도를 우선시한다 해도, 흔히 두루뭉술하게 기도하자고 말하는 정도다. 그 이유는 우리의 기도로 우리가 세상에서 보기를 기대하는 일이 우리 안에서 이루어지는 것을 본 적이 없기 때문이다. 우리 내면의 삶은 툭 하면 상상력이 결여된 생각 및 현실과 유리된 기도로 점령된다. 그런 생각과 기도로 아무 일이 일어나지 않는 것은 전혀 놀랍지 않다! 이런 상황에 대처하는 방법은 기도를 **아예** 그만두는 것이 아니라 기도에 **몰두하는** 것이다. 덜 기도하는 것이 아니라 다르게 기도하는 것이다.

기도의 핵심은 하나님께 거룩한 말을 쏟아 내는 것이 아니라 새롭게 보는 방식을 받아들이는 것이다. 기도는 야망이 담긴 환상이 아니다. 하나님의 임재라는 현실에 자신을 열어 놓는 것이고 사랑 안에서 우리를 형성하는 행위다. 기도는 원래 사랑이 자라는 자리다. 참되게 기도하는 순간에 하나님은 우리가 하나님의 사랑의 연합 안에 **이미** 감싸여 있음을 한껏 인식하게 하시고, 그 인식은 그 사랑을 다른 이들에게 베풀 힘을 우리에게 준다. 우리는 그리스도 안에서 언제나 우리를 에워싸고 있는 넉넉한 풍요를 보게 된다. 기도의 길이 곧 '인쿠르바투스 인 세'에서 빠져나오는 길이다. 기도는 사로잡힌 권세에 맞서는 저항이고, 기도의 자리에서 하나님은 우리가 자신의 상처를 넘어서서 살도록 빚으신다.

관상기도

기도하는 방법은 많다. 열아홉 살에 처음 그리스도인이 되었을 때, 나는 ACTS 기도 모델을 배웠다[Adoration(찬양), Confession(고백), Thanksgiving(감사), Supplication(간구)]. 이것은 좋은 기도 모델이고 유용한 기도의 틀을 제공했다. 지금도 나는 가끔 그룹

기도 시간에 이 모델을 사용하곤 한다. 그러나 결국, 이 모델은 내가 **선호하는** 기도법이 되지 못했다. 나는 이 모델을 제대로 실천하고 기도 체크 박스에 모두 표시하는 데 몰두하다 좌절했다. 하나님을 찬양했나? **체크.** 내 죄를 고백했나? **체크.** 하나님께 감사했나? **체크.** 다른 사람들을 위해 기도했나? **체크.** 기도가 끝날 무렵이면, 나는 녹초가 되거나 모든 항목에 다 체크했다고 다소 지나치게 자만하곤 했다.

    그리스도께 회심하고 얼마 후, 나는 사막 교부들을 소개받았다. 처음에는 북아프리카에서 두드러졌던 사막 전통은 예수님이 부활하시고 2세기가 지난 후에 증가하기 시작했다. 이 전통은 이집트의 사막에 있는 대항문화적 수도 공동체에서 생겨났다. 이 공동체에서는 흔히 침묵, 고독, 금식, 내성(內省), 묵상을 실천했다. 이곳에서 형성된 공동체들은 희생을 감수하는 방식으로 그리스도를 따르기를 갈망했다. 그들은 주위에서 볼 수 있는 몰락하는 제국의 타락상을 답습하는 데 만족하지 않았다. 그들은 세상을 치유하기 위해 하나님 안에서 살기를 원했다. 그래서 침묵의 사막으로 달아났다. 내성을 선호해서가 아니라 영적 고독, 침묵, 적막의 결과로 일어날 수 있는 관상을 통해서만 강력한 어떤 것을 얻을 수 있음을 알았기 때문이다. 이것은 오늘날에도 마찬가지다.

    사막의 길을 공부하자 나는 고요히 있을 수 있게 되었고 하나님이 하나님이심을 알게 되었다(시 46:10을 보라). 하나님이 주시는 말씀이 필요한 상태에 있던 나를 사막의 길이 이끌어 하나님의 말씀이신 분과의 연합을 경험하게 했다는 것을 발견했다. 나는 청원의 기도를 드리는 데 그치지 않고 관상의 능력이 자라게 하는 데 힘썼다. 그러다 보니 기도는 이런저런 말을 늘어놓는 일이 아닌 마음을 나누는 일이 되었다. 분명히 말은 기도의 중요한 부분이지만, 말이 다른 곳에서 흘러나오기 시작했다. 그 말에는 사랑할 수 있는 사람으로 나를 깊숙이 변화시키는 능력이 있었다.

이 말이 무슨 의미인지 정의하기 전에, 중요한 점 한 가지를 언급하고 싶다. 관상기도는 누구나 할 수 있다. 하나님과의 관계가 수십 년씩 되지 않아도 이런 기도에 들어갈 수 있다. 관상기도는 영적 '전문가'(그것이 무엇을 의미하든)나 특별히 거룩한 사람만의 전유물이 아니다. 나는 어린 두 자녀를 이 기도로 이끌었고 우리 교회의 70-80대 어른들도 훈련시켰다. 관상기도는 영적 엘리트만이 아니라 하나님을 갈망하는 모든 사람을 위한 것이다. 사실을 말하건대, 당신은 지금 당장 시작할 수 있다.

내가 즐겨 쓰는 관상기도의 단순한 정의를 소개하겠다. 관상기도는 침묵, 성경, 자기 점검을 통해 하나님께 느긋하게 자신을 여는 일이다.

간략하게 더 설명을 하면, 어떤 대상을 관상한다는 것은 호기심을 가지고 의도적으로 그것에 주의를 집중하는 것이다. 관상은 사랑에 빠질 때 일어나는 현상이다. 아름다운 석양을 볼 때도 관상이 일어난다. 아주 뛰어난 예술 작품을 볼 때 관상이 우리를 압도한다. 우리는 관상하도록 만들어진 존재다. 그런데 관상은 오랫동안 주의를 집중하지 않고서는 제대로 경험할 수 없다. 우리는 속도를 늦추어야 한다. 대충 읽고 스크롤하는 문화에서 이 일은 특히나 어렵다. 그래서 **느긋하게**, 라는 단어가 붙는 것이다.

또 관상기도에서는 속도만이 아니라 공간도 중요하다. 특히 우리 내면의 공간이 그렇다. 관상하는 사람은 대상을 관찰하는 주체인 동시에 다른 주체(하나님)와 맞닥뜨리는 주체다. 서로를 지켜보는 이 행위 안에서 하나님의 은혜와 사랑에 우리 내면의 공간을 열 때, 그동안 쌓아 올린 방어기제들이 서서히 무너진다. 이것이 내가 말하는, **하나님께 자신을 여는 일**의 의미다.

여기에 이르는 주된 길은 침묵, 성경, 자기 점검이다. 침묵 속에서 하나님의 사랑이라는 신비를 들여다보고, 성경을 통해 하나님의 말씀에 느긋하게 귀를 기울이고, 우리 내면의 세계에 주목할 때, 더 깊은 근원에 기대어 살아가도록 스스로를 준비시키게 된다. 이런 존재 방식에 자신을 맡기면 변화될 준비가 된다. 내면의 깨어진 부분들이 서서히 온전해지는 변화 말이다.

관상기도의 성경적 근거

관상기도를 오랫동안 가르쳐 온 나는 독자가 어떤 의문을 품고 있을지 잘 안다. **'성경에 관상기도가 어디 나오지?'** 혹시 독자가 이런 의문을 품었다면, 기쁜 마음으로 몇 마디 적어 보고 싶다. 첫째, 우리는 성경이 믿음과 삶을 다루는 모든 내용에 대한 명료한 지침과 지시를 담은 체계적인 책이 아니라는 점을 잘 알아야 한다. 하지만 성경에는 우리가 앞으로 나아갈 길을 분별하도록 돕는 중요한 대목들이 있다. 이번 꼭지에서는 관상기도가 무엇인지 알려 주는 세 가지 성경적 개념을 간단히 설명하고자 한다. 그 후에 관상기도가 어떻게 우리를 사랑에 뿌리내리게 하는지 살펴볼 것이다.

성경적 개념 #1: 하나님은 우리 자신보다 더 우리 가까이에 계신다 사도행전 17장에서 사도 바울은 아테네로 여행을 갔다(15절을 보라). 그곳은 철학적 엄밀함을 갖춘 풍부한 전통으로 유명했다. 사람들은 모여서 당대 유행하는 주제들로 논쟁과 토론을 벌였다. 21절을 한번 보자. "모든 아테네 사람과 거기에 살고 있는 외국 사람들은, 무엇이나 새로운 것을 말하고 듣는 일로만 세월을 보내는 사람들이었다." 고대인들의 이야기가 꼭 트위터와 페이스북 사용자들의 이야기처럼 들린다. 도시를 둘러보던 바울은 그곳의 철학자들과 대화를 나누게 되었다. 그들은 바울의 복음을 이해할 수 없었고 추가 설명을 요청했다. 바울은 발표의 한 대목에서 이렇게 설명했다.

> 그분은 인류의 모든 족속을 한 혈통으로 만드셔서, 온 땅 위에 살게 하셨으며, 그들이 살 시기와 거주할 지역의 경계를 정해 놓으셨습니다. 이렇게 하신 것은, 사람으로 하여금 하나님을 찾게 하시려는 것입니다. 사람이 하나님을 더듬어 찾기만 하면, 만날 수 있을 것입니다. 사실, 하나님은 우리 각 사람에게서 멀리 떨어져 계시지 않습니다. (행 17:26-27)

그다음, 바울은 선교적 영민함을 발휘하여 자신의 메시지를 철학자 에피메니데스의 유명한 인용문과 결합시켰다.

여러분의 시인 가운데 어떤 이들도 '우리도 하나님의 자녀이다' 하고 말한 바와 같이, 우리는 하나님 안에서 살고, 움직이고, 존재하고 있습니다. (17:28, 이상 새번역)

바울의 말은 관상기도의 성경적 출발점 역할을 한다. 첫째, 하나님은 우리 중 누구와도 멀리 떨어져 계시지 않다. 둘째, 우리는 하나님 안에서 살고 움직이고 존재한다. 성 아우구스티누스도 그의 책 『고백록』(*Confessions*)에서 이렇게 기도한 바 있다. "하지만 당신은 내 안에서 내 가장 깊은 심연보다 깊으셨고 내 가장 높은 꼭대기보다 높으셨습니다."[2] 대중적으로 번역하면 이렇게 된다. "하나님은 우리 자신보다 더 우리 가까이에 계신다." 이것은 참으로 믿음의 신비 중 하나다. 하나님은 우리 가까이에 계시지만 우리는 자신과도 멀리 떨어져 있다. 하나님은 내면으로 향하시지만, 우리는 겉모습에 집착하며 산다. 하나님은 임재하시지만 우리는 있어도 부재한다.

관상기도는 이 지점에서 시작된다. 우리의 기도는 하나님을 우리에게 모셔 오는 것이 아니라 하나님이 우리와 가까이 계심을 더 인식하는 것임을 인정하는 일이기 때문이다. 관상기도를 할 때 우리는 하나님을 부르는 것이 아니라, 하나님이 우리를 그분과의 교제로 늘 부르고 계시다는 진리에 마음을 고정하게 된다.

성경적 개념 #2: 그리스도의 십자가 사역은 하나님의 임재로 들어서는 문을 연다

기독교의 관상기도는 그리스도의 자기 수여적 사랑의 열매다. 신학 교수 존 코(John Coe)는 그의 저서 『관상 수용하기』(*Embracing Contem-*

plation)에서 관상기도에 대한 성경적 분석을 제시했다. "기독교의 관상 또는 관상기도는 정통 원죄관에 근거한다. 이런 원죄관은 인류와 하나님을 화해시키는 새 언약에서의 그리스도의 사역을 필요로 한다. 인간의 정신은 그리스도의 사역 없이 하나님의 영을 경험할 수 없다(엡 2:5)."[3] 달리 말하면, 하나님과의 교제는 인간이 거둔 성취가 아니라 언제나 하나님이 주시는 선물이라는 것이다. 그리스도의 십자가 사역에서 이 선물이 가장 분명하게 드러났다.

우리는 예수님이 못 박히신 날에 성전 안으로 들어감의 이미지를 본다. 성전에는 여러 방이 있었지만 지성소라는 방에는 사람들이 들어갈 수 없었다. 육중한 휘장이 사람들과 방 사이를 막고 있었다. 오직 대제사장 한 사람만 1년에 한 번 (대속죄일에) 그곳에 들어갈 수 있었다.

대제사장은 지성소에 들어갈 때 의식적으로나 도덕적으로 깨끗해야 했다. 전해 오는 이야기에 따르면, 대제사장이 지성소로 들어갈 때 다리에 밧줄을 매달았다. 가장 거룩한 장소에서 그를 끌어내야 하는 불행한 사태에 대비한 조치였다.

예수님은 십자가에 못 박히심으로써 대제사장과 완벽한 희생제물이라는 이중의 역할을 감당하셨고, 그로 인해 거룩한 하나님의 임재와 사람들 사이를 가로막았던 휘장이 둘로 찢어졌다(마 27:51을 보라). 이 사실은 이제 사람들이 더 이상 한껏 조심하며 하나님의 임재 앞으로 나아갈 필요가 없어졌다는, 어마어마하게 좋은 소식으로 이어졌다. 우리는 하나님의 보좌와 임재 앞으로 담대히 나갈 수 있게 되었다. 십자가는 그것을 우리에게 보장해 준다. 십자가는 우리가 하나님을 만날 수 있도록 휘장을 찢었다. 기독교의 관상은 바로 이런 토대 위에 있다.

성경적 개념 #3: 우리는 하나님과 함께 거하고 그분 안에 거하도록 초청받았다

관상기도는 우리를 긍정하시는 하나님을 우리도 긍정하는 일이다. 관상기도는 신자를 가까이 부르시는 그리스도 안에 우리가 거하는 한 가지 방법이다(요 15장을 보라). 그리스도를 통해 하나님의 임재를 누릴 수 있다면, 초청의 내용은 분명하다. 우리는 하나님 안에서 집을 발견하라는 부름을 받은 것이다.

나는 하나님 안에 거한다는 개념을 매일 생각한다. 사실, 매일 아침 그 생각을 한다. 언제부터인가 나는 집에서 차를 우리는 사람이 되었다. 차를 잘 마시지 않지만 (나는 커피를 좋아한다) 아내가 매일 아침 차를 마신다. 아내를 위해 차를 우리는 일은 나의 사랑을 표현하는 한 가지 방법이다. 여러 해 동안 차를 우리면서 나는 몇 가지 교훈을 배웠다. 특히 차를 우리는 데 적어도 두 가지 방법이 있다는 것을 배웠다. 인내심을 갖고 내 말을 들어 보시길 바란다. 우리는 심오한 내용으로 들어갈 것이다.

차를 우리는 첫 번째 방법은 담갔다 빼는 것이다. 나는 이 방법을 선호한다. 차 한 잔을 즐길 때마다 티백을 넣었다 빼고 넣었다 뺀다. 차가 입맛에 맞으면 흡족한 마음으로 스푼을 티백으로 감싸고 작은 태그로 꾹 눌러 준 다음 티백을 버린다. 그리고 새끼손가락을 내밀고 차를 즐긴다. 받아 적는 분들을 위해 다시 한번 말하면, 이것이 차를 우리는 첫 번째 방법이다.

그리고 두 번째 방법이 있다. 계속 담가 두는 것이다. 이 세련된 방법에서는 티백을 뜨거운 물속에 넣고 (기다려 보시라) 그냥 놔둔다! 물이 변하는 속도는 첫 번째 방식보다 느리지만 더 진한 차가 나온다. 퀸스의 한 식당에서 친구와 대화를 나누다가 이 문제가 화제에 올랐다. 친구는 차를 주문했고 나는 커피를 시켰다. 지켜보니 그도 담갔다 빼는 방식의 사람이었다. 하지만 티백으로 스푼을 싸지는 않았다. (아마추어 같으니.) 나는 그에게 티백을 물속에 넣고 그냥 우려지게 둔 적이 있느냐고 물었다. 그는 재빨리 대답했다. "아뇨, 그러면 차가 너무 세져요." 나는 대답했다. "음, 그거 훌륭한 은유군요."

그는 양 눈썹을 치켜 올리고는 나를 빤히 쳐다보며 무슨 말인지 내가 설명하기를 기다렸다.

나는 요한복음 15장의 확장번역본(Amplified Bible)에 나오는 dwell(머물다)이라는 단어가 그리스어 '메노'(*meno*)에서 나왔다고 설명했다. 요한복음에 60번 넘게 등장하는 용어다. 예수님은 우리에게 그분과 함께 머물고 거하고 체류하고 남아 있자고 거듭 초청하신다. 이것이 관상기도의 본질이다. 관상기도의 목표는 하나님을 위해 무엇인가를 하는 것이 아니고 그분께 무엇을 얻는 것도 아니다. 그저 하나님과 함께 **있는** 것이다.

내가 방금 제시한 세 가지 단순한 성경적 개념은 관상기도의 좋은 토대가 되어 준다. 이제는 관상기도의 신비에 대해 살펴보고, 우리 삶에서 사랑이 뿌리 뽑히는 상황에 저항하기 위해 관상기도를 해야 하는 이유에 초점을 맞추고자 한다.

일상의 신비가

　　　　　세상이 절실히 찾는 것이 있다면 하나님 사랑의 임재에 푹 잠긴 깊이 있는 생명을 가지고 살아가는 사람들이다. 20세기 최고의 신학자 중 한 사람인 칼 라너(Karl Rahner)는 이런 유명한 말을 했다. "미래의 그리스도인은 신비가이거나 아예 존재하지 않을 것이다."[4] 라너에게 신비가는 모종의 은밀한 영적 지식을 갖춘 사람이 아니라 하나님을 진정으로 경험한 사람이다. 많은 이들이 **신비적**이라는 단어에 긴장하는데, 충분히 그럴 만하다. 신비 체험은 조종, 정신 분열, 노골적 기괴함을 낳을 수 있다. 그러나 신비주의는 우리가 생각하는 것만큼 세상에 큰 위협이 되지 않는다. 오히려 그것은 꼭 필요한 선물이다.

　　관상기도에 힘쓴다고 해서 여러 가지 환상과 비전(秘傳)적 체험을 하게 되는 것은 아니다. 놀랍게도, 체험은 관상기도의 목표가 아니다. 체험을 위해 사는 사람들은 하나님을 우주적 자판기처럼 대하며 자신이 원하는 영적 물품이 나오지 않으면 자판기 유리창을 쾅쾅 두들기게 될 것이다. 하지만 관상기도는 우리가 느낄 수 있는 수준을 넘어서는 방식으로 하나님의 입맞춤을 받을 수 있도록 우리 영혼을 내어놓게 한다. 그럼, 신비가란 무엇일까? 단순하게 말하면, 급진적으로 자신을 주시는 하나님의 임재를 진지하게 받아들이는 사람일 뿐이다.

　　이것이 중요한 이유는 관상기도를 통한 변화는 우리가 명확하게 포착할 수 있는 대상이 아니요, 실험실에서 철저히 관찰할 수 있는 대상도 아니기 때문이다. 관상기도와 우리 신경계의 연관성을 볼 수 있는 것은 분명하지만(이 부분은 이번 장 뒷 편에서 살펴볼 것이다), 우리는 변화를 구체적으로 이해할 수 없다. 우리가 믿음으로 말할 수 있는 것은 단 하나, 하나님이 우리를 만나신다는 것이다. 사실, 이 모든 내용에서 가장 중요한 것은 우리 삶이 관상기도를 통해 두드러지게 달라지는지 여부다. **나는 사랑으로 형성되고 있는가?** 이것이야말로 탐구할 가치가 있는 궁극적 질문이다. 이어지는 내용에서는 관상기도가 어떻게 우리의 '거짓 자아'를 직시하도록 돕는지, 우리를 불안하지 않은 현존으로 형성하는지, 우리의 말을 책임 있게 관리할 힘을 주는지 살펴보자.

거짓 자아 직시하기

우리는 자신의 거짓 자아에서 사랑의 큰 장애물을 볼 수 있다. 참된 자아가 "그리스도와 함께 하나님 안에 감추어"져 (골 3:3) 있다면, 거짓 자아는 모종의 방식으로 하나님 행세를 하려는 구성된 정체성이다. 하나님 행세의 한 가지 방법은 세상의 문제를 '저기 바깥'에서 찾는 것이다. 자신의 거짓 자아를 전혀 직시하지 않고도 기도할 수 있다. 그래서 관상기도가 절실히 필요한 것이다.

관상기도를 통해 우리는 자신을 하나님께 맡기고 내면의 모순, 마음에 저장된 격렬한 가상의 대화, 용서가 필요한 죄—이 모두가 잘 사랑하는 데 중요하다—를 성령께서 드러내시도록 자리를 내어 드린다. 문제는 늘 바깥에 있다고 생각할 때는 그렇게 하기가 어렵다. 그러나 우리가 이 작업에 지속적으로 전념하여 내면의 귀신들을 직시하기 전까지는 그 귀신들을 계속 세상에 투사할 것이고 세상의 귀신들 중 일부는 우리 자신의 모습이 반영된 것임을 깨닫지 못할 것이다.

관상기도가 사회 전복적인 이유 하나는 관상기도 안에서 우리의 개인적 모순이 드러나기 때문이다. 우리는 자신에 대한 망상을 거부할 수 있을 때 세상에 참여하고 더 큰 분별력을 발휘하며 살 수 있다.

나는 광야에서 악한 자를 상대하시던 예수님을 자주 생각한다. 그분은 세례를 받으신 후 성령께 이끌려 광야로 나가셨다(마 4:1을 보라). 거기서 금식하셨고 사탄의 시험을 받으셨다. 사탄은 그분에게 메시아가 되는 세 장의 유혹적인 초청장을 내놓았다. 세 장의 초청장은 각각 이기적 욕망(이 돌을 떡으로 바꾸어라), 자기중심적 공연(성전에서 뛰어내려라. 천사들이 붙들어 줄 테니) 자기 집착적 권력(내게 절하면 모든 나라가 너의 것이 될 것이다)이다. 광야는 아주 조용한 곳이기에 관상기도에 도움이 되었을 것이다. 그런 광야에서 예수님의 동기가 시험대에 올랐다. 그분은 어떤 메시아가 되실까? 자기 필요와 욕망을 중심으로 살아가는 메시아일까, 아니면 자기 수여적 사랑이 특징인 메시아일까? 복음서를 보면 예수님이 자기 수여적 사랑이라는 후자의 길을 택하셨음을 알 수 있다.

이 40일의 기간이 예수님의 여정에서 중요한 부분이었다는 것은 대단히 흥미롭다. 한 가지 층위에서 그분은 이스라엘의 이야기를 재연하시되 다른 결과를 이끌어 내셨다. 이스라엘은 홍해의 물속을 통과했지만 광야에서는 거듭 실패했다. 예수님은 세례의 물속을 통과하셨고 광야에서 아버지께 순종하는 데 성공하셨다.

그러나 또 다른 층위에서 예수님은 광야의 침묵 속에서 자신을 대면하셨다. 그 과정에서 성경의 증언 및 세례를 받으실 때 하늘 아버지로부터 들은 인정의 말씀을 붙드셨다. 나는 이것이 관상기도의 부산물이라고 믿는다. 관상기도 가운데 우리의 불순한 동기, 억눌린 분노, 처리되지 않은 고통, 완고함, 욕망이 드러난다. 이런 폭로는 우리를 회개와 겸손으로 이끌기 위한 것이다. 우리는 하나님의 일하심이 필요한 존재다.

내가 관상기도를 좋아하지 않는 이유 하나는 하나님께 내 삶 전반에 대한 권한을 너무 많이 드리게 되기 때문이다. 이것은 물론 농담이다. 하나님은 관상기도의 시간을 사용하셔서 내 삶 속의 교만, 무정함, 부적절한 분노의 영역을 숱하게 드러내셨다.

예를 들면, 어느 날 내 설교에 대한 부드러운 비판이 담긴 이메일을 받았다. 발신자는 내가 어떤 사회 문제를 다루기를 원했지만 내가 그 문제에 무관심하다는 느낌을 받고 마음이 상했다. 이메일을 읽은 나는 짜증이 나서 20초 만에 삭제했다. 그러고 나서 하루 일과를 이어 가 설교문을 작성하고 몇 가정을 심방했다. 그렇게 지내다 취침 시간이 다가오자 관상기도 시간을 가지려고 자리에 앉았다.

휴대폰 타이머로 7분을 맞추고 두 손바닥을 위로 한 자세로 심호흡을 하고 2분쯤 지났을 때, 교인이 선의로 보낸 이메일을 삭제한 내 성급한 결정이 떠올랐다. 하나님이 내게 이메일 목록에서 최근 삭제한 항목을 찾아 낮에 지운 이메일을 다시 확인하고 발신자에게 합당한 목회적 대응을 하라고 말씀하시는 것이 느껴졌다. 성령이 내 안에서 이런 일을 얼마나 자주 하시는지 말로 다할 수 없다. 내가 하나님께 자신을 열 때 그분은 내 영혼 안에서 일할 공간을 확보하신다.

예수님이 광야에서 자신의 삶을 살피셔야 했던 것처럼, 나는 도시에서 내 삶을 숙고해야 한다. **나는 어떤 종류의 그리스도인인가?** 내 욕구나 자기 집착적 권력에 따라 사는 사람인가, 아니면 예수님의 자기 수여적 사랑에 의해 빚어지기를 원하는 사람인가?

불안하지 않은 존재가 되기

1987년에 나는 여덟 살이었다. 당시에 본 한 광고는 지금도 생생히 기억하는데, 이후 문화적으로 가장 확실히 각인된 이미지와 문구가 그 안에 담겨 있었다. 광고 제목은 '이것이 마약을 한 당신의 뇌입니다'였다. 15초 버전을 보면 불길한 배경 음악이 흐르는 가운데 프라이팬에 버터 또는 기름이 지글거리는 장면으로 광고가 시작된다. 단조로운 남자 목소리가 들린다. "이것이 마약입니다." 0.5초 정도 지나자 프라이팬에 계란 하나를 깨뜨려 넣고 남자가 이렇게 덧붙인다. "이것이 마약을 한 당신의 뇌입니다. 질문 있습니까?"[5] 여덟 살배기였던 나는 질문할 것이 많았다. 그러나 그 공익광고의 취지는 마약 사용으로 우리 뇌가 어떻게 튀겨지는지 보여주는 강력한 은유를 제시하는 것이었다.

우리 시대를 위한 또 다른 공익광고가 필요하다. "이것이 침묵하는 당신의 뇌입니다"라고 알리는 광고가 필요하다. 근년에 침묵과 명상이 우리 뇌에, 그리고 결과적으로 우리 삶에 미치는 신경학적 영향을 다룬 많은 연구가 이루어졌다. 관상기도는 바울이 로마서 12:2에서 무엇을 말하고자 했는지 우리가 알게 된 여러 방식 중 하나였다. 그는 "이 세상을 본받지 말고, 마음을 새롭게 하여 변화를 받으”라고 썼다(쉬운성경). 대부분의 사람들은 이 구절이 성경 암송(훌륭한 실천이다)을 의미한다고 해석하지만, 그것은 우리 마음을 새롭게 하는 한 가지 방법일 뿐이다. 우리는 관상기도와 묵상에 전념할 때 강력한 어떤 힘이 작용한다는 것을 배우고 있다.

미국의 신경과학자 앤드루 뉴버그(Andrew Newberg)는 그의 책 『신이 우리 뇌를 어떻게 바꾸는가』(How God Changes Your Brain)에서 프란치스코회 수녀들, 불교 수행자들, 오순절파 신자들에 대한 뇌스캔을 실시하고 그들의 뇌가 기도에 어떻게 반응하는지 살폈다. 나는 이 책의 결론이 이번 장의 내용에 적절하다고 본다.

> 신과 기타 영적 가치들을 열정을 갖고 장기적으로 관상하면 우리의 정서를 관장하고 자아를 의식하는 여러 의식적 자아 관념을 갖게 하고 세상에 대한 감각 지각에 영향을 주는 뇌 부위들의 구조가 영구적으로 변하는 듯 보인다.…
>
> 관상의 실천은 평화로움, 사회적 의식, 타인에 대한 공감을 만들어 내는 특정한 신경 회로를 강화시킨다.[6]

한마디로, 관상의 실천이 우리 삶과 세상을 영구적이고 긍정적으로 변화시킬 수 있다는 것이 명백한 결론인 듯하다. 관상기도의 주된 혜택 중 하나는 불안 및 불안 반응의 감소다. 성경에서 예수님이 불안 반응을 드러내는 모습을 볼 수 없는 것도 그 때문이 아닐까 싶다.

예수님은 고독과 침묵 속에서 많은 시간을 보내셨고, 주위에서 가차 없는 압박이 밀려들 때도 거기에 굴복하신 적이 없다. 관상기도를 하면 잘 사랑하는 사람으로 형성되는 이유는 사랑하는 일에는 반사적 반응이 아니라 차분한 현존이 필요하기 때문이다. 관상할 때 우리의 뇌는 재배선되어 우리 몸에 자신 및 타인과 함께할 수 있도록 확장된 역량을 제공한다. 관상기도는 우리가 자신의 어두운 면을 다루도록 돕고, 마음을 새롭게 하고, 자신의 말을 분별하도록 훈련시킴으로써 우리 안에 사랑을 빚어낸다.

말을 책임 있게 관리하기

2001년 여름이 기억난다. 그리스도인이 된 지 2년차였다. 어느 날 아침, 잠언을 통독하다가 이 구절을 만났다. "말이 많으면 죄가 그치지 아니하나, 자기 입술을 제어하는 자는 현명하니라"(10:19, 한글KJV).

나는 이 말씀에 충격을 받고 입술을 제어하기로 결심했다. 그런데 그 결심은 오래가지 않았다. 나는 믿은 지 얼마 안 된 열성적 그리스도인이었고 다른 사람들을 바로잡는 일에 집착했고(한번은 기독교 TV 프로그램에 전화를 걸어서 그 프로그램에 이단적 주장이 나왔다며 상담원을 질책한 적도 있었다), 다른 신앙을 가진 사람들과 언쟁을 벌였으며(한 무리의 여호와의 증인들을 내 브루클린 아파트에 초대해 열띤 토론을 벌였다), 한 시간 전에 습득한 새로운 지식을 자랑스럽게 과시했다. 나는 말하는 것을 좋아했다. 지금도 그렇다. 하나님이 도우시기를.

그리스도를 따르는 여정을 지나오면서 내 말을 제한하는 일이 의지력 이상의 문제임을 알게 되었다. 하나님이 내 안에서 일하셔야 했다. 이 부분에서는 사막 교부들이 안내자가 되어 주었다. 그들의 금언 중에서 내가 가장 좋아하는 두 가지를 소개한다.

아가토는 자신에게 침묵을 가르치고자 3년 동안 입에 돌을 물고 있었다고 한다.[7]

압바 이시도르는 이렇게 말했다. "말 없는 삶이 삶 없는 말보다 낫다. 올바르게 사는 전자는 침묵으로도 선을 행하지만, 후자는 말을 할 때조차 선을 행하지 못한다."[8]

이런 말을 들으면 독자는 아마 이런 삶의 방식이 절대 불가능하다는 생각이 들 것이다. 그러나 내가 이런 인용문을 강조해서 소개하는 취지는 우리가 다른 자리에서 살아가도록 돕자는 데 있다.

우리는 역사상 의사소통이 가장 빈번한 시대를 산다고 해도 과장이 아니다. 우리 세상에는 수다가 가득하다. 이 상황의 장점은 본질적으로 모두에게 말할 기회와 장이 있다는 것이다. 반대로 단점은, 아시다시피, 모두에게 말할 기회와 장이 있다는 것이다.

트위터에서는 초당 평균 1만 건의 트윗이 올라온다. 이것은 분당 60만 건, 매일 9억 건, 매년 3천억 건의 트윗이 올라온다는 뜻이다.[9]

참으로 많은 말, 많은 트윗 메시지다!

이 모든 상황의 문제점은 우리 삶이 침묵에 잠길 여유가 없다는 것이고, 우리의 말이 하나님께 뿌리내린 곳에서 나오지 않는다는 뜻이다. 우리의 말은 권세를 폭로하고 하나님 나라를 선포하고 상처 입은 사람들을 부드럽게 격려하는 힘을 갖추지 못하고, 타락한 세상

체계의 말을 닮은 경우가 너무나 많다. 그렇다면 나는 이렇게 묻고 싶다. 우리에게 필요한 것은 무엇인가? 나의 답은 관상기도다. 우리에게는 더 많은 침묵이 필요하다. 하나님과 함께하는 삶이 필요하다.

관상기도는 하나님 앞에서 침묵하고 말을 포기하는 것만을 의미하는 게 아니다. 그것은 우리가 다른 이들 앞에서 말을 포기해야 하는 순간(특히 말을 사용해 상처를 주고 싶은 유혹의 순간)을 위한 영혼의 훈련이기도 하다.

잠언으로 돌아가 보면, 성경의 인기 있는 이 책에는 많은 주제가 담겨 있다. 잠언은 총 31장에 걸쳐 다양한 주제를 거론하는데, 돈, 성, 가족 등 삶의 다른 요소보다 우리의 말에 대해 더 많이 다룬다. 말을 지혜롭게 사용하라는 거듭된 촉구는 대화와 이메일, 문자, 블로그, 전화, 소셜 미디어에서 우리의 말이 얼마나 중요한지 돌아보게 한다. 가정과 사무실, 기숙사, 교회, 나라에 있는 갈등은 상당 부분 **분별없는** 말 때문에 생겨난다.

관상기도는 자제력, 친절, 사랑을 훈련시키고, 이 모두는 성령의 열매의 일부다. 그러면 우리는 이것을 어떻게 삶으로 실천할까? 이번 장의 남은 대목에서는 관상기도에 대한 몇 가지 지침을 제시하고 싶다. 다시 말하지만, 관상기도를 한두 번 실천한다고 해서 많은 결실을 거두지는 못할 것이다. 하지만 끈기 있게 정기적으로 반복하면 하나님은 우리가 사랑하는 법을 배우도록 도우신다.

초심자와 전문가 모두를 위한 관상기도

나는 관상기도의 삶을 확립하려고 노력하는 이들을

위해 『예수님께 뿌리내린 삶』에서 몇 가지 지침을 제시했다. 침묵과 친숙해지고 산만함을 다른 시각으로 바라보고 하나님이 언제나 팔 벌리고 우리를 기다리심을 기억하는 것이 중요하다고 썼다. 여기서 는 우리의 목적상 아주 실제적으로 접근해서 나의 관상기도 실천법 을 본으로 제시하고 싶다. 근사하게도, 관상기도는 초심자와 전문가 모두에게 같은 효과를 발휘한다. 나는 수십 년간 관상기도에 전념 했던 기독교 수도사들을 만났고 십대들에게 이 기도를 가르치기도 했다. 누가 이 기도를 하든지 상관없이 동일한 효과가 있다.

관상기도를 하려고 의자에 앉을 때 나는 두 발로 단단히 바닥을 디딘다. 이런 자세는 관상기도가 나를 세상 밖으로 끌어내는 것이 아니라 여전히 이 세상에 있지만 다른 중심과 연결되도록 돕는다는 사실을 기억하게 한다. 자리를 잡고 몇 번 심호흡을 하고 하나님의 임재와 사랑에 나를 연다는 표현으로 두 손을 편다.

휴대폰 타이머로 시간을 맞춘다. 5분, 10분, 20분을 맞추기도 한 다. 관상기도를 처음 하는 사람은 시간이 얼마나 지났는지 확인하려 고 폰을 들여다보게 되는데, 이것은 극히 정상적인 일이다. 내가 관상 기도를 처음 시작했을 때 10분은 족히 기도한 것 같아서 폰을 들여다 봤더니 고작 2분이 지난 상태였다! 염려하지 마시라. 익숙해질 테니.

휴대폰 타이머를 맞추고 두 발은 바닥에 딛고 양손을 편 채, 나는 산만해질 때 하나님과의 끈을 이어 줄 한 단어나 문구를 정한다. 흔 히 "예수님" 또는 "주여, 제가 여기 있나이다"라고 단순하게 말한다. **평화**, **성령** 같은 단어들도 사용했다. 기도하면서 이 단어들 중 하나 를 부드럽게 속삭인다. 자꾸만 떠오르는 특정한 딴생각을 떨칠 수 없을 때도 있다. 꼭 해야 할 일이나 검토해야 할 구상과 관련된 생각인 경우가 많다. 나와 뜻이 맞지 않는 누군가와 나누는 가상의 대화일 때도 있다. 나는 이런 것들을 제한하려고 노력하지만, 도무지 집중할 수 없을 때는 기도를 잠시 멈추고 기도 후에 실행할 중요한 조치들을 적어 둔다.

이런 식으로 내 마음과 몸을 하나님께 드리고 나면 알람이 울린다. 그때부터 복음서의 한 대목을 천천히 읽거나 시편 한두 편을 묵상하고 하나님이 내게 하시는 말씀에 주의를 기울인다. 무엇인가 마음에 와닿으면, 일기장에다 기도문이나 떠오른 생각을 적는다. 일기장에 적는 글은 두 문장일 때도 있고 두 쪽에 이를 때도 있다. 적은 후에는 주기도문으로 천천히 기도하고 또 다른 침묵의 1분으로 마무리한다. 독자는 결국 자신만의 방식을 찾아야 하겠지만, 우선은 이런 식으로 시작해 볼 수 있을 것이다.

관상기도의 어려운 점은 열매가 당장 안 보인다는 데 있다. 지나고 나서 돌이켜 보아야 이 실천의 영향력을 느끼게 된다. 그러므로 인내심을 갖고 임해야 한다.

퀘이커교도인 더글러스 스티어(Douglas Steere)가 말한 것처럼, "너무 일찍 그만두는 것이 기도에서 만나는 가장 흔한 막다른 길이다."¹⁰ 그의 말을 유념하고, 관상기도의 취지는 우리가 기대하는 변화를 측정하는 것이 아니라 보이지 않는 하나님과 만나는 것임을 기억하자. 하나님과의 만남은 정말 큰 변화를 가져온다. 내면의 깊은 변화를 우리가 잘 인식하지 못할 뿐이다.

5장

거짓 자아의 벽을 넘어서

겸손, 그리고 방어벽 낮추기

세상이 여전히 심각하게 분열된 상태인 한 가지 이유는 방어할 것이 너무나 많다는 데 있다. 이것은 특히 우리 내면에 해당하는 사실이다. 우리가 쌓아 올리는 내면의 벽은 매우 깊고 높아서 우리가 사랑에 뿌리내리는 데 방해가 된다. 갈등에 대처하는 일은 왜 그렇게 어려울까? 비판을 받아들이기가 왜 그리 고통스러울까? 의견 차이가 생기면 왜 잔뜩 불안해질까? 아마도 우리가 끊임없는 방어가 필요한 삶을 구축했기 때문일 것이다. 이것은 내게도 익숙한 상황이다.

뉴 라이프 교회에서 처음 설교했던 때가 기억난다. 당시에 교회를 담임했던 피터 스카지로 목사가 설교 후 교회 로비에 있던 나를 한쪽으로 따로 불렀다. 그 바로 전까지, 나는 교인들과 악수를 나누며 즐거운 격려의 말을 듣고 있었다.

어떤 교인은 이렇게 말했다. "리치 목사님, 말씀 감사합니다." 다른 교인은 이렇게 말했다. "하나님이 제게 바로 말씀하셨어요, 목사님." 내가 스물여덟 살의 자신에게 무척 만족하고 있던 그때 피터 목사가 나를 불렀다. 예배가 끝나면 설교를 평가하는 관행이 있는 것이 분명했다. 다음 예배 시간에 더 나은 설교를 하도록 돕자는 취지리라. 그 순간, 온갖 메모가 끼적여진 노란 노트를 들고 있는 그의 모습이 내 눈에 들어왔다. 나는 심상치 않은 분위기를 감지했다. 신경이 곤두섰다.

그가 말했다. "훌륭한 설교였어요, 리치. 잘 해냈어요. 다음 예배 시간에 더 잘하려면 어떻게 해야 하는지 압니까?" 나는 방어적으로 이런 생각을 했다. '그러는 당신은 아십니까, 형제여?'

내 안에서 무슨 일이 벌어지고 있었을까? 그 순간, 그의 말이 내 안의 무엇인가를 건드렸다. 나는 경계 태세에 돌입했다. 나의 방어적 자세가 적어도 나에게는 확연히 보였다. 피터 목사는 말을 계속했고 내 설교 수준을 한 단계 끌어올릴 통렬한 조언을 해 주었다. 나는 몇 가지 내용을 받아 적었지만 마음은 여전히 편치 않았다. 그 순간에는 겸손이 부족한 탓에 그에게 공감하고 그의 조언을 선물로 받아들이기가 어려웠다. 독자도 알다시피, 겸손은 단순히 볼품없는 일을 하는 것이 아니다. 겸손은 방어벽을 낮추려고 애쓰고 노력하는 삶이다.

겸손이라고 하면 흔히 다른 사람이 하기 싫어하는 보잘것없는 일을 감당하는 것을 떠올린다. 물론, 그것도 겸손의 한 측면이다. 자신은 주목을 받으려 하지 않고 다른 사람들이 돋보이게 하려는 누군가의 모습도 겸손의 또 다른 좋은 이미지다. 그러나 분열된 세상에서 사는 우리에게 절실히 필요한 겸손의 측면은 거짓 자아를 방어하는 데서 벗어나 자유롭게 사는 능력, 즉 우리를 자기 안에 가두는 방어적 자세 없이 사는 것이다.

우리가 경험하는 깨어진 관계들은 우리가 방어벽을 낮추지 못해서 (또는 그러기를 거부해서) 생겨난다. 우리는 타인을 동지가 아니라 경쟁자로 본다. 우리와 의견이 다른 이들은 제거해야 할 위협으로 여긴다. 우리가 이런저런 벽을 쌓아 올리는 한 가지 이유는 거짓 자아를 보호하기 위해서다.

거짓 자아를 보호하기 거부함

거짓 자아라는 용어는 그리스도 안에서 발견되는 참된 자아를 숨기기 위해 우리가 구축하는 정체성을 묘사하는 데 많이 쓰인다. 겸손과 관련하여 고려해야 하는 중요한 용어다. 다음의 세 관점을 생각해 보라.

토머스 머튼은 이렇게 말했다.

우리 각 사람에게는 환상에 불과한 인격, 즉 거짓 자아가 따라다닌다. 내가 스스로에게 원하는 모습이지만 존재할 수는 없는 것이 거짓 자아다. 하나님이 그에 대해 아시는 바가 전혀 없기 때문이다. 하나님이 모르신다는 것은 지나치게 사적인 영역이라는 뜻이다.

나의 거짓된 사적 자아는 하나님의 뜻과 사랑이 닿지 않는 곳, 실재의 바깥, 생명의 바깥에 존재하기를 원한다.[1]

로버트 멀홀랜드(Robert Mullholland, Jr.)는 그의 책 『예수의 길에서 나를 만나다』(*The Deeper Journey*, 살림)에서 이렇게 말했다. "나의 거짓 자아는 대부분의 거짓 자아들처럼 통제에 집착한다. 사람들과 상황을 조종하여 기존의 상태에 동요가 없도록 자기를 보호하려 든다."2

끝으로, 프란치스코회 소속 작가인 리처드 로어(Richard Rohr)는 거짓 자아의 관심사를 강력하게 포착해 냈다. "거짓 자아의 관심사는 근사하게 보이는 일, 가장하는 일이다.…우리는 거짓 자아가 장악하는 순간을 쉽사리 알아차릴 수 있는데, 그때 쉽게 마음이 상하기 때문이다. 거짓 자아가…(거의 3분마다) 마음이 상하는 것은 취약하기 때문이다. 반면, 참된 자아는 좀처럼 마음이 상하지 않는다."3

참된 자아라는 내면의 공간에서는 우리가 하나님의 사랑 안에 안전하게 싸여 있음을 알게 되고 자아를 다른 곳에 투사하거나 보호할 필요를 느끼지 않는다. 참된 자아는 인간의 칭찬이나 비판의 말보다 훨씬 깊이 있는 어떤 것에서 정체성을 발견한다. 거짓 자아는 이런 수준의 자유를 누릴 수 없다. 그러나 사람들 대부분은 거짓 자아로 살아간다.

그래서 겸손은 참된 자아로 살아가겠다는 지속적인 노력이라고 할 수 있다. 물론 쉬운 일이 아니다.

영혼의 허약함

목사인 나는 이 어려움을 정기적으로 기억하게 된다. 어떤 이들은 내가 목사이니 정서적으로 중심을 잡고 있고 다른 이들과 함께하고 싶어 하며 비판에 쉽사리 영향을 받지 않을 거라고 생각할지 모르지만, 나는 내 '영혼의 허약함'이라는 진실을 안다. (아내도 안다).

중요한 문제를 상의하고자 하는 누군가의 이메일을 받고 읽기 시작한 지 5초 만에 마음의 벽이 들어선다면 우리 영혼의 허약함이 모습을 드러낸 것이다. 친구가 우리 사각지대를 지적한 것 때문에 그와 정서적으로 멀어진다면 거기에 영혼의 허약함이 있는 것이다. 소셜 미디어에 올린 글에 누군가가 반대하는 댓글을 달 때, 상대의 말을 깊이 생각하지도 않고 바로 댓글을 블라인드 처리하거나 상대를 차단한다면 영혼의 허약함이 제대로 드러난 것이다. 우리의 거짓 자아는 위협을 받을 때마다 우리 안에 있는 취약성을 드러낸다.

영혼의 허약함에 대한 해독제는 겸손이다. 달리 말하면, 허약함은 겸손으로 가는 길이 될 수 있다. 우리의 허약함은 거짓 자아가 우리를 좌지우지한다는 아주 중요한 징후다. 허약함을 보호하려 하지 말고 그것을 안내자 삼아 따라가면, 더 이상 다른 사람들의 언행에 휘둘리지 않고 내적 자유가 완연한 삶으로 들어서게 된다. 예수님은 그분의 가장 중요한 설교에서 바로 이것을 제안하신다.

심령이 가난한 자는 복이 있다

겸손한 삶의 완전한 화신이신 예수님은 하나님 나라의 겸손한 방식, 심령의 가난함이 두드러지는 방식으로 살라고 촉구하신다. 이 방식은 우리를 온전함으로 나아가도록 형성한다. 심령의 가난함은 하나님에 대한 전적 의존성을 설명하기 위해 예수님이 산상설교에서 사용하신 표현이다. 참으로, 우리가 내면의 가난을 인식하는 정도만큼 우리 삶은 그분 안에서 부요해진다. 심령이 가난한 사람은 하나님의 사랑과 분리된 삶을 거부한다.

심령의 가난함은 우리의 거짓 자아를 떠받치는 것들을 잠시도 놓지 않으려는 욕구에 초연한 삶이다. 이런 면에서 볼 때 심령의 가난함은 반응적이지 않고 불안하지 않은 존재로 점차 변화하고 우리를 받아 주시는 하나님께 깊이 안겨 자유롭게 살아가는 것을 말한다고 할 수 있다.

　　심령이 가난한 사람은 자기방어적 태도를 취하지 않는다. 그는 아무것도 **방어**하려 하지 않고, **소유**하려 하지 않고, **증명**하려 하지 않는다. 이 세 가지를 간단히 살펴보자.

방어하려 하지 않는다　　심령이 가난할 때는 방어해야 할 것이 없다. 다시 말해, 약점과 실패를 가리며 살 필요가 없다. 우리는 삶의 대부분을 자신의 결함을 숨기면서 보낸다. 우리는 호감을 살 수 있게 처신을 잘하라고 배웠다. 좋은 첫인상, 좋은 두 번째 인상, 좋은 세 번째 인상을 남기도록 길들여져 있다. 이 대목에서 오해 없기를 바란다. 인상을 관리하는 일은 중요하다. 취업 면접을 보러 갈 때, 좋은 인상을 주려는 노력은 정당하다. 그러나 좋은 인상을 주는 것이 삶의 전부가 되면 곤란하다.

　　심령이 가난한 사람은 이상화된 자기 모습을 애써 지키려 하지 않는다. 이것은 고대의 사막 교부와 교모들이 가르친 내용이다. 그리스도의 초림 후 첫 몇 백 년 동안 여러 남녀가 사막으로 들어가서 기도, 침묵, 금식, 공동체 세우는 일에 헌신했다. 그들이 만들어 낸 거룩한 장소들에서는 많은 극적인 일들이 벌어졌다. 그들의 공동체에서 일어난 크고 작은 갈등과 마찰에 대해 읽으면 이상하게도 안도

감이 든다. 갈등을 겪으며 부대끼는 것은 우리만의 문제가 아니었던 것이다. 다음은 사막 전통의 가장 유명한 격언 중 하나다.

그것을 본 노인 한 사람이 시기심에 사로잡혀 그에게 말했다. "요한, 당신이라는 그릇엔 독이 가득하군요." 요한 압바[수도 공동체의 지도자]가 그에게 말했다. "정말 맞는 말씀입니다, 압바님. 그런데 압바님은 제 겉모습만 보고 말씀하셨습니다. 압바님이 제 속을 들여다볼 수 있다면 과연 무슨 말씀을 하실지 모르겠습니다."[4]

그는 심령이 가난한 사람이다. 그 무엇도 방어하려 하지 않는다. 나는 당신이 이런 삶의 방식이 주는 자유를 알아보기를 바란다. 자신을 방어하고 보호하면서 사는 것은 대단히 피곤한 일이다. 겸손한 사람은 우리 삶의 근저에 수많은 일들이 있음을 인식한다. 이것을 빨리 인정할수록 우리는 더 자유로울 수 있고 그 과정에서 사랑은 더 커진다.

소유하려 하지 않는다 심령이 가난한 사람은 소유하려 들지 않는다. 이 말은 소유물이 없다거나 미래를 위해 저축하지 않는다는 뜻이 아니다. 심령이 가난한 사람은 근본적으로 초연한 태도로 산다는 말이다.

소유하지 않고 산다는 것에는 타인의 견해를 자부심의 근거로 삼지 않는 것도 포함된다. 내가 지금 설명하고자 하는 겸손의 측면은 우리가 세상에 투사해야 한다고 믿는 자아에 대한 집착을 내려놓는 것임을 기억하기 바란다. 이것이 왜 중요할까? 간단히 말해, 건강한 초연함을 갖고 살아야 다른 사람들과 함께할 수 있기 때문이다. 우리의 행복감은 다른 이들의 칭찬이나 비판을 통해 만들어지지 않는다. 그것은 하나님이 우리를 그분의 소유로 삼으신다는 데서 찾을 수 있다.

증명하려 하지 않는다 심령이 가난하다는 것은 자신을 증명하거나 정당화할 필요 없이 사는 것을 말한다. 예수님은 심령이 가난한 사람들이 복이 있다고 말씀하시는데, 그 이유는 의로워지고 사랑받는 것은 자신을 대단한 존재로 만들려는 우리의 제한된 시도를 초월하는 일이기 때문이다. 부부 관계, 교회 공동체, 직장에서 볼 수 있는 인간관계의 문제들은 상당수 우리가 스스로를 증명하고, 논쟁에서 이기고, 다른 사람에게 권력을 행사하려는 욕망에서 생겨난다. 그러나 겸손한 사람은 이런 욕망에서 자유롭다. 기독교 철학자이자 호평받는 작가였던 달라스 윌라드(Dallas Willard)의 유명한 이야기가 떠오른다.

어느 날, 달라스는 대학교 캠퍼스에서 강의를 하고 있었다. 강의 도중에 한 학생이 다른 학생들 앞에서 달라스 교수에게 무례하게 도전했다. 작가이자 강연자인 존 오트버그(John Ortberg)는 당시를 이렇게 소개했다.

그의 철학 수업이 끝날 무렵, 한 학생이 달라스에게 모욕적이고 분명히 잘못된 반론을 제기했다. 달라스는 학생의 잘못을 바로잡는 대신에 이것으로 오늘 수업을 마치는 게 좋겠다고 부드럽게 말했다. 나중에 한 친구가 달라스에게 물었다. "왜 그런 학생을 그냥 **보내** 줬습니까? 왜 단단히 혼을 내지 않았습니까?" 달라스가 대답했다. "최종 발언권을 갖고 싶은 욕구를 절제하는 훈련을 하고 있었거든요."[5]

최종 발언권을 갖지 않는 절제가 바로 겸손이다.

예수님은 그분의 가장 유명한 설교의 서두에서 심령이 가난한 사람에 대해 말씀하심으로써 하나님 나라의 삶으로 들어가는 문을 여셨다. 겸손한 사람은 아무것도 증명하려 하지 않기 때문에 하나님 나라의 온전함 가운데서 살아간다. 그의 삶은 하나님의 사랑 안에 있다. 그는 자신의 일관성 부재와 모순에 놀라지 않기 때문에 보호해야 할 것이 없다. 하나님의 사랑이 그를 소유했기 때문에 그에게는 소유해야 할 것이 없고, 그러므로 움켜쥠과 매달림이 불필요하다. 이것은 우리가 내세우는 이상화된 자신을 보호하는 일에 방해받지 않는 진정 자유로운 삶이다.

이런 종류의 겸손이 확연히 드러나는 세상을 나와 함께 잠시 상상해 보자. 우리 가족과 교회가 이런 상태라고 상상해 보자. 우리가 바로 이런 사람이어서, 우리의 말 때문에 화가 난 누군가가 항의할 때 어떤 것도 보호하거나 소유하거나 증명하려 들지 않는다고 상상해 보자. 우리가 이렇게 말할 수 있을 만큼 자유롭다면 어떻게 될까? "당신에게 보이는 내 모습을 더 말해 주세요." 우리가 곤란한 대화를 앞두고 있다고 생각해 보자. 우리가 자기를 정당화하는 식으로 대응하는 대신 하나님의 은혜로 질문을 더 많이 한다면 어떻게 될까? 이상화된 자기 모습에 연연하지 않고 하나님의 은혜로운 사랑 안에서 안식하며 잠자리에 든다고 상상해 보자. 이 모든 일은 우리 개인의 삶뿐 아니라 우리가 살고 있는 이 세상에서도 얼마든지 가능하다. 하나님은 우리가 노골적 분열을 초래하는 커다란 사안들 앞에서 겸손하게 살아갈 힘을 주기 원하신다. 겸손 없이 세상이 어떻게 치유될 수 있겠는가?

세상은 겸손을 중심으로 살아갈 수 있는 개인과 공동체가 필요하다. 겸손은 온전함의 장소이고 사랑이 형성되는 자리다.

우리가 이끄는 사람들(과 일반적으로는 우리와 관계를 맺는 사람들)에게 줄 수 있는 아주 큰 선물은 방어적 자세를 내려놓는 것이다. 건강한 문화와 건강한 영혼의 한 가지 징표는 호기심을 갖고 열린 자세로 겸손히 배우려 하는 마음이다.

십자가를 향해 가신 예수님을 생각해 보면 그분에게 어떤 방어적 자세도 없음을 깨닫게 된다. 십자가에 달리셨을 때, 못 박힌 그분의 몸은 자신의 정당성을 입증하거나 자기를 방어하지 않겠다는 표현이었다. 그분은 그 일을 하나님께 맡기셨다. 그리스도와 함께 십자가에 못 박힌 우리도 이와 같은 방식으로 살아야 한다. 학대와 폭행을 감수해야 한다는 말이 아니다. 우리가 보호할 필요가 있다고 믿는, 그동안 구축해 온 모든 정체성을 내려놓을 마음이 있어야 한다는 뜻이다. 무엇에 대해서든 우리 안에 방어적 자세가 남아 있다면, 그 부분이 바로 우리 삶에서 그리스도와 함께 못 박히지 않은 영역이다.

이것이 사랑과 무슨 관련이 있는지 의아할 수도 있겠지만 모든 면에서 관련이 있다.

겸손이 없으면 하나님의 사랑도, 주위 사람들이 주는 꼭 필요한 통찰의 선물도 받을 수 없다. 우리의 방어벽을 낮추면 다른 사람들 및 그들이 가져다주는 선물이 들어올 공간이 만들어진다. 우리는 이것을 성경의 위대한 이야기 중 하나에서 볼 수 있다.

갑옷 벗기

겸손을 다룬 위대한 성경 이야기 하나가 나아만의 삶에서 나온다(왕하 5장을 보라). 그는 많은 일을 거친 끝에야 깊이 뿌리내린 그의 거만함에 역행하는 지시에 겸손히 따르게 되었지만, 어쨌든 결국 그 자리에 이르렀다. 그 과정에서 신체와 정서와 관계가 회복되었다.

나아만은 시리아 군대의 상당수를 지휘하는 존경받는 지도자였다. 그는 분명 사령관으로서 감동적인 연설을 하곤 했을 것이다. 그의 군대에 전의를 불어넣고 유능한 작전 지휘 능력과 탁월한 전략으로 그들을 이끌었을 것이다. 한마디로 그는 다 가진 사람이었다. 그러나 그는 나병 환자였다.

나병은 당대의 코로나19였다. 신체를 공격하는 악성 피부 질환이었고, 그 결과는 끔찍했다. 나병으로 인해 많은 경우 손가락과 발가락이 떨어져 나갔다. 팔다리가 망가졌다. 말초 신경의 감각이 사라지고 신체 부위의 손상이 점점 확대되었다. 어떤 이들에 따르면 이 질병으로 목숨을 잃기까지 30년이 걸릴 수도 있는데, 그 기간 동안 팔다리 전체가 떨어져 나가기도 한다.

신체적 고통 외에 심각한 심리적 고통도 있었을 것이다. 나아만이 그런 고통을 어떻게 견뎠는지는 잘 모르겠지만, 자신을 감추고 산 것은 분명해 보인다. 갑옷으로 몸을 가렸지만 그는 자신의 진실을 알고 있었다.

이야기가 진행되면서 나아만에게 이스라엘 출신의 여종이 있었음이 드러난다. 그녀는 나아만이 집에서 겪는 고통과 고뇌를 보았을 테고 그를 돕고 싶어 했다. 그래서 지나가는 말로 고향에 있는 선지자 엘리사 이야기를 꺼냈다. 그녀는 그 선지자가 자기 주인을 낫게 할 수 있다고 생각했다. 나아만은 그녀의 제안을 따르기로 마음먹었다.

이스라엘에 도착한 후, 나아만은 엘리사의 집으로 가는 길을 안내받았다. 나아만은 오늘날의 힙합 아티스트들도 부러워할 만한 수행단을 거느리고 움직였다. 말과 병거를 이끌고 엘리사를 만나러 갔다. 긴 여행 끝에 엘리사 집의 문을 두드렸는데 반응이 없었다. 다시 두드렸다. 엘리사는 나아만이 온다는 사실을 알고 있었을 텐데 여전히 아무 반응이 없었다. 또다시 두드렸다. 마침내 문이 열렸다. 문 앞에는 선지자가 아니라 그의 사환이 서 있었다. 이것은 더할 나위 없는 모욕으로 보인다. 존경받는 인물이 우리를 보겠다고 먼 길을 여행하여 문 앞에 도착했는데 문을 열어 주지 않는다면 무례한 처사가 아니겠는가.

문을 열고 나온 이가 사환인 데다가 그는 엘리사의 명대로 전반적인 지시 사항만 전달했다. "가서 요단강에서 몸을 일곱 번 씻으시오. 그러면 당신의 피부가 회복돼 깨끗해질 것이오"(10절, 우리말성경).

이 말에 나아만은 잔뜩 화가 났고 분을 참지 못하고 돌아섰다. 그러나 그는 시험을 받고 있었다. 그는 자신의 조건에 맞게 치유받기 원했지만, 하나님이 우리를 온전하게 만들 때 사용하시는 유일한 길을 경험하게 될 터였다. 그것은 바로 겸손이다. 겸손하다는 것은 방어벽을 낮춘다는 뜻이다. 나아만에게 이것은 오랜 세월 주의 깊게 쌓아 온 정체성을 완전히 거부하는 것을 의미했다. 우리에게도 마찬가지다.

겸손의 길은 본질적으로 이렇게 말한다. **나 자신을 너무 대단하게 여기지 않는다. 실제와 다른 내 모습을 내세울 필요가 없다. 상황을 통제할 필요가 없다. 나의 경험이나 이해를 넘어서는 상황에 마음이 열려 있다.**

상당한 고민 끝에, 나아만은 발길을 돌렸다. 그는 더러운 요단강에 일곱 번 몸을 담그라는 선지자의 지시 사항에 마지못해 동의했다. 일곱 번. 그것은 완전수다.

그는 갑옷을 벗었다. (자신의 피부를 수행단에게 드러내는 수모를 상상할 수 있겠는가?) 몸을 담그기 시작했다.

첫 번째 몸을 담갔다. 아무 일도 없었다.

두 번째 몸을 담갔다. 아무 일도 없었다.

세 번째 몸을 담갔다. **아무 일도 없었다.**

네 번째 몸을 담갔다. **아무 일도 없었다.**

나아만은 아마 그만두고 싶었을 것이다. 모든 게 시간 낭비로 여겨졌을 것이다.

그러나 다시 몸을 담갔다.

다섯 번째로 몸을 담갔다. **아무 일도 없었다!**

여섯 번째로 몸을 담갔다. **아무 일도 없었다!!!!!!**

그의 종들은 아마 이렇게 기도했을 것이다. "오, 주님, 이 심술난 사람을 치유되지 않은 상태로 집에 데려가야 하는 일이 없게 하소서."

나아만이 일곱 번째 몸을 담갔다가 물에서 나왔다. 그의 피부가 아기 엉덩이처럼 보드라웠다.

표면적으로는, 그가 일곱 번째 몸을 담글 때까지 아무 일도 일어나지 않은 것처럼 보였다. 그러나 나는 진즉에 시작된 치유와 변화가 일곱 번째에 이르러 겉으로 드러난 것이라고 믿는다. 그의 몸은 일곱 번째 담갔을 때 치유되었지만, 그의 마음은 자신의 잘난 방식을 제쳐 두고 엘리사의 지시에 따라 겸손하게 첫 번째로 몸을 담갔을 때부터 변화되기 시작했다.

나아만의 변화는 우리의 온전함과 세상의 치유를 위한 본이 되는 이야기다. 죄의 고백, 용서, 공감 같은 행위들을 가능하게 만드는 존재가 되려면 반드시 겸손해야 한다. 그럼 우리는 이 영역에서 어떻게 성장할 수 있을까?

겸손의 습관들

모든 미덕이 그렇듯, 겸손도 우연한 사건으로 성취되지 않는다. 겸손은 서서히 길러 가는 것이다. 겸손한 사람은 취약함, 정직, 자기 직면이라는 반(反)본능의 길을 거듭 선택한다. 이런 식으로 살아가려면 오래된 길을 충실히 따라가야 한다. 이번 장의 막바지로 다가가는 지금, 나는 겸손의 두 가지 핵심 습관에 초점을 맞추고 싶다. 예수 기도로 기도하기와 충고를 받아들이는 습관이다.

예수 기도로 기도하기   겸손한 사람들은 자비가 지속적으로 필요함을 인식한다. 자신의 약함을 알고 있다. 자신의 은밀한 모순을 의식한다. 이런 변혁적 인식이 일어나는 한 가지 통로가 예수 기도로 기도하는 정기적인 관상의 실천이다.

예수 기도는 복음서에 나오는 오래된 기도문을 동방정교회 전통에 속한 그리스도인들이 심오하게 각색한 것이다. 이 기도는 아주 단순하다. "주 예수 그리스도, 하나님의 아들이시여, 저를 불쌍히 여기소서. 저는 죄인입니다." 이 말은 (단축된 형태지만) 누가복음에 나오는 예수님의 비유에 등장한다(18:9-14을 보라). 이 비유의 내용은 다음과 같다. 어느 날, 두 사람이 성전에 기도하러 올라갔다. 한 사람은 자기 의를 드러냈고, 또 한 사람은 겸손이 어떤 것인지 보여 주었다. 이것이 중요하다. 예수님은 종교적 상황에서는 교만이 가장 위험하다고 상기시키신다. 교만은 경건처럼 보일 수 있기 때문이다.

이 비유에서 독선적 인물은 바리새인이다. 바리새인에 대한 말은 거의 부정적인 맥락에서 등장한다. 교회에서 누군가에 대해 내릴 수 있는 최악의 평가 중 하나는 그가 바리새인처럼 행동한다는 말이다. 교회 로비에서 그런 말을 하면 싸움이 벌어지기 십상이다. 그러나 우리는 바리새인들로부터 몇 가지를 배울 수 있다.

바리새인은 거룩한 사람이었고 자기 존재의 모든 면이 하나님과의 언약적 관계를 드러내기를 원했다. 그들은 공동체 안에서 도덕적이고 너그럽고 올곧은 일원이었다. 눈이 내리면 이웃집 앞의 눈까지 치워 주었다. 커뮤니티 보드(community board, 뉴욕시 커뮤니티 보드는 커뮤니티에 영향을 미칠 공적 결정에 대한 주민들의 의견을 모으는 공식 기구로 1951년에 등장했다. 예산 집행 및 도시 계획의 문제들에 관한 자문 역할을 수행하면서 지금은 핵심적인 주민 참여 제도로 자리매김했다―옮긴이)에도 참여했다. 그들은 기도의 사람이었다.

구약성경에서 정결례는 본질적으로 제사장에게만 요구되었다. 하지만 바리새인은 그런 의식들을 각자의 집으로 가져와 적용했다. 가정의 식탁이 성전의 떡상(床)만큼이나 거룩하기를 바랐다. 그들은 종교적 과잉 성취자였고 모든 평범한 일상을 성전만큼이나 거룩하게 만들려고 필사적으로 노력했다. 하지만 문제가 있었다. 열정에 사로잡힌 나머지 독선적인 모습을 보인 것이다. 예수님은 이 비유에서 그 열정의 어두운 면을 보여 주신다.

바리새인은 예배하러 와서는 따로 서서 기도했다. 따로 선 것은 내성적이라서가 아니라 자신은 너무 훌륭해서 누구와도 격이 안 맞는다고 생각한 탓이었다. 바리새인은 그다음 11절에서 이렇게 기도했다. "하나님, 감사합니다." (여기까지는 좋다.) "나는 다른 사람들과 같지 않습니다"(오, 주님).

더 나아가 그는 자신과 같지 않은 온갖 사람들의 목록을 제시했다. 남의 것을 빼앗는 자, 불의한 자, 간음하는 자, 슈퍼마켓 주차장에서 카트를 제자리에 갖다 놓지 않는 자들(이들은 원문에 나오지 않는다), 그 시간 그와 멀지 않은 곳에서 기도하고 있는 세리였다. 공평하게 말하면, 바리새인이 열거한 사람들은 토라를 다루는 일이 허락되지 않았다. 그의 목록은 우월감이 듬뿍 배인 기이한 감사 기도였다. 그러나 예수님이 이 바리새인을 부각시키신 이유는 그의 마음에 중요한 것이 빠져 있기 때문이었다. 그는 자신에게 감탄하며 교회에 왔다.

예수님은 그다음에 세리를 소개하셨다. 세리는 로마 정부와 결탁한 자로 경멸의 대상이었다.

자신의 탐욕 때문에 큰 죄책감을 느낀 탓인지 세리는 단순하게 기도했다. "하나님, 이 죄인에게 자비를 베풀어 주십시오"(13절). 이 대목에 이르러 예수님은 자신이 자비가 필요한 존재임을 인정한 사람은 하나님과 올바른 관계를 맺고 집으로 돌아갔다고 말씀하셨다. 바리새인은 그렇지 않았다. 세리는 물질적으로 부유했지만 자신의 가난함을 인정하고 예수께 의롭다는 선언을 받았다.

대대로 그리스도인들은 이 비유에 주목하고 이것을 기도의 틀과 잘 사랑하기 위한 틀로 삼았다. 이 기도는 영혼에 유익하기 때문이다. 이 기도는 우리가 실패를 거듭하는 무능한 자들임을 절감하게 해 주고 예수님의 자비를 필사적으로, 기쁘게 받으라고 촉구한다.

남을 비난하고 희생양으로 삼는 문화에서 예수 기도는 우리 자신의 기만적 모습을 직시하도록 돕는다.

공격하고 창피를 주는 사회에서 예수 기도는 우리의 일관성 없는 실상을 절감하게 해 준다.

손가락질하고 함부로 판단하는 세상에서 예수 기도는 우리가 내면에 품고 있는 어두운 비밀들에 눈뜨게 한다.

그렇게 함으로써 예수 기도는 우리가 하나님의 자비를 간청하게 하고, 그 과정에서 우리를 이끌어 다른 이들을 위해 자비를 빌게 한다. "주 예수 그리스도, 하나님의 아들이시여, 저를 불쌍히 여기소서. 저는 죄인입니다"라고 한동안 기도하다 보면, 우리는 어느새 이렇게 기도하게 된다. "주 예수 그리스도, 하나님의 아들이시여, 저 사람을 불쌍히 여기소서. **그/그녀**는 죄인입니다."

이것은 세상의 잘못된 부분을 밝힐 수 없다는 뜻이 아니다. 예수 기도는 이 사람이나 저 사람이나 다 똑같다는 거짓 주장을 내세우는 것이 아니다. 절대 그렇지 않다. 우리가 죄를 밝히고 잘못을 저지른 사람들에게 맞서야 할 때가 있다. 하지만 이 기도는 그들을 불쌍히 여기는 마음으로 그 일을 하도록 돕는다.

예수 기도의 실천은 대단히 단순하면서도 상당히 어렵다. 이 자리에서 내가 이 기도를 하나님과 함께하는 내 삶에 통합시키기 위해 시도한 몇 가지 방법을 소개하고 싶다.

첫째, 하루 종일 이 기도문으로 반복해서 기도하라는 성령의 촉구하심이 느껴지는 날이 있긴 하지만, 보통은 정해진 기도 시간에 이렇게 기도한다. 먼저 "주 예수 그리스도, 하나님의 아들이시여, 저를 불쌍히 여기소서. 저는 죄인입니다"라고 천천히 반복해서 (생각 없이는 아니고) 읊조린다. 보통은 의자에 앉아 눈을 감고 5분이나 10분, 15분 동안 하나님 앞에서 부드럽게 이 기도문을 아뢴다. 내가 이 기도문을 좋아하는 이유는 예수님의 이름에 내 삶을 치유하고 하나님 안에서의 삶이 제대로 형성되게 하는 큰 능력이 있기 때문이다. 더욱이, 이 기도는 내가 어떤 방식들로 세상의 파편화에 기여하는지 깨닫는 자리에 서게 한다. 나는 어느 누구 못지않게 하나님의 자비와 은혜가 필요한 사람이다.

둘째, 곤란한 만남을 앞두고 있을 때 예수 기도로 자주 기도한다. 나는 1년 내내 누군가와 커피를 마시면서 또는 줌(Zoom, 화상 회의 플랫폼 서비스)으로 만나 어려운 대화를 나누곤 한다. 종종 대화의 주제는 누군가에게 상처를 준 나의 언행(또는 내가 했어야 하는데 하지 않은 언행)이다. 만남을 앞두고 긴장이 되면 예수 기도로 몇 분간 기도한다. 나는 본능적으로 자신을 보호하려 들고 다른 사람을 말로 눌러 버리고 싶어 하기 때문이다. 예수 기도는 나의 이런 부서진 상태를 제대로 인지하게 한다. 이것은 주어진 문제에 대해 내 시각을 제시하지 않는다는 뜻이 아니다. 하나님의 은혜에 힘입어, 내가 마주해야 할 나의 문제를 온전히 인식한 상태에서 겸손한 마음으로 내 앞에 있는 이와 대화하기를 바라는 것이다.

끝으로, 가끔씩 이 기도문 안의 한두 단어를 가지고 깊이 묵상한다. '**예수**'라는 이름에서 멈춰야 할 때도 있다. 그 이름은 나와 관계를 맺는 하나님이 나를 대적하는 분이 아니라 내 편이시라는 사실을 기억나게 한다. '**저를**'이라는 문구에 초점을 맞출 때도 있다. 세상에 자비가 필요하다는 것은 분명한 사실이지만, 내가 자신의 의에 걸려 넘어지는 일이 없도록 잠시 멈추어야 할 때가 있다. '**주여, 저를 불쌍히 여기소서.**' 이 기도는 단순하다 보니 그 가치를 못 보기 쉽다. 그러나 하나님은 세상의 단순한 것들을 택하셔서 지혜로운 것들을 혼란스럽게 하신다.

충고를 받아들이는 습관   사실이 아니면 좋으련만, 내가 지속적으로 성장할 필요가 있는 영역이 바로 이 대목이다. 겸손으로 형성된 사람은 충고를 받아들이고 심지어 요청하기까지 한다. 왜? 겸손한 사람은 사각지대의 존재를 인식하기 때문이다.

겸손하면 자유롭게 살 수 있다. 완전해야 한다, 모르는 게 없어야 한다, 모자람 없는 존재가 되어야 한다는 부담에서 자유로워질 수 있다. 겸손은 우리가 우리 자신, 하나님, 세상에 관한 그림을 온전히 보지 못한다는 것을 인정하기를 요구한다.

사각지대(blind spot)는 많은 사람에게 친숙한 용어다. 운전을 할 때 바로 옆에 있는 차를 보지 못하는 경우가 종종 있는데, 측면 거울이 사각지대를 잡아내지 못하는 탓이다. 그 때문에 많은 사고가 발생한다. 우리는 전체 상황을 보지 못한다. 이것은 도로에서의 사고 원인일 뿐 아니라 우리 삶에 일어나는 비극의 원인이기도 하다.

우리의 사각지대 때문에 관계가 실패한다. 오해가 발생한다. 전쟁이 일어난다.

겸손한 사람은 이렇게 말한다. **"내게 사각지대가 있음을 압니다. 내가 그것을 볼 수 있게 도와주시겠습니까?"** 우리의 관계에 이런 특징이 있다면 어떤 일이 일어날까.

상사가 다가와서 이렇게 묻는다고 상상해 보자. "내가 더 나은 상사가 될 수 있게 도와줄 수 있겠나?"

엄마나 아빠가 이렇게 말한다고 상상해 보자. "내가 더 나은 부모가 되도록 도와다오."

저녁식사 때 배우자가 가까이 와서 이렇게 묻는다고 상상해 보자. "어떻게 하면 내가 당신을 더 사랑할 수 있을까요?"

이런 단순한 질문들로 세상은 깊이 치유될 수 있다. 하지만 이런 태도는 우리 삶에서 잘 찾아볼 수 없다. 그것이 참으로 고통스럽기 때문이다. 우리가 느끼는 고통의 흔한 원인은 통제를 주장하는 거짓 자아임을 기억하자. 하나님은 우리의 이런 지배욕을 고쳐 주기 원하신다. 예수님이 눈먼 자들의 치유에 그렇게 많은 시간을 쓰신 이유도 바로 이것일 가능성이 높다. 당시 많은 사람이 겪은 물리적 실명은 예수님 당시의 영적·문화적 눈먼 상태를 반영하는 것이었기 때문이다. 아이러니하게도, 하나님의 일하심을 볼 수 있었던 사람들(이를테면 바디메오)은 신체적으로 눈먼 이들이었다. 복음서에서 예수님은 이 점을 분명히 밝히셨다. "나는 이 세상을 심판하러 왔다. 못 보는 사람은 보게 하고, 보는 사람은 못 보게 하려는 것이다"(요 9:39, 새번역). 다시 말해, 예수님의 방식은 하나님이 일하시는 방식을 드러낸다. 내 눈이 멀었다고 고백할 수 있는 사람들은 보는 이들인 반면, 본다고 주장하는 사람들은 참으로 눈먼 이들이다.

실제적으로 말하면, 충고를 받아들이는 습관은 우리가 자신에 관한 모든 것을 보지는 못한다는 진실을 고백하는 방법이다. 어떤 수준에서 우리는 이 사실을 이해하지만, 또 다른 수준에서는 이해하지 못한다. 겸손은 이렇게 말한다. **"나는 내 자신을 보다 정확하게 보도록 도와줄 외부의 시각이 필요하다."**

겸손한 사람의 목표는 하나님이 원하시는 모습이 되는 것이다. 그러므로 우리는 다른 시각에 마음을 열어야 하고 필요하다면 가끔은 충고에도 마음을 열어야 한다.

그러나 이것은 쉽지 않다.

충고를 받아들이는 것이 왜 이렇게 어려울까? 한마디로, **수치심** 때문이다.

수치심과 겸손

우리가 충고를 달가워하지 않는 이유는 제대로 충고할 줄 모르는 사람이 많아서일 수도 있다. 우리 중에는 완벽주의로 얼룩진 환경에서 자란 이들도 있다. 충고를 받으면 자신의 실패와 결점이 고통스럽게 떠올라서 충고를 반기지 않는 이들도 있다. 충고를 받을 때 종종 우리의 불안감이 표면으로 떠오른다. 우리의 빈틈이 폭로되고 약점이 드러난다. 우리의 근본적 정체성에 의문이 생긴다. 그러다 보니 우리는 충고에 저항한다. 저항의 원인에는 교만도 있겠지만, 훨씬 더 큰 원인은 수치심이다.

몇 년 전 수치심에 대한 설교를 했던 기억이 난다. 내가 강단에서 내려온 후, 뉴욕 토박이 교인이 다가와서 말했다. "있잖습니까, 리치 목사님. 제가 참여하는 AA(익명의 알코올 중독자들) 모임에서는 수치심(shame)을 이런 식으로 이해합니다." 그다음 그는 다음의 두문자어를 소개했다.

Should

Have

Already

Mastered

Everything

(이미 다 통달했어야 하는데 그러지 못했어)

하나님은 방금 설교를 마친 내게 번개 같은 속도로 곧장 말씀하셨다. 나는 모든 것을 통달하지 못했다는 자책에 시달릴 때가 얼마나 많은지 모른다! 그 교인의 말은 내 마음을 꿰뚫었고 예수님의 품과 복음 안으로 나를 밀어 넣었다. 복음은 우리가 모든 것을 통달하여 온전하게 되는 것이 아니라 하나님의 사랑 안에서 온전해진다는 사실을 상기시킨다.

겸손의 습관을 복잡하게 설명할 필요는 없다. 의견 차이, 갈등, 긴장이 표면화될 때 우리가 다른 사람들에게 물어보면 좋을 몇 가지 질문이 있다. 나날이 겸손해지는 사람들은 다른 시각에 열려 있다. 자신의 시각이 완전하지 않다는 것을 알기 때문이다. 사람들에게 물어볼 만한 몇 가지 질문을 여기 소개한다.

- 당신이 그동안 겪은 나는 어떤 사람인가?
- 내가 그 일을 다른 방식으로 처리할 수 있었을까?
- 당신이 볼 때 나에게 성장이 필요한 영역은 어디인가?
- 나의 부족한 부분은 무엇인가?
- 내가 당신을 더 사랑할 수 있는 방법은 무엇인가?

이런 질문들은 자신의 취약성을 인정해야 나올 수 있고, 상대에게 안전감을 줘야만 대답을 기대할 수 있다. 우리가 이런 식으로 타인과 관계를 맺는다면 우리 삶이 어떻게 달라질지 생각해 보자. 우리의 부부 관계, 부모자식 간의 대화, 우정, 직장에서의 관계, 교회 공동체 안에 이런 겸손한 호기심이 가득해진다고 생각해 보자.

    예수님의 길을 따라 겸손히 행할 때 우리 안에 사랑이 진정으로 형성될 수 있고, 우리가 온전해질 수 있고, 고통받는 세상이 하나님의 능력으로 치유되기 시작할 수 있다.

6장

반사적 반응에 저항하기
불안한 문화 속에서 차분한 현존으로 살아가기

2005년, 나는 당시 약혼녀였던 로지 옆에 앉아 있었고 그 자리에는 결혼을 준비하는 다른 열 쌍의 커플이 함께 있었다. 그때 들었던 일련의 결혼준비 수업에서 기억나는 대목은 별로 없지만, 정확한 예언이 담긴 한 가지 내용만은 절대 잊은 적이 없다. 수업 중 어느 시점에 강사가 부부로 살아가는 법을 배우려면 적어도 10년은 걸릴 거라고 했다. 농담의 기미는 전혀 없었다. 그 말을 듣고 나는 이렇게 생각했다. '**정말 우울한** 소식이군.' 그래서 장난치듯, 약간은 오만한 마음으로 로지에게 말했다. "자기야, 우린 길어야 2년이면 될 거야. 주먹 인사 한번 할까? 툭."

그런데 그 강사가 옳았다. 부부로 살아가는 법을 배우는 데는 여러 해가 걸렸다. 우리는 10년이 **넘는** 시간이 필요했다. 그리고 나는 그 이유를 이해하게 되었다.

우리 부부 관계에서 발생한 고통은 많은 부분 내가 중요한 교훈을 배우는 데 오랜 시간이 걸린 탓이었다. 로지가 힘들어할 때 그녀는 자기를 구해 줄 사람을 찾은 것이 아니라는 게 교훈의 내용이었다. 나는 지금도 여전히 그 교훈을 배우는 중이지만, 그래도 꽤 발전이 있었다고 말하고 싶다. 결혼 후 첫 몇 년 동안 로지가 화를 내거나 슬퍼할 때 나에게는 네 가지 행동 방식이 있었다. 나는 그녀가 힘들어하는 것을 보면서 상황을 개선시키려고 노력했다. 하지만 나의 행동 방식에는 미심쩍은 구석이 있었다.

첫 번째 방식은 컴퓨터가 되는 것이었다. 그녀가 분노나 슬픔을 토로하면, 나는 몇 가지 계산된 선택지를 즉시 내놓았다. "자기야, 당신은 이런저런 것을 할 수 있어. 어떻게 생각해?" 이런 반응에 흔히 그녀는 나를 째려보았다.

두 번째 방식은 상황 축소였다. "자기야, 이 상황이 **그렇게 나쁜** 거야? 과민반응 아니야?" 그녀는 그런 나를 더 사납게 째려보았다. (받아 적는 사람들에게 당부하는데, 이렇게 하면 안 된다.)

세 번째 방식은 내 의견을 덧붙이는 것이었다. "내가 당신이라면 이렇게 할 거야." 침묵이 흘렀다.

네 번째 방식은 급히 자리를 뜨는 것이었다. 이것 역시 끔찍한 반응이었다. 이쯤 되면 주먹 인사는 찾아볼 수 없다.

나는 결국 도움을 받기 위해 심리 치료사를 찾았다. 그리고 내가 로지의 분노와 슬픔을 내 것으로 받아들인다는 사실을 알게 되었다. 나는 그녀를 힘든 감정과 고통스러운 상황에서 구하는 것이 내 일이라고 생각했다. 이런 잘못된 생각은 상황을 악화시킬 뿐이었다. 나는 로지가 무엇인가로 화를 내거나 슬퍼할 때마다 그녀를 돕는 일이 너무 힘들다고 상담가에게 털어놓았다. 그가 내놓은 답변은 나를 어리둥절하게 만들었다.

"리치, 다음번에 로지가 화를 내거나 슬퍼하면 한 가지만 하세요. 간단한 겁니다." 나는 간절한 목소리로 대답했다. "말씀만 하십시오, 선생님."

"로지가 슬퍼하거나 화를 낼 때 함께 슬퍼하고 화를 내세요." 약간 어리둥절한 상태로 나는 그의 말을 곰곰이 생각하고 이렇게 대답했다. "다른 것은 없습니까?" 그가 말했다. "그게 다입니다. 그녀와 함께 슬퍼하세요. 함께 화를 내세요." 상담을 마치고 나오면서 환불받을 수 없을까 생각했다.

그러나 그의 말이 옳았다. 로지에게는 그녀의 마음에 관심을 갖고 공감해 줄 사람이 필요한 것이었다. 구해내려는 시도 없이 그녀와 함께할 사람 말이다. 솔직히 말하면 나는 지금도 이 일에 서툴다. 그날 집으로 돌아가 일기장에 몇 마디를 적었고 이런 방법으로 아내를 잘 사랑할 기회를 기다렸다.

며칠 뒤, 로지의 마음이 편치 않다는 것이 느껴졌다. 화를 내지는 않았지만 짜증이 나고 답답해하는 상태였다. 나는 생각했다. '**그 순간이 찾아온 걸지도 몰라. 내가 빛날 순간 말이지.**' 그녀가 속상한 일을 털어놓자 기존의 네 가지 행동 방식이 착착 가동될 준비가 되었다. 그러나 나는 상담가의 해법과 상담비로 쓴 돈의 액수를 기억하고 있었다. "그녀와 함께 화를 내라. 그녀와 함께 화를 내라." 로지가 불평을 토로하는 동안 나는 이 말을 작은 소리로 되뇌었다. 적당한 순간이 되었을 때, 상황에 비해 과한 에너지로 그녀의 말을 가로

막고 이렇게 소리쳤다. "그 여자가 **뭐라고** 했다고?"

나는 내가 얼마나 화가 났는지 계속 보여 주었고, 마침내 로지가 **나를** 진정시키려 들기에 이르렀다. 그대로 10초만 더 내버려두었으면 나는 가구를 걷어찼을 것이다. 없는 감정을 가장한 것이 아니었다. 내가 그녀 편임을 알려 주고 싶었다. 상황에 딱 걸맞은 방식은 아니었지만 말이다.

그렇긴 해도, 아내가 그 순간 어떤 느낌을 받았는지 아는가? 사랑받는다고 느꼈다.

차분한 현존의 함양

내 사례가 최고의 본보기가 아니라는 것은 인정하지만, 나는 이 과정에서 교훈을 배웠다. 모든 관계에 두루 적용될 수 있는 이 교훈은, 자신 및 타인과 함께 머물 수 있는 사람이 되는 것이 우리가 온전해지기 위해 할 수 있는 대단히 중요한 일이라는 것이다.

누군가는 이 교훈을 자기 분화(self-differentiation)라고 말했다. 우리의 목적상, 이것을 '**차분한 현존**'(calm presence)이라고 부르자. (이 지점부터 나는 '차분한 현존'이라는 문구를 사용할 것이다. 이 표현이 의미하는 것은 자기 분화.) 이것은 겸손과 관상기도를 특징으로 하는 삶에서 자연스럽게 흘러나오는 결과물이다. 차분한 현존에 의해 우리 안에 사랑이 형성된다.

나는 오늘날의 세상에 필요한 가장 중요한 기술이 차분한 현존의 함양법을 배우는 것이라 확신한다. 차분한 현존을 함양한다는 것은 대단히 불안한 시기에 자신과 타인 가까이에 머물고 계속 관심을 갖겠다는 의식적이고 용감한 결정이다. 이것은 가족 체계 이론에서 나온 개념이다.

1950년대에 정신과 의사 머리 보웬(Murray Bowen)은 원가족이 어떤 방식으로 우리의 삶 및 세상과 우리의 관계―또는 관계의 부재―에 영향을 미치는지 이해하고자 했다. 가족 체계 이론의 핵심 원리 하나는 사람들에게는 누군가에게 불안하게 집착하면서 동시에 그와의 불안한 분리를 열망하는 자연적 경향이 있다는 것이다. 함께 하려는 힘과 개별성의 힘이 개인 및 대인 사이에 특정한 역학을 만들어 내고 그것이 관계에 영향을 준다. 이것을 다룬 노래들이 줄기차게 발표된다.

예를 들어 보자. 1997년에 나는 맨해튼의 소니 극장에서 일했다. 요즘에도 나는 그 해에 나온 수십 곡의 노래를 알아듣고 뿌듯해한다. 극장 곳곳에서 그 곡들을 쉬지 않고 틀었기 때문이다. 1997년에 나온 노래 중에 컨트리 가수 리앤 라임스(LeAnn Rimes)의 "어떻게 살죠"(How Do I Live)가 있다. 이 곡은 낭만적인 면도 있지만, 다른 누군가와 '융합된' 사람을 그린 노래다.

그로부터 20년 후, 팝 가수 셀레나 고메즈(Selena Gomez)는 "널 잘라 냈어"(Cut You Off)라는 곡을 내놓았다. 맞다, 당신이 아는 그 노래다. **"당신 없이 어떻게 살죠"와 "널 잘라 냈어"**는 우리 사회의 양극단이다. 이 두 곡은 애착과 분리, 함께함과 개별성, 융합과 잘라 냄의 스펙트럼을 포착한다.

어떤 이들은 다른 사람 가까이에 머물기 위해서 자신의 생각, 견해, 감정을 묻어 버리고 상대 안으로 사라지는 방식으로 관계를 맺는다. 그런가 하면 또 어떤 이들은 자신의 개별성을 다른 이들과의 관계보다 중요하게 생각하여 자기 생각, 견해, 감정을 주장한다. 이 두 접근 방식 모두 우리가 갈망하는 온전함으로 귀결되지 못한다. 우리에게 필요한 것은 우리 자신과 다른 이들 모두의 가까이에 머물 수 있는 능력이다.

우리 자신 가까이에 머물기   차분한 현존을 위해서는 자기 자신과 정서적으로나 영적으로 가까워야 한다. 이것은 우리 안에 살아 있는 감정, 꿈, 선호, 가치관을 소중히 여기는 삶의 방식이다. 우리 안에 거하시는 성령의 이끄심과 자극에 귀를 기울이는 삶의 방식이다. 어떤 이들은 이런 삶의 방식을 실천하기를 아주 어려워할 수 있다. 자신의 감정, 꿈, 기호와 가치를 남들이 진지하게 받아들여 준 적이 없는 이들이 그렇다. 자신의 생각이나 감정을 가족들이 존중해 주지 않았던 경우도 그렇다. 아이들이 집안에서 소리를 높이면 야단만 맞을 때가 많다. 자신의 속상함을 토로하고 기호를 분명히 표현하고 제한된 방식으로나마 자신의 가치관을 명확히 드러내도록 격려받지 못한다. 이런 정서적 자유의 결여는 종종 성인이 된 이후에도 이어진다.

우리 교회에서는 정서적 건강을 유지하기 위한 다양한 기술을 가르친다. 그중 하나가 자신의 선호를 밝히는 훈련이다. 놀랍게도, '**나는 …가 더 좋아**'라는 말을 못하는 사람이 너무나 많다.

이블린이라는 교인과 만났던 기억이 난다. 그녀는 같은 집에 사는 성인 아들 때문에 힘들어하고 있었다. 자신은 청결하고 깔끔한 집을 좋아한다는 걸 이야기하기가 어려웠기 때문이다. 아들에게는 그런 의식이 없다는 게 문제였다. 나는 이블린의 넋두리를 들은 후 부드럽게 물었다. "깨끗한 집에 대한 본인의 선호와 기대를 아드님에게 분명하게 밝힌 적이 있습니까?"

그녀가 말을 돌렸다. "어머, 그 애는 말을 듣지 않아요, 리치 목사님."

"그렇군요. 그런데 시도는 해 보셨나요?" 내가 물었다. 침묵이 흘렀다.

그녀는 눈물을 흘리며 대답했다. "저의 선호와 기대를 말하기 시작하면 그 애는 기분 나빠할 거예요." 나는 좀 더 깊이 파고들었다.

"어린 시절 이야기를 해 주실 수 있나요, 이블린? 판단받지 않고 자신의 취향을 밝힐 기회가 있었나요?"

그녀가 대답했다. "천만에요. 취향을 밝힌다고요? 엄마가 절대 허락하지 않았어요."

나는 목회적 감수성을 최대한 발휘하여 말했다. "그렇군요. 하지만 당신은 더 이상 어머니 슬하에서 살지 않아요. 자신의 목소리를 낼 수 있지요. 나름의 가치관이 있고 취향도 있습니다. 그것을 밝히는 것은 아무 문제가 없어요." 나는 어렵겠지만 필요한 대화를 나눌 용기를 그녀에게 주시라고 함께 기도했다.

그날, 이블린은 집으로 돌아가 그녀가 구사할 수 있는 가장 분명한 표현으로 아들에게 자신이 원하는 바를 수줍게 밝혔다. 그런데 아들이 그녀의 말을 너무나 순순히 받아들여 충격을 받았다. 너무나 오랜 세월 동안 그녀는 자신의 가치관을 밝힐 권리가 없는 사람처럼 살아온 것이다. 그녀는 수십 년 동안 원가족의 정서 체계 안에 갇혀 있었다. 어쩌면 당신도 그래 왔는지 모른다. 나는 그랬었다.

가족 체계 이론 전문가 로널드 리처드슨(Ronald Richardson)은 머리 보웬이 했던 말을 언급했다. "시간과 거리는 정서 체계를 속이지 못한다."¹ 그다음 리처드슨은 이렇게 말을 이었다.

우리는 정서 체계를 짊어지고 세상을 살아간다. 75세의 내 피상담자는 95세의 어머니에게 십대 시절과 똑같이 반응한다. 정서적 패턴이 한번 확립되면, 우리는 어디를 가든지 그 패턴과 함께한다.²

차분한 현존의 함양에서 관건은 우리 자신과 가까이 머물면서 함께하는 것이다. 삶의 속도를 늦추고 내면의 (그러나 내면의 문제**만은 아닌**) 중요한 문제를 분명하게 파악하는 것이다.

그런데 많은 사람이 이 부분을 오해한다. 여러 훈련 시간에 나는 자신의 가치관을 밝히고 자신의 기호를 진술하는 일의 중요성을 강조했는데, 사람들은 이것을 자신이 새롭게 찾은 목소리를 누군가에게 쏘아 댈 자유로 받아들인다. '자신의 진실을 말할' 힘을 갑자기 얻은 사람이 그 힘을 타인과의 관계를 저해하는 방식으로 사용하는 것이다. 차분한 현존의 함양에서 중요한 것은 우리 자신뿐 아니라 다른 사람들에게도 가까이 머무는 것이다(이것이 차분한 현존에 대한 내 잠정적 정의의 두 번째 부분이다).

다른 사람들 가까이에 머물기 　　우리 자신에게 가까이 머무는 것도 어려운 판국에, 다른 사람들 가까이에 머무는 일은 아예 불가능하다는 생각이 들 수 있다. 분화의 반대는 반사적 반응, 감정적 대응, 자동적 기능이다. 이런 것들은 우리 세상을 묘사하는 단어들이다. 우리는 반사적 반응이 심각한 정서적 단절을 초래하는 것을 경험했다. **친구 끊기, 차단, 댓글 블라인드 처리, 손절**은 우리에게 친숙한 단어이고, 우리가 이런 행위들을 수행하는 속도는 우려스러울 정도다. (여기에 한마디를 보태면, 적대적이고 폭력적이고 남을 조종하려 하는 사람들 가까이 머무는 것은 권하지 않는다. 그런 사람을 만날 때는 지혜롭고 건강한 경계를 설정하여 자신을 보호해야 한다.)

　　가족 체계 이론 전문가 피터 스타인키(Peter Steinke)는 다른 사람들 곁에 가까이 머무는 일의 핵심을 파악했다. 여러 지표 중에서도 그는 다른 사람과의 관계를 유지하는 사람의 특징 세 가지를 밝혔다.

1. 반사적으로 반응하는 사람들에게 감정적으로 대응하지 않고 함께한다.
2. 반사적으로 반응하는 사람들을 공격하거나 관계를 끊거나 그들을 달래어 분노와 좌절을 가라앉히고 싶은 충동에 저항한다.
3. 타인의 불안이 아니라 자신의 불안을 관리한다.[3]

　　다시 말해, 함께하는 능력이 자라는 사람은 호기심이 많고 용감하고 공감한다. 이것은 하나님이 세상의 치유를 위해 우리 안에 형성하기 원하시는 특징이요, 사랑에 뿌리내린 이들에게 가능한 일이다. 내가 이것을 가까이서 볼 수 있었던 한 가지 상황이 떠오른다.

정치적 분열 한복판에서의 차분한 현존

2020년 10월 8일, 나는 잠자리에 들기 직전에 이메일을 열어 보는 실수를 했다. 발신자는 교회 공동체 생활 담당 목사 중 한 사람이었다. 그녀가 흥분하여 보낸 이메일 때문에 나는 잔뜩 불안해졌다.

목사님, 우리가 줌으로 계획하고 있는 '신앙과 정치' 행사의 흥미진진한 새 소식입니다. 각기 다른 후보에게 투표하고자 하는 장로님 두 분이 그 이유를 가지고 대화를 나눌 겁니다! 한 분은 트럼프를, 다른 한 분은 바이든을 지지합니다. 두 분 다 참가하기로 해서 너무 좋습니다. 우리는 2주 후에 열릴 행사에서 두 분이 나눌 대화를 함께 준비하고 있습니다.

나는 크고 굳은 믿음으로 이렇게 생각했다. '**이건 끔찍한 계획이야! 선거가 한 달도 안 남았잖아. 지금은 다른 후보에게 투표하는 이유를 교인들에게 공개적으로 이야기할 때가 아니야.**'

이런 생각이 제일 먼저 떠올랐다는 게 충격적이었지만, 그래도 나는 상황이 어떻게 이어질지 좀 더 상상해 보았다. 잘못될 수 있는 온갖 경우가 떠올랐다. 어색한 정치적 논란이 이어지고, 분위기는 엉망이 되고, 포럼에서 나온 내용이 달갑지 않은 사람들이 성난 이메일을 잔뜩 보낼 것이다. "음소거 해제해 주세요"라는 말은 또 얼마나 많이 해야 할까.

오, 믿음이 적은 나여.

그 이메일을 읽고 나자 잠이 오지 않았다. 우리는 결국 그 행사를 강행했다. 교인들 중에서 150명이 넘는 교인들이 줌으로 참여했다. 나는 줌에 접속했고, 음소거 해제 및 화면에 내 얼굴 드러내기를 앞두고 잠시 시간을 가졌다. 의구심은 여전했다. 심호흡을 하고 음소거를 해제하고 게임 프로그램 진행자처럼 환하게 웃으면서 행사에 참여한 모든 사람을 환영했다. 불안했지만 그런 나를 누가 탓할 수 있겠는가?

2020년에는 우리 공동체의 여러 균열이 이미 드러난 상태였다. 여러 위기―코로나19(Covid-19), 정치적 적대감(political hostility), 인종적 불의(racial injustice)(절묘하게도, 이 세 단어의 머리글자를 모으면 CPR이 된다)―가 고통스럽게 수렴하면서 나는 주기적으로 신경이 곤두서는 상황을 맞이했다. 교인들이 보낸 이메일, 특히 내 설교들 중 일부를 비판하는 이메일은 나의 인격을 자꾸만 판단하는 것처럼 느껴졌다. 나는 교회를 떠나는 교인들과 '퇴교자 면접'을 하게 되었는데, 당시에는 그들이 교회를 떠나려 하는 줄 몰랐다. 사람들은 문화적으로 중요했던 그 시기의 격렬함에 휘말려 교회를 떠나갔다. 관계를 유지하는 일은 어려웠다. 당신도 이해하리라 믿는다.

우리 교회 가족들 사이에서 이전에 볼 수 없었던 방식으로 견해가 양분되고 있었기에 나는 몇 가지 질문과 씨름하기 시작했다. 서로 연결된 상태를 유지한다는 것은 무엇을 의미할까? 우리는 어떻게 서로에게 자리를 내어 줄 수 있을까? 온 세상을 규정하는 듯한 정서적·관계적 단절에 어떻게 저항할 수 있을까? 전혀 다른 인간 번영관을 가진 사람들에게 어떻게 다가갈 수 있을까? 나와 다른 방식으로 세상을 보는 이들에게 열심히 귀를 기울이고 불안 없이 그들과 함께하는 데 필요한 자질이 있을까?

나는 이런 질문들을 거의 매일 숙고했고, 그로 인해 점점 커지는 세상의 분열을 심화시키는 데 기여한 내 삶의 빈틈을 점검하게 되었다.

'신앙과 정치' 행사가 시작되자, 나는 모든 사람을 환영한다고 말한 뒤 영성과 정서적 건강이 정치 영역에서 매우 중요한 이유를 15분 동안 강연으로 설명했다. (이 내용은 삶으로 보여 주는 것보다 말로 가르치는 것이 종종 더 쉽다.) 나는 강의를 마치고 젊은 흑인 밀레니엄세대 교인에게 무대를 넘겼다. 그의 사회로 40대 후반의 한국계 미국인 남자와 60대 중반의 푸에르토리코 남자가 대화를 이어 갈 터였다. 두 사람은 전혀 다른 배경을 갖고 있었기에 세상을 보는 방식도 완전히 달랐다.

행사 도중에 나는 두 장로 중 한 사람의 말에 동의하지 않는 교인들이 채팅창에 남긴 댓글을 불안한 마음으로 읽었다. 받아들일 수 없는 대담자의 답변을 듣고 두어 번 얼굴을 찡그렸다. 예민한 주제가 거론될 때는 숨이 가빠지기도 했다. 토론회가 진행되면서 손톱을 물어뜯어 엉망이 되었다. 그러나 우리는 해냈다. 나는 우리 공동체의 세 사람이 쾌활하게 대화하는 모습을 보았다. 그래서 우리 공동체의 모든 긴장이 해소되었을까? 물론 아니다. 그러나 우리는 사랑에 뿌리내린 상태가 어떤 모습인지 살짝 엿보았다.

크게 불안할 때

자기 분화에 대한 내 잠정적 정의의 세 번째 부분은 불안과 관련이 있다. 불안의 언어는 차분한 현존을 이해하는 데 매우 중요하다. 불안은 흔히 두려움과 소심함의 관점에서 이해되지만, 불안의 핵심은 두려움을 느끼는 것보다는 자동적 기능 방식에 있다고 할 수 있다. 불안은 임박한 위협 또는 상상한 위협에 대한 본능적 반응으로 나타난다. 이것은 주의 깊고 신중하고 차분한 행동과 반응의 정반대다. 분노, 통제, 조종, 회피, 냉소, 주의산만은 모두 불안의 표현이 될 수 있다. 불안은 우리 모두를 관통해 흐르기 때문에, 차분한 현존 능력을 기르려면 우리 안팎에 있는 불안의 세력에 주목하는 것이 매우 중요하다.

불안이 덜한 시기에 자신과 타인 가까이에 머무는 것은 비교적 쉽다. 불안이 클 때야말로 진정한 시금석이다. 이 영역에서 성장하는 사람은 불안의 존재를 끊임없이 인식하면서도 사랑을 위해 자신 및 타인과 계속 함께하려 한다.

이런 사람이 되려면 자신과 타인을 향한 상당한 수준의 관심, 자기 공감, 강압적 상황에 대해 제한을 두려는 의지가 있어야 한다. 다시 말해, 자신과 타인―그가 누구든―을 돌봄과 존중을 받을 자격이 있는 신성한 존재로 보는 모험을 해야 하는 것이다. 그렇다. 말은 쉽지만 행하기는 어렵다.

차분한 현존과 다른 대응인 정서적 융합이나 정서적 단절은 서로 집안 재정을 논하든 인종 차별이나 보건 위기를 논하든, 우리가 관계를 맺는 방식을 지배한다. 정서적 융합은 다른 사람 **안으로 사라지는** 미묘한 행동이다. 우리의 가치, 의견, 관심사, 두려움이 건강한 관계에 필요한 방식으로 드러나지 못한다. 이것과 정반대 반응인 정서적 단절의 특징은 정서적 거리, 냉담함, 다른 사람**에게서 멀어져 사라지는 것**이다. 다른 사람 안으로 사라지든 다른 사람에게서 멀어져 사라지든, 두 방식 모두 차분한 현존 능력을 기르는 데 많이 부족하다. 하지만 감사하게도, 우리는 성경을 통해 어느 정도 도움을 받을 수 있다.

차분한 현존의 함양: 성경의 사례들

차분한 현존에 대해 성경에서 배울 수 있는 내용이 많다. 성경에서 이 개념을 직접 다루는 장절을 찾기는 어렵지만, 유용한 사례가 될 수 있는 사건들이 있다. 그중 세 가지를 살펴보자.

다윗과 사울 사무엘상 17장에 나오는 다윗과 사울왕의 상호 작용은 차분한 현존의 훌륭한 사례를 제시한다. 다윗은 극히 불안한 때에 자신과 가깝고 사울과도 가까운 모습을 보여 주었다.

이 이야기에서 이스라엘 자손은 그들의 유명한 적인 블레셋 족속과 다시 한번 전투에 임했다. 블레셋 족속 편에는 유명한 거인 용사 골리앗이 있었다. 골리앗은 이스라엘의 용사들을 조롱하여 검투 대결에 끌어들이려 했다. 그러나 이스라엘의 누구도 그의 초대에 응하지 않았다. (나도 그러겠다.)

이 시점에 젊은 목동 다윗이 현장에 나타나 형들에게 점심 도시락을 전했다. 그는 치즈와 빵을 건네면서 몇몇 이스라엘 군인들의 대화를 들었다. 골리앗과 싸우는 사람, 물론 싸워서 이기는 사람은 큰 재물을 얻고 왕의 사위가 되며 세금 면제를 받을 거라는 내용이었다. 다윗의 눈이 휘둥그레졌다. 그는 이 상을 받기 위해 목숨을 걸 의향이 있었다.

이 시점에서 차분한 현존의 중요한 순간이 드러난다. 이 용감한 십대의 소식을 들은 사울왕은 그의 성공을 돕고자 했다. 그는 전투를 앞둔 다윗에게 자신의 갑옷을 주어 입어 보게 했다. 다윗은 그 갑옷을 걸쳐 보지만 자신에게 맞지 않다는 것을 곧 알게 된다. 지혜롭게도 그는 갑옷을 벗고 자신의 무릿매에 끼울 돌멩이 다섯 개를 찾았다. 모두가 아는 대로, 전투에 나가서 골리앗을 무찔렀다.

우리의 목적을 생각할 때, 여기서 갑옷을 입는 순간은 매우 중요하다. 다윗은 개별성을 내세우며 사울과 거리를 두는 길로 생각 없이 가지 않았다. 그는 사울에게 싸늘하게 반응하지 않고 갑옷을 걸쳤다. 그것은 개방성, 호기심, 겸손을 발휘한 행동이었다. 그는 사울과 좋은 관계를 유지했다. 하지만 다윗이 사울의 갑옷을 입고 전투에 나섰다면 아마 전사했을 것이다. 다윗은 차분한 현존의 일부분인 '다른 사람들 가까이에 머물라'에 충실했지만, 자신에게 가까이 머무는 일도 잊지 않았다.

다윗은 무릿매로 싸워 본 경험이 있었기에 갑옷을 입어 본 후, 익숙한 방식으로 싸우는 편이 승산이 높다는 판단을 내렸다. 다들 보는 앞에서 사울의 갑옷을 벗는 것은 용기가 필요한 행동이었다.

사울의 호의를 거부하는 일인지라 그를 무안하게 만들 우려가 있었기 때문이다. 그러나 그는 그 순간의 불안이나 돕겠다고 나서는 사울의 배려에 휘둘리지 않았다. 그는 사려 깊고 과단성이 있었다.

이 이야기는 (다윗과 이스라엘에게) 좋은 결말로 끝났지만 현실에서는 상황이 다르게 펼쳐질 수도 있다. 사울은 자신의 갑옷을 벗어 버린 다윗을 방어적으로 대하고, 화를 내고, 무안해할 수도 있었다. 이처럼, 우리가 원칙을 세우고 불안하지 않은 방식으로 자신에게 가까이 머물 때, 주위 사람들의 반응이 안 좋을 수도 있다. 그러나 기억하자. 차분한 현존의 특징은 과민하지 않은 반응이다.

아론과 이스라엘 모세의 형 아론은 바람직하지 않은 사례를 통해 차분한 현존의 결여를 보여 주었다. 하나님은 모세에게 산으로 올라와 하나님의 백성이 형성되는 방법에 대한 분명한 지시를 받으라고 말씀하셨다(출 24:12을 보라). 모세는 산에서 십계명을 받았다. 그 일을 하느라 40일 동안 이스라엘 백성을 떠나 있었다. 그 시간 동안 그들은 아주 불안해졌다. 모세가 길을 잃은 거라고 생각했을 수도 있다. 그의 휴대폰 배터리가 방전되었거나 미끄러져서 넘어졌을지도 모르는 일이었다. (여든이 넘는 고령이었으니까.)

불안해진 백성은 남은 지도자 아론을 찾아가서, 그들이 예배하고 신뢰할 수 있는 신을 요구했다. 아론은 "좋다"고 말했다. 그 일이 있기 겨우 며칠 전에 하나님은 그들에게 이런 명령을 내리신 터였다. "너를 위하여 새긴 우상을 만들지 말고…어떤 형상도 만들지 말[라]"(20:4). 그러나 불안은 사람을 부추겨 비합리적인 일을 하게 만든다.

아론은 백성에게 "금고리"를 달라고 했다(32:2). 금고리는 주님이 이스라엘에 임재하시는 그분의 집, 성막을 장식하는 데 쓰여야 할 물건이었다. 그런데 아론은 백성의 요구에 굴복하여 그 금으로 그들이 예배할 수 있는 금송아지 신상을 만들기로 결정했다(4절).

하나님은 이 일을 알고 격노하셨다.

이야기의 뒷부분에서 모세는 형 아론에게 가서 물었다. "이 백성이 당신에게 어떻게 하였기에 당신이 그들을 큰 죄에 빠지게 하였느냐?"(21절)

아론의 답변은 성경에서도 손에 꼽을 만큼 웃기는 내용이었다.

이 백성의 악함을 당신이 아나이다. 그들이 내게 말하기를 "우리를 위하여 우리를 인도할 신을 만들라"… 하기에 내가 그들에게 이르기를 "금이 있는 자는 빼내라" 한즉 그들이 그것을 내게로 가져왔기로 내가 불에 던졌더니 [**짜잔!**] 이 송아지가 나왔나이다! (22-24절)

아론은 군중과 정서적 융합을 이루어 불안한 현존을 보여 주었다. 그는 군중의 불안에 사로잡혔고 심각한 판단 착오를 저질렀다. 생각 없이 그들의 요구에 따랐다. 우리가 경험하는 갈등과 판단 착오는 가정이든 직장이든 교회든 우리가 속한 체계의 불안에 상당 부분 영향을 받아 생겨난다. 그 과정에서 우리는 통찰력 있는 온전한 자리에 머물지 못한다.

예수님과 군중   예수님보다 차분한 현존을 더 잘 실천한 사람은 없었다. 그분은 큰 불안의 시기에 성부와 자신과 다른 이들 가까이에 머무셨다. 그분은 주위 사람들이 이해하지 못할 결정을 계속 내리셨지만, 자기 주장을 관철시키면서도 늘 다른 이들 가까이 머무셨다. 자신의 소명을 확실히 아셨지만 이해하지 못하는 이들을 측은히 여기셨고, 결정을 내릴 때는 과단성이 있었지만 그분의 방식을 소화하지 못하는 이들에게 관대하셨다. 진리를 말씀하실 때 단호하셨지만 모든 사람에게 마음을 여셨다. 예수님은 가난한 자들을 외면했던 종교 지배층을 가장 엄하게 꾸짖으셨지만, 그 와중에도 자기들 가운데 계신 하나님의 임재를 분별하지 못하는 도성을 위해 우셨다. 오늘날의 가장 어렵고 의견이 갈리는 사안들에 우리가 제대로 대처하려면 그분의 본을 따라야 한다.

반사적 반응이 가득한 세계에서 차분한 현존 함양하기

우리가 인종 차별을 다루든 정치나 부부간의 불화나 교회 안의 갈등을 다루든, 차분한 현존을 함양하기로 방향을 잡으면 우리가 원하는 온전함을 얻는 데 도움이 된다. 그러나 거기에는 수고가 필요하다. 이번 장의 나머지 부분에서는 차분한 현존의 훈련에 대해 살펴보고자 한다. 내가 강조하는 훈련은 2021년 초, 내가 긴장의 절정에서 경험한 주목할 만한 체험에 등장한다.

2021년의 첫 몇 달은 2020년의 연장선에 있는 것 같았다. 2021년 1월은 2020년 13월이라 할 만했다. 2021년이 되고 겨우 엿새가 지났을 때 우리는 이전에 본 적이 없는 장면들을 워싱턴 D.C.에서 목격했다. 국회의사당이 포위된 것이다. 그 반란을 용기 있고 애국적인 반대 행위로 여긴 이들도 많았지만, 그것은 미국 역사의 분수령이 되는 사건이었다.

성난 사람들이 국회의사당에 난입하는 TV 영상을 봤을 때, 나는 다가오는 일요일의 설교 준비를 이미 끝내 놓은 상태였다. 그러나 그 광경을 지켜보는 동안 설교문을 다시 작성해야 한다는 생각이 들었다. 나는 며칠 만에 우리의 세례와 예수님에 대한 충성이 의미하는 바를 다룬 새 설교문을 썼다. 나는 우리가 그리스도를 증언하는 데 커다란 위험이 된다고 생각하는 바를 밝혔고, 이런 성격의 설교에 대한 반응이 대부분 그렇듯 많은 이들이 용기를 얻고 안도했다. 그러나 내가 설교를 통해 누군가에게 손가락질을 하고 교회를 더욱 분열시켰다고 격분한 이들도 있었다.

이후 몇 주 동안 일부 교인들이 교회를 떠났다. 몇몇 교인은 내 설교에 대한 불만을 토로할 수 있게 줌 대담을 열기를 바랐다. 나는 큰 불안을 느꼈다. 그러던 어느 날, 교회의 중요한 리더가 내게 이메일을 보내 두 시간가량의 모임에 참여해 달라고 요청했다. 그 이메일을 읽자 심장이 빠르게 뛰었다. 온갖 생각이 소용돌이쳤고 호흡이 가빠졌다. 그러나 나는 약속을 잡았다.

모임 두 시간 전, 여전히 호흡이 편안하게 진정되지 않았다. (이것은 내가 심각한 스트레스를 받을 때 나타나는 불안의 징후 중 하나다.) 이런 상태로 모임에 들어가면 안 되겠다 싶어서 생각을 정리하려고 산책을 나갔다. 곧 있을 모임이 왜 이리 부담스러운 것일까? 내 마음속에서 무슨 일이 일어나고 있는 건가? 이런 정서 상태에서 벗어나려면 어떤 시각이 필요한가?

산책을 하면서 전에 비슷한 상황에서 효과가 있었던 훈련으로 되돌아갔다. 나는 내 영혼을 장악한 거짓 메시지들을 주의 깊게 확인해 나갔다.

걸음을 멈추고 퀸스 대로의 벤치에 앉아 거짓 메시지들을 검토하기 시작했다. 내 안에 도사린 내면의 각본들을 살펴보았다. 나는 스스로에게 말하고 있었던 내용들의 목록을 작성했다. 나는 그것들이 사실이 아님을 신학적으로나 지식적으로 알고 있었지만, 그 정체를 구체적으로 밝혀야 그 손아귀에서 벗어날 수 있을 터였다. 나는 그 메시지들을 서둘러 휴대폰에 입력했다. 드러난 메시지들은 다음과 같았다.

1. 사람들이 내 의견에 동의하지 않으면 내가 엉터리 리더라는 뜻이다.
2. 교인들과 내가 생각이 다르다면, 나는 리더로서 일을 잘 못하고 있는 것이다.
3. 나는 예민한 사안들을 끄집어내어 분열을 조장하고 있다.
4. 상황은 최악의 방식으로 끝날 것이고 그런 결과는 내 탓일 것이다.
5. 나는 다른 사람들이 나를 좋아해야만 괜찮다.
6. 다른 사람들이 내 의견에 동의해야만 나는 괜찮다.
7. 뉴 라이프 교회를 떠나는 사람들은 나의 지도력이 부족함을 보여 준다.

나는 이 기만적 메시지들을 자세히 살폈고 그 위험성을 깨달았다. 갈등의 순간마다 내가 이 메시지들에 얼마나 많은 영향을 받는지도 깨달았다. 나는 메시지들을 다시 읽고 심호흡을 하고 각각의 허위를 인지했다. 그리고 일정 수준의 객관성을 확보하기 위해 이렇게 썼다.

예수님에게 동의하지 않는 사람이 많았지만, 그분은 세상이 이제껏 본 최고의 지도자였다. 신약성경에는 교회의 의견이 일치하지 않았던 많은 사례가 있다. 그런 일이 내게 일어난다고 해서 놀랄 이유가 무엇인가? 예수님은 예민한 사안들을 꺼내셨지만 사람들을 분열시키기 원한다고 말할 만한 분이 아니었다. 많은 사람이 많은 이유로 나를 좋아하지 않거나 내 의견에 동의하지 않을 것이다. 그렇다고 해서 내가 그들의 시각을 강박적으로 중심에 두어야 하는 것은 아니다.

이 모든 일이 한 시간 안에 이루어졌다. 5분간의 침묵 관상기도로 그 시간을 마무리하고 집으로 돌아가 줌 모임에 참석했다. 나는 모임에 임하는 내 모습을 보면서 기쁨과 놀라움을 동시에 느꼈다. 나는 다른 사람들의 말에 귀를 기울였고 내 신학적 가치관에 대해 분명하게 말했다. 모임 중에도 모임 후에도 호흡이 편안하지는 않았지만 (한 주 후에야 편안해졌다) 내 영혼은 다른 자리에 기반을 잡고 있었다. 나는 갈등에 대처하면서 많은 실수를 저질렀지만, 그날 나는 하나님이 내 삶에서 일하심을 확인하고 격려를 받았다.

지금 뒤를 돌아보면 다른 사람, 특히 세상을 나와 전혀 다른 시각으로 바라보는 사람을 잘 사랑하는 데 도움이 되었던 몇몇 훈련을 주목하게 된다. 지난 이야기를 통해 방금 내가 나눈 것은 감정적 자기 조절, 내면의 메시지 밝히기, 분명하게 말하기의 훈련이다.

차분한 현존을 기르기 위한 훈련

감정적 자기 조절　　감정적 자기 조절은 스트레스 상황에서 마음을 가라앉힐 수 있는 능력이다. 누군가가 감정 조절이 안된다면 반사적 반응의 자리에서 살아가는 것이다. 자기 조절이 안 되는 사람의 특징은 분노 폭발, 충동적 결정, 강박 반추다. 앞의 이야기에서 나는 호흡이 가빠지는 것을 인지했다. 내 생각에서 빠져나오는 데 도움이 될 만한 변화가 필요했다. 나는 산책과 심호흡을 통해 내 몸에 편안히 자리 잡을 수 있었다. 자신의 몸에 주목하는 것이 자기 조절의 핵심이다. 자기 조절은 억제가 아니다. 우리 몸과 마음을 관통하는 대단히 실질적인 정서적 감각을 무시하는 것이 아니다. 그것은 신령화가 아니다. 자기 조절은 충동의 힘에 저항하도록 우리 마음과 영혼을 훈련하는 것이다.

　　감정 조절 훈련법을 몇 가지 꼽으면 산책, 호흡 집중, 글쓰기, 그리기, 묵상, 기도가 있다. 차분한 현존이 가능하려면 중심이 잡힌 사람이 되어야 한다. 로봇이 아니라 주어진 순간에 정서적으로 적응할 수 있는 사람 말이다. 다시 말해, 감정적 자기 조절의 핵심은 다른 사람을 변화시키는 것이 아니라, 다른 사람을 상대하는 자신의 기능에 책임을 지는 것이다. 자, 나는 내 자신도 잘 바꿀 수 없다! 그런 내가 도대체 어떻게 다른 사람을 변화시키겠는가? 바로 이것이 핵심이다. 나는 다른 사람들을 변화시키도록 부름받은 게 아니다. 다른 방식으로 그들과 관계하고자 노력하도록 부름받았다. 감정적 자기 조절의 핵심은 다른 사람들과 함께하기 위해 우리 자신과 계속 함께하는 방식으로 자신에게 적응하는 것이다.

우리 관계에서 가장 큰 문제점은 변화해야 하는 부담을 다른 사람에게 지우는 것이다. 이렇게 살아가는 것은 화가 나고 힘든 일이다. 자기 분화는 **우리의 행동, 우리의 반응, 우리의 불안, 우리의 책임**에 주목하겠다는 헌신이다. 자기 조절 훈련을 통해 우리의 몸과 마음을 돌보는 것은 불안하지 않은 자리에서 다른 사람들과 관계하는 데 꼭 필요하다.

내면의 메시지 밝히기   두 번째 훈련을 위해서는 기만적 메시지들을 주의 깊게 탐구해야 한다. 앞에서 나눈 개인적 이야기에서 나는 마음을 가라앉히고 사실이 아닌 여러 메시지를 써 내려갔다. 무엇이 나를 신경 쓰이게 하는지 더 명확하게 밝힐 수 있게 되자 그 메시지들을 어느 정도 객관적으로 바라볼 수 있었다. 우리 모두 영혼에 깊이 뿌리내린 메시지를 갖고 있고, 그것을 파내어 직시하고 거부하지 않으면, 그 안에 담긴 거짓말에 휘둘리며 살게 될 것이다.

내면의 메시지를 밝히는 일은 시간이 많이 걸릴 수 있지만, 온전함과 사랑을 갖추려면 반드시 필요한 일이다. 자기 안에 어떤 거짓 메시지가 들어 있는지 파악하기가 어렵다면, 계획된 숙고가 필요하다는 뜻일 수도 있다. 내가 그 벤치에 앉아서 적었던 일곱 가지 메시지는 느닷없이 튀어나온 것이 아니었다. 나는 일기를 꾸준히 써 왔기 때문에 그 과정에서 몇몇 메시지를 파악한 터였다. 그러나 줌 모임을 앞둔 그 강렬한 순간에 그 메시지들을 통합하여 내가 믿고 있었던 거짓말들을 알아보는 데 도움을 받을 수 있었다.

차분한 현존을 함양하는 일은 갈등 관계에 있는 사람과 대면하기에 앞서 자신의 잘못된 사고방식과 씨름할 때 시작된다. 사실, 우리에게 수치를 안겨 주는 메시지를 밝혀낼 수 있어야 우리가 다른 이들 가까이에 머물 수 있게 된다.

분명하게 말하기   차분한 현존의 핵심은 말하는 법을 배우는 것이다. 구문에 맞는 표현이나 올바른 접속사 사용을 말하는 것이 아니라, 이해, 치유, 은혜, 연결을 증진시키는 말을 의미한다. '정서적으로 건강한 제자도'(뉴 라이프 펠로십 교회의 한 가지 사역이다) 운동에서 피터 스카지로(Pete Scazzero) 목사는 건강한 말하기의 네 가지 특성(정중하고 정직하고 분명하고 시의적절한)을 소개한다. 이 모두는 공감적 경청을 통해 다른 사람들과 이어지는 역량뿐 아니라 성숙하게 살고 말하는 역량도 만들어 낸다.

정중하게 말하기는 서로를 존중하는 것이다. 사람들을 공손한 말을 들을 자격이 있는 존재이자 하나님의 형상으로 만들어진 존재로 여기는 태도다. 건강한 말은 정직하다. 기만, 과장, 축소와 거리가 멀다. 건강한 말은 진실하다. 그리고 분명하다. 건강한 말은 안팎의 명료함을 요구한다. 끝으로, 건강한 말은 시의적절하다. 즉, 의미 있는 관계에 들어서기 적절하고 합당한 기회를 만들어 낸다.

이 특징들을 잘 구사할 때 나는 목사인 내게 아주 중요한 가치들에 부드럽지만 확고하게 뿌리내린 채로 세상을 볼 수 있다. 나는 존중과 사랑의 어조로 내 입장을 분명하게 말할 수 있다. 이것은 우리 모두의 의견이 일치할 거라는 의미는 아니다. 그런 일은 드물다. 그래도 이것은 우리의 생각이 다르다고 해서 분열할 필요는 없다는 것을 의미한다.

사랑에 뿌리내린다는 것은 우리가 크고 작은 모든 문제에 뜻을 같이 할 거라는 환상을 믿는 것이 아니다. 가장 어려운 순간에도 우리 자신과 서로에게 가까이 머물 수 있는 가능성을 믿는 것이다. 사실, 우리는 생각이 다를 것이다. 서로 부딪칠 것이다. 갈등이 있을 것이다.

그러나 갈등이 우리의 사랑을 뿌리 뽑을 필요는 없다. 실제로는 그 갈등 속에서 오히려 사랑이 구현될 수 있다.

3부

온전함 구현하기

7장

장애물이 아니라 다리

온전함을 추구하는 건강한 갈등

선, 아름다움, 친절이 두드러진 삶을 살려면 갈등을 직시하고 성숙하게 대응해야 한다. 다른 길이 있으면 좋겠지만 불행히도 없다. 매일 갈등이 기다린다. 갈등의 시작점이 우리일 때도 있고 다른 사람일 때도 있다. 우리는 갈등을 피하기도 하고 공격에 나서서 돌파하기도 한다. 어쨌든 갈등은 찾아온다. 여기 몇 가지 사례를 소개한다.

- 당신은 퇴근하고 늘 늦게 귀가하는 배우자에게 화가 나 있다. 그러나 아무 말도 하지 않는다. 왜? 불평하지 않음으로써 자신이 그리스도처럼 행한다고 생각하기 때문이다. 그러나 사실 당신은 수동 공격적으로 행동하고 배우자와의 소통을 거부하고 있는 것이다.
- 당신은 남자친구가 당신에게 말을 함부로 한다고 생각한다. 가끔 그가 말을 모질게 하는 것은 사실이지만, 당신은 그 이야기를 꺼내 봤자 남자친구가 잘 받아들이지 않을 거라고 생각한다. 그래서 이

렇게 합리화한다. '그이는 많은 일을 겪었어. 안 그래도 힘든 사람에게 고통을 더하고 싶진 않아.' 당신은 "사랑은 허다한 죄를 덮느니라"(벧전 4:8)는 말씀을 굳게 붙들고 입을 다문다.

- 페이스북 친구가 올린 글이 무신경하게 느껴진다. 당신은 진실을 말하도록 부름받았다고 느끼고 신랄한 메시지를 보내어 회개를 촉구한다. 그녀는 당신을 친구 목록에서 삭제한다.
- 친구가 당신에게 회신 전화를 하지 않았다. 그가 당신을 배려하지 않는다는 생각이 든다. 당신은 그에게 직접 연락하는 대신에 다른 친구에게 전화해 불평한다. 당신은 혼자서 온갖 결론을 내리고 그의 전화를 받지 않는다. 그에게 똑같이 되갚아 주기 위해서다. 관계는 악화되기 시작한다.

우리 중 어떤 이들은 큰 두려움에 사로잡혀 갈등의 **가능성**을 회피하며 살아간다. 이런 사람은 종종 자신의 목소리를 찾는 데 어려움을 겪고, 이견을 제시하지 못하거나 애를 써서 카멜레온이 되어 갈등의 가능성을 줄이고자 한다. 또 어떤 이들은 갈등의 **현실**을 회피한다. 이런 경우 껄끄러운 상황을 인정하기를 거부하고 끊임없이 거짓말을 한다. 그런가 하면, 알고 있는 유일한 갈등 대처법이 다른 사람들이 입장을 바꿀 때까지 크고 분명하게 말하는 것뿐인 사람들도 있다. 이 중 어느 접근법도 예수님의 길을 반영하지 못한다.

갈등을 잘 헤쳐 나가는 일은 내게 언제나 힘들었고 지금도 그렇다. 나는 피할 수 없는 곤란한 대화를 앞두고 잠 못 이루는 이의 심정을 안다. 사랑하고 아끼는 사람이 어떤 사안을 나와 다르게 보아서 불안한 심정도 안다. 내가 말한 내용 또는 말하지 않은 내용 때문에 실망한 사람들의 이메일을 받는 것이 어떤 일인지 안다. 누군가의 잘못된 판단을 지적해야 하는 상황이 어떤 것인지 안다. **나의** 잘못된 판단 때문에 누군가의 지적을 받는 심정을 안다. 그래서 분명하게 말할 수 있다. 다른 길은 없다고 말이다. 우리 몸은 달아나라고 말할지 모르지만, 갈등은 사랑으로 가는 다리가 될 수 있다. 갈등은 장애물이 될 필요가 없다.

내가 말하는 갈등 상태는 의미 있는 상황에 관한 심각한 의견 차이다. 분명히 말해 두지만, 나는 여기서 학대를 용인하는 것이 아니다. 비인간화를 초래하는 상황에 계속 머물라고 말하는 것이 아니다. 분명한 경계 위반이 빈번한 관계를 참으라고 권하는 것이 아니다. 내가 말하는 갈등은 정상적인 수준에서 벌어지고 종종 감정적으로 격앙되는 의견 충돌이다. 이런 의견 충돌은 많이 일어난다. 인간이 된다는 것은 곧 갈등을 경험하는 것이기 때문이다. 갈등은 건강하지 않다는 표시가 아니다. 갈등이 **한 번도 없는** 경우가 오히려 건강하지 않은 것이다.

커플들이 결혼 예비 상담을 받으러 오면 나는 둘 사이의 갈등에 대해 이야기해 달라고 한다. 그리고 가끔 이런 답변을 듣는다. "목사님, 저희는 갈등이 전혀 없습니다. 그냥 잘 지냅니다." 그러면 나는 미소를 짓고 깊이 파고들기 시작한다. 존재하지도 않는 문제를 만들자는 게 아니라 그들이 관계를 더 자세히 들여다보도록 도우려는 것이다. 관계를 맺는다는 것은 서로의 차이에 대해 마음을 여는 것이기 때문이다. 이것은 모든 사람에게 해당하는 말이다. 우리는 사는 내내 갈등을 경험할 것이다. 직장과 가정, 교회와 동네에서 갈등이 있을 것이고, 룸메이트 및 자녀들과 갈등할 것이다. 이 목록은 꼬리를 물고 계속 이어진다.

갈등에 대처하는 것은 미성숙의 표지가 아님을 잊지 말자. 갈등 대처는 그리스도 안에서 우리가 얼마나 많이 성숙했는지를 반영한다. 대부분의 관계가 오래 지속되지 않는 이유는, 많은 사람이 갈등을 무엇인가 잘못되었다는 표지로 여기기 때문이다. 하지만 갈등이 없는 상황을 기대하는 것이야말로 잘못된 일이다.

우리는 종종 낭만적인 환상을 관계에 투사하고, 그런 낭만적인 모습이 없으면 관계가 비극적으로 산산조각 난다. 여기서 관계의 3단계를 간단히 살펴보면 유용할 것이다.

관계의 3단계

내가 요약한 관계의 3단계를 제시하는 방식은 여러 가지가 있는데, 나에게는 **천상의, 지옥 같은, 긴장 유지**라는 표현이 유용했다. 각 단계를 간략하게 살펴보자.

천상의 단계 새로운 관계가 시작되거나 교회 공동체에 새로운 사람이 들어올 때, 관계를 맺는 상대나 교회가 흔히 천상의 존재처럼 보인다. 가상적이고 표면적인 이 단계는 나름대로 필요하고 불가피한데, 이 단계에서는 모든 것이 이상적으로 느껴진다. 사귀는 관계에서는 특히 초기에 상대 안에 있는 최고의 모습을 본다. 방금 만난 사람인데 그를 사랑한다. 상대의 성(姓)은 아는가? 모른다. 그럼에도 사랑한다. 그녀를 직접 만난 적이 있는가? 아니다. 가상의 공간에서 만났지만 당신은 그녀와 결혼할 거라고 확신한다. 이 천상의 단계에서 우리는 행동거지를 조심하고 상대의 좋은 모습을 본다(또는 나쁜 모습을 한사코 인정하지 않는다). 나는 이런 모습을 교회 안에서도 자주 본다.

우리 교회 공동체에 새로 온 사람은 대부분 표시가 난다. 보통 그들은 음악, 사람들, 온기, 가치까지 교회의 모든 것에 도취된다. 우리 교회에서 어떤 문제점도 발견하지 못한다. 나의 일부는 이 단계를 정말 좋아하지만, 그들을 망상 속에 내버려두고 싶은 마음을 누르고 종종 이렇게 말한다. "좀 있어 보세요." 내 말을 오해하지 말기 바란다. 나는 교인들을 정말 사랑한다. 그들은 아름답고 따뜻하고 우호적이다. 그러나 세상의 모든 교회가 그렇듯, 조만간 모종의 갈등이 생기게 마련이다. 문제는 갈등이 아니라 갈등에 어떻게 대처하는가다. 바로 이 지점에서 상황은 달라지고 우리는 두 번째 단계로 접어든다.

지옥 같은 단계 실망의 시기다. 당신이 사랑에 빠졌던 남자가 당신이 힘들 때 정서적으로 함께할 줄 모른다는 사실을 알게 된다. 당신이 홀딱 반했던 여자가 당신과 함께하는 것보다 일하는 데 더 많은 시간을 보낸다는 것을 알게 된다. 교회 사람들의 인생관에서 거슬리는 부분이 눈에 들어온다. 담임목사가 세상을 보는 시각이 당신의 그것과 어딘가 다르다는 것을 알게 된다. 목사인 나는 당신이 모든 것을 나와 같은 식으로 바라보지 않는다는 것을 알게 된다. 바로

이 단계에서 사람들은 낙심하고 환멸을 느끼고 절망한다. 이 단계에서 관계를 끝내고 헤어지고 퇴사하고 교회를 떠난다. 아름다움보다 결점이 더 많이 보이기 시작한다. 성급함과 좌절감이 커지고 두드러진다. 이 시기에 사람들은 헤어지거나 공동체를 떠나는 식으로 관계 자체를 정리하거나 잡히지 않는 천상의 단계를 다시 한번 찾으려 한다. 하지만 이 순환 주기는 끝없이 이어지고 이런 식으로는 우리가 성장하지 못한다. 존재하지 않는 것을 좇는 일이기 때문이다.

저명한 독일 신학자 디트리히 본회퍼(Dietrich Bonhoeffer)는 이것을 포착해 냈다. "기독교 공동체에 대한 자신의 꿈을 공동체 자체보다 더 사랑하는 사람들은 그 공동체를 파괴하게 된다. 그들의 개인적 의도가 줄곧 정직하고 진실하고 희생적이라 해도 말이다."[1]

긴장 유지 단계   이 시점이 되면 우리는 천상의 단계가 즐겁지만 현실적이지 않다는 것을 인식한다. 지옥 같은 단계는 아주 실재적이지만 그 단계에 머물 필요는 없음을 인정하게 된다. 그렇게 세 번째 단계가 시작되고 우리는 성장의 수고를 감내한다. 우리의 망상을 의식적으로 떨쳐 내고 열린 마음을 유지한다. 개인이나 공동체에 비현실적인 기준을 부과하지 않고, 우리 안이나 우리 사이에서 드러나게 마련인 복합적인 모습을 받아들인다. 이 단계에서 우리는 이상화에 저항하고 은혜, 사랑, 용서로 형성되는 친밀함을 추구한다. 우리는 하나님이 우리를 사랑하시듯 사랑하기 시작한다. 망상 없는 사랑이다. 하나님은 참으로 우리를 있는 그대로 보시고 우리를 놓치지 않으신다. 우리는 다른 사람들을 대할 때 이와 같이 하려고 노력하게 된다.

관계의 3단계를 강조하는 것이 중요한 이유는 모두가 이것을 어느 정도 경험하기 때문이다. 이 단계들은 우리가 성경에서 보는 관계들에도 해당한다. 성경은 하나님과 이웃을 잘 사랑하는 거룩한 사람들의 이야기를 모은 책이 아니다. 성경은 심각하게 부서진 죄인들이 인생을 서툴게 헤쳐 나가다 은혜로우신 하나님을 지속적으로 만나는 사연의 모음집이다. 이렇게 보면 성경은 우리 모두에게 좋은 소식이다.

성경 속 갈등

나는 성경 속 갈등 이야기들이 너무 좋다. 그 이야기들을 읽으면 얼굴에 미소가 떠오른다. 교회 안에 맨 처음부터 극적인 사건들이 있었다는 사실이 위안이 된다. 나는 이 사실을 주기적으로 기억할 필요가 있다. 당신도 그래야 한다. 우리의 갈등을 이해하는 데 유익해서 내가 강조하고 싶은 한 가지 갈등이 있다. 이 갈등은 갈라디아서 2:11-12에 나온다. 갈라디아 교회에 보내는 이 서신의 필자인 바울은 사도 베드로(게바라고도 한다)와 관계된 강렬한 순간을 회고한다.

베드로와 바울은 예수님의 가장 유명하고 존경받는 두 제자였다. 이 사실을 아는 것이 중요하다. 그들은 신약성경 속 교회의 기둥이다. 하나님의 거룩한 사람들이다. 그러나 거룩함이 갈등으로부터 우리를 보호해 주지는 않는다. 아무리 많이 기도하고 성경을 읽고 금식하고 가난한 자들을 구제해도, 갈등에서 보호받지는 못할 것이다. 나는 갈등이 미성숙함의 증표라고 생각했(고 물론 그럴 때가 있)지만, 대개의 경우 갈등은 정기적으로 나타나는 인류의 통상적 경험이다.

이야기는 이렇게 펼쳐진다. 바울은 베드로에게서 교회라는 강력하지만 취약한 운동을 위협하는 위험한 위선을 감지하고 그에게 다가갔다.

> 그런데 게바[베드로]가 안디옥에 왔을 때에 잘못한 일이 있어서, 나는 얼굴을 마주 보고 그를 나무랐습니다. 그것은 게바가, 야고보에게서 몇몇 사람이 오기 전에는 이방 사람들과 함께 음식을 먹다가, 그들이 오니, 할례받은 사람들을 두려워하여 그 자리를 떠나 물러난 일입니다. 나머지 유대 사람들도 그와 함께 위선을 하였고, 마침내는 바나바까지도 그들의 위선에 끌려갔습니다. (11-13절, 새번역)

신약성경은 유대인과 이방인 사이의 많은 긴장―종교적·문화적·신학적 긴장―을 보여 준다. 그러나 놀랍게도, 이 차이들은 그리스도의 십자가 앞에서 무력한 것으로 드러났다. 예수님 안에서 하나님과의 관계와 인간 사이의 관계를 위한 새로운 길이 확립되었다. 그리스도 안에서 하나님의 백성은 문화적·종교적 율법 준수 때문에 하나님과 올바른 관계를 맺게 된 것이 아니라 그리스도를 믿음으로 인해 의롭게 되었다.

이것은 1세기의 사람들에게 참으로 좋고 아름다운 소식이었지만 많은 유대계 그리스도인들은 받아들이기가 쉽지 않았다. 왜냐하면 그들은 하나님과의 올바른 관계는 믿음**에 더해** 유대교의 종교적 관행을 유지함으로 이루어진다고 주장해 왔기 때문이다. 어떤 사람들은 예수님에 대한 믿음 못지않게 할례와 특정한 식단도 필요하다고 믿었다. 그렇소, 예수님을 신뢰하시오. 하지만 모든 거룩한 절기를 지키는 것도 잊지 마시오. 그들은 이 모든 것을 유지해야 하나님과의 올바른 관계를 맺을 수 있다고 생각했다. 그 결과, 구원이 다음과 같은 공식처럼 보이기 시작했다.

그리스도에 대한 믿음 + 문화적·종교적 율법 준수 = 구원

이 구원 공식은 유대계 그리스도인들이 이방인 그리스도인들의 식습관을 특히나 받아들이기 어렵게 만들었다. 이제 무슨 일이 일어났는지 보자.

어느 날, 베드로는 이방인 그리스도인들과 어울리고 있었다. 독자가 아는지 모르겠지만, 이방인들의 파티에서는 유대인들이 먹지 않는 음식을 먹었다. 폭찹, 갈비, 이탈리아 소시지, 새우구이, 랍스터, 베이컨, 페르닐(푸에르토리코 전통 음식. 돼지 목심을 이용한 요리—옮긴이) 등의 요리가 나왔다.

베드로는 주위에 유대계 그리스도인들이 없는 것을 알고 의자를 당겨 앉아 맘껏 먹기 시작했다(12-13절을 보라). 그렇게 즐거운 시간을 보내고 있는데, 유대교 율법을 준수하는 그리스도인들(일명 유대주의자들)이 나타났다. 내가 앞에서 언급한 구원 공식을 주장하는 일에 특히 열중하는 이들이었다.

베드로는 그들이 오는 것을 보자 턱에 묻은 바비큐 소스를 황급히 닦아 내고, 랍스터가 그려진 턱받이를 황급히 벗고, 음식을 식탁 아래 던져 넣은 다음 이방인들과 멀찍이 떨어졌다. 이 놀라운 행동으로 그는 이방인들이 그런 음식들을 먹었기 때문에 하나님께 용납받지 못한다고 말하고 있었다. 아이러니하게도 (그리고 위선적이게도), 베드로는 손에 기름이 잔뜩 묻고 이에 음식이 잔뜩 낀 상태로 이런 판단을 내렸다. 하지만 어쨌든 판단은 판단이다.

바울은 이 위선을 전해 듣고 베드로에게 직접 가서 "얼굴을 마주 보고"(11절) 그를 책망했다. 그는 그리스도 안에서 형제 된 자를 꾸짖었다. 식탁에서의 행동으로 베드로가 위험한 위계질서를 만들어 냈고 그리스도에 대한 믿음이 구원에 충분하다는 복음의 진리를 거부했다는 사실을 알려 주었다. 간단히 말해, 베드로는 사람들을 잘못된 길로 이끌고 있었다.

바울은 무엇이 우리를 하나님과 올바른 관계를 맺게 하느냐의 문제로 직진했다. 그 핵심은 무엇을 먹느냐가 아니라 누구를 믿느냐에 있었다. 그렇다, 바로 이것이다. 방금 우리는 감정적이고 신학적으로 격앙된 교회 안의 갈등을 눈앞에서 보았다. 여기서 배울 수 있는 교훈이 많은데, 그중 첫 번째는 건강한 갈등에는 직면이 필요하다는 것이다.

건강한 갈등에는 직면이 필요하다

어떤 사람들은 **'직면'**이라는 단어를 무서워한다. 이것은 많은 이들이 피하고 싶어 하는 단어다. 공격성, 분노, 말썽을 떠올리게 한다. 그러나 직면은 우리를 힘들게 만드는 단어가 될 필요가 없다. 직면이라는 말로 내가 의미하는 바는, 갈등을 해결하려면 직접 만나는 시간이 필요하다는 것이다. 휴대폰의 화상 통화(그것도 도움이 되지만)를 말하는 게 아니라, 쟁점이 되는 사안을 상대와 함께 다루고, 신앙의 이름으로 대충 넘어가고 싶은 유혹에 저항하는 성숙한 행위를 말한다.

위에서 언급한 갈라디아서 본문에서 바울은 이렇게 썼다. "게바[베드로]가 안디옥에 왔을 때에 잘못한 일이 있어서, 나는 **얼굴을 마주 보고 그를 나무랐습니다.**" 베드로의 행동이 교회의 생명에 얼마나 위험한지 알면서도 바울이 그것을 아예 무시했다고 잠시 상상해 보자. 우리는 여러 세대에 걸쳐 전혀 다른 기독교를 갖게 되었을 것이다. 그러나 바울은 성숙한 사랑의 행위로 대처했다. 그는 상황을 직면했다.

이 단순한 행동은 상당히 혁명적이고 반문화적이었다. 그런데 이제 잃어버린 기술이 되고 있다. 『대화를 잃어버린 사람들』(*Reclaiming Conversation*, 민음사)에서 MIT 교수 셰리 터클은 가정에서 갈등을 대하는 흔하고 우려스러운 경향을 지적했다.

나는 직접 말하기보다 문자나 이메일이나 메시지로 "대화하여 문제를 푼다"는 가족들을 만난다. 몇몇은 이런 행위를 "문자로 싸우기"라고 표현했다. 그들은 전자 기기를 통한 대화가 "평화를 지켜 준다"고 말한다. 거기에는 통제 불능의 직면이 없기 때문이다. 한 아이 어머니는 분노 폭발의 위험이 없어야 가족 간의 솔직한 감정 표현이 가

능하다고 주장한다.[2]

많은 사람이 "전자 기기를 통한 대화"로 피하고자 하는 불안을 나도 분명히 인식한다. 하지만 평화를 명분으로 한 세대 전체가 서로에게서 멀어지는 법을 배우고 있다는 것이 문제다. 문자와 이메일을 통해 우리의 너무나 많은 부분이 사라지고 있다. 터클은 타당하게 이렇게 지적했다.

스마트폰과 함께 성장한 첫 세대가 요즘 대학 졸업을 앞두고 있거나 막 졸업했다. 지성과 창의력을 갖춘 그들이 직업을 갖기 시작했는데, 고용주들의 증언에 따르면 뜻밖의 공포증과 불안을 안고 일터로 온다고 한다. 그들은 어떻게 이야기를 시작하고 끝내야 할지 모른다. 눈을 맞추는 데 어려움을 겪는다. 전화기에 대고 직접 말하는 것이 불안하다고 토로하기도 한다. 어려운 질문을 해야 할 때가 왔다. 의도치 않게 우리는 아이들에게 필요한 기술을 그것이 꼭 필요한 순간에 빼앗고 있는 것은 아닐까?[3]

직면의 행위는 몇 가지 이유로 몹시 고통스럽다.

- 많은 이들이 갈등에 대처하는 법을 모르는 가정에서 자라났다. 어떤 가정에서는 갈등이 생기면 무시하기, 집에서 나가기, 폭력으로 대응한다.
- 우리 중 어떤 이들은 직설에 눈살을 찌푸리는 문화권과 민족 집

단 출신이다. 우리 교회 교인의 약 30퍼센트가 아시아 각 지역 출신이고, 목사인 나는 세계 다른 지역에서는 이 직면의 일이 얼마나 어려울 수 있는지 거듭거듭 들었다.

- 성격상 직면을 유독 거북해하는 사람들이 있다.
- 직면보다는 용서가 성경의 정신에 더 부합한다고 명시적으로나 암시적으로 배운 이들이 많다.
- 다른 사람 앞에 앉아서 자신이 받은 상처와 오해를 전달하고 변화를 요구하는 것은 부담스러운 일이다.

이 모든 내용은 사실이다. 나는 목회의 경험을 통해 어떤 이들은 직면이 힘들지 않지만 대부분의 사람들에게는 어려운 일이라는 것을 잘 알고 있다. 베이비 부머나 밀레니얼 세대, 교육 수준이 높은 사람이나 낮은 사람, 백인, 라틴 사람, 아프리카계 미국인 모두에게서 같은 모습을 보았다. 나도 살아오면서 그런 어려움을 계속 경험했다. 그러나 당신은 할 수 있다. 이 어려운 대화를 해낼 수 있다.

나는 직면하는 일을 해내는 데 도움을 준 해방의 문장을 우연히 만났다. 이 문장의 원 문맥은 직면이 아니라 수치심을 다루고 있었다. 하지만 둘 사이에는 겹치는 부분이 많은 것 같다. 커트 톰슨은 그의 책 『수치심』(*The Soul of Shame*, IVP)에서 수치심이 무엇인지와 그것이 던지는 내면의 메시지를 밝혔다. 수치심은 왜 우리를 옴짝달싹 못 하게 하는가? 톰슨은 그 한 가지 이유가 "나는 이 순간을 견뎌낼 능력이 없어"[4]라는 각본을 우리가 내면화시키기 때문이라고 지적했다.

이 한 문장이 내게 큰 도움이 되었다. 직면이 필요한 상황에서도 이와 비슷하게 우리 뇌 속에 같은 메시지가 새겨질 수 있다. "나는 이 순간을 견뎌 낼 능력이 없다." 그러나 그것은 거짓말이다. 직면의 순간이 힘들까? 틀림없이 힘들 것이다. 우리는 그 순간을 헤쳐 나갈 수 있을까? 물론이다. 나는 갈등에 대응할 필요가 있는 대화를 앞두고 종종 이 인용문을 정반대로 반복했다. "나는 이 순간을 견뎌 낼 능력이 분명히 **있다**."

나는 여러 해에 걸쳐 또 다른 핵심 교훈을 배웠다. 삼각관계화와 그것이 우리 삶 및 관계에 미치는 악영향을 이해하는 일이 중요하다는 것이다. 대면해서 만나는 일은 중요하지만, 그것을 방해하는 삼각관계화의 유혹이 상존한다.

삼각관계화　　가족 체계 이론 전문가 에드윈 프리드먼은 삼각관계에 대해 이렇게 썼다.

> 정서적 삼각관계의 기본 법칙은 관계를 맺은 양자가 서로 불편해져서 '다른 이를 끌어들여 삼각관계를 만들거나' 서로의 관계를 안정화시킬 방편으로 제3자, 또는 제3의 문제에 초점을 맞춘다는 것이다.[5]

삼각관계의 형성은 자연스럽고 잠재적으로 건강한 행동이다. 둘의 관계에 '끌어들여진' 제3자가 성숙한 갈등 처리를 돕고 (적절한 순간에) 문제를 직접 다루도록 격려하는 한, 삼각관계 형성은 큰 선물이 될 수 있다. 문제는 삼각관계가 종종 건강한 직면을 방해한다는 것이다. 삼각관계는 우리의 불안을 그 근원이 아닌 다른 사람에게 쏟아 낼 기회가 된다.

목사인 나는 남의 갈등에 종종 끌려들곤 한다. 그런데 나와 면담을 하는 사람이 나를 만났으니 관계에 문제가 있는 상대를 직접 만날 필요는 없다고 생각하기도 한다. 목회 상담 도중 어느 시점에 내가 묻는다. "그래서, 그 대화를 언제 나누실 겁니까?" 그러면 그는 흔히 멍한 눈으로 나를 쳐다본다. 내게 속내를 털어놓았으니 문제가 해결되었다고 생각하는 것이다. 그러나 불안을 털어놓는 것과 성숙하게 사는 것은 다른 일이다.

많은 경우, 삼각관계화는 우리가 말해야 할 상대를 제외한 모든 사람에게 문제를 털어놓는 상황을 만든다. 유명한 마리아/마르다 이야기에서 이것을 볼 수 있다.

누가복음 10:38-42에는 예수님과 제자들이 마리아와 마르다의 집을 방문하는 광경이 나온다. 두 자매는 서로 더할 나위 없이 달랐다. 마리아는 관상적 삶의 태도를 갖고 있었지만 마르다는 행동가였다. 마르다는 동생을 도통 하는 일이 없는 사람으로 여겼을 것이다. 마리아는 마르다를 일중독자로 봤을 것이다. 예수님이 방문하시자 마리아는 그분의 발 앞으로 달려가 제자의 자리를 차지했다. 그러나 예수님과 그분의 친구들에게 식사를 대접하려면 할 일이 많았다. 마르다는 커피를 내리고 상을 차리고 고기찜을 주시했다. 그러다 손님들 쪽을 봤더니 여동생이 예수님의 말씀에 푹 빠져 있는 모습이 보였다. 거기서 그녀는 폭발했다. 그리고 삼각관계화가 시작되었다.

잔뜩 화가 난 마르다는 예수님에게 가서 여쭈었다. "내 동생이나 혼자 일하게 두는 것을 생각하지 아니하시나이까? 그를 명하사 나를 도와주라 하소서!"(40절) (여담이지만, 당신이 예수님에게 이래라저래라 명령하기 시작한다면 정서적으로 좋은 상태가 아닌 것이다.) 마르다는 예수님이 개입하셔서 자신이 여동생에게 느낀 분노와 좌절감을 해결해 달라고 요청했다. 예수님은 그녀의 수에 넘어가지 않으셨다. 대신, 그녀에게 있는 불안과 분노의 정체를 밝히셨다.

그때 마르다에게 필요했던 것은 여동생에게 차분하되 단도직입적으로 이야기할 감정적 기술이었다. 그랬다면 상황이 달라졌을까? 모른다. 그러나 자기가 하기 싫은 일을 예수님에게 떠맡기려는 시도보다는 나은 선택지였을 것이다.

그와 비슷하게, 당신은 부모님이 "네 아빠한테 가서 이렇게 말해라", "네 엄마한테 가서 …라고 말해라"라고 시키는 가정에서 자랐을 수 있다. 이런 삼각관계의 한 꼭짓점으로 끌려 들어가는 것은 정서적으로 부당한 일이다. 갈등에 대처하고 서로의 차이점을 극복하려면 성숙해져야 한다. 어렵지만 꼭 필요한 '대면 시간'을 마련해야 한다.

그런데 대면만으로 문제가 다 해결되는 것은 아니다. 공동체 안에 갈등이 있을 때, 그리스도인들의 경우 마태복음 18:15-16을 흔히 인용한다. 여기서 예수님은 이렇게 말씀하신다.

네 형제가 죄를 범하거든 가서 **너와 그 사람과만 상대하여** 권고하라. 만일 들으면 네가 네 형제를 얻은 것이요 만일 듣지 않거든 한두 사람을 데리고 가서 두세 증인의 입으로 말마다 확증하게 하라.

예수님도 대면 시간을 가지라고 가르치신다. 하지만 상대를 대면하여 만난 자리에서 어떻게 해야 하는지 모르는 경우가 많다. 나는 누군가가 혼자서 형제나 자매를 찾아갔다가 상황이 악화된 이야기를 많이 들었다. 그래서 이에 관한 설명을 약간 보충하려고 한다. 그렇다, 우리는 갈등 관계의 당사자를 직접 만나야 한다. 그러고 나서 무엇을 해야 하나? 답은 꽤 단순하지만 우리에게 많은 것을 요구한다.

건강한 갈등 대처에는 건강한 말하기가 필요하다

앞 장에서 나는 건강한 말하기의 중요성을 언급했다. 그 의미를 좀 더 정확하게 전하기 위해 몇 마디를 보태고 싶다. 놀랍게도, 우리는 태어나서 몇 년 만 지나면 단어를 조합할 수 있고 결국 일관성 있는 생각을 형성하게 된다. 나이가 들어감에 따라 우리는 여러 단어를 **엮어** 아픔과 예리한 통찰력을 드러낸다. 하지만 말하기에는 온갖 단어들을 배우고 동사를 활용하고 문장들을 능숙하게 엮어 내어 정교한 표현을 만드는 것보다 더 깊은 측면이 있다. 나는 지금 영혼의 말에 관해 말하는 것이다.

나는 많은 청중 앞에서 말하는 것을 생업으로 하는, 교육 수준이 높고 성공한 사람이 소박한 영혼으로 말해야 할 때는 아무 말도 하지 못하는 모습을 여러 차례 보았다. 이해가 된다. 상처, 실망, 좌절을 다룰 때 필요한 것은 세 음절 이상의 말로 이루어진 광활한 숲이 아니라 솔직한 마음과 명료한 말이다. 뉴 라이프 펠로십 교회에서는 여러 해 동안 건강한 말하기 문화를 육성하려고 힘써 왔다. 교회에서 제공하는 '정서적으로 건강한 관계' 수업에서는 아주 중요한 기술 두 가지를 소개하는데, 여기서 나는 정정당당한 싸움이라는 결정적인 기술에 초점을 맞추고자 한다.

정정당당한 싸움 정정당당한 싸움에 대해 말하기 전에 그 반대부터 논해 보자. 지저분한 싸움은 대부분의 가정, 결과적으로 대부분의 삶의 기본 설정이다. 지저분한 싸움이라는 말은 싸움이 한창일 때 서로에게 음식을 집어던진다는 말이 아니라(물론 음식을 집어던지면 지저분해지겠지만), 상대의 경험을 무시하거나 말로 그를 깎아내리는 행동을 말한다.

다음은 지저분한 싸움 전술의 몇 가지 사례.

- 의도적 침묵
- 잔소리
- 생색내기
- 욕설
- 빈정대기
- 회피
- 폭력
- 수동 공격적 행동

이 외에도 많다.

정정당당한 싸움은 이런 통상적이지만 해로운 대인 관계법 대신 정직, 성실, 존중, 조율, 치유의 가능성을 제시한다. 갈등에 깔끔하게 대응하면 새로운 언어를 습득한 듯한 느낌이 들 것이다. 실제로, 당신은 무엇인가 새로운 것을 배우는 과정에 있다. 당신은 분노라는 딱딱한 외피 아래 감추어진 취약하고 부드럽고 생기 있는 부분, 즉 영혼으로 말하도록 초청받고 있는 것이다. 나는 여기서 정정당당한 싸움과 영혼의 말이라는 여정을 시작하는 데 유용한 말들을 소개할 것이다. 이를 의식적으로 훈련하면 내면의 자유가 커지고 관계가 더욱 건강해질 가능성이 열리게 될 것이다.

피터와 게리 스카지로 부부는 일련의 미완성 문장을 제시하여 지혜롭고 정직하게 말하는 과정을 돕는다. 갈등, 상처, 오해를 겪고 있다면, 마음에 있는 것을 천천히 표현할 시간을 가져 보자.

정정당당한 싸움으로 가는 단계들

1. 허락을 구하라. 문제를 진술하라. "나는 …라는 것을 깨달았어요."
2. 그것이 자신에게 왜 중요한지 진술하라. "나는 …를 중요하게 생각해요."
3. 다음 문장의 빈칸을 채우라. "당신이 …할 때 나는 …라고 느껴요."
4. 자신의 요구를 명료하게 예의를 갖추어 구체적으로 진술하라.[6]

이 지점에 이르면 듣는 사람은 응답하도록 안내를 받는다. (경청하기의 중요성은 다음 꼭지에서 다룰 것이다.) 그는 말한 사람의 요청을 얼마나 수행할 의향이 있는지 진술한다. 그러면 말한 사람은 듣는 사람의 진술에 동의하거나 대안을 제시한다. 어떤 경우에는 협의한 내용을 적어 놓고 2주 후에 다시 살펴보는 것이 도움이 된다.

이 모든 과정이 딱딱하고 비현실적으로 느껴질 수 있다. 우리가 평소에 나누는 대화는 이처럼 깔끔하게 이루어지지 않는다. 그러나 이 기술을 익히는 목표는 특정한 단어들과 익숙해져서 내면을 명료하게 드러내는 말을 하게 하려는 것이다. "내가 **깨닫는다**" "내가 **중요하게 생각한다**" "내가 **느낀다**"와 같은 표현들은 다른 사람들과 마음이 이어지는 데 큰 도움을 준다. 상대를 존중하는 태도로 요청 사항을 명료하게 진술하는 일은 자신의 존귀함을 인정하는 행위이자 사랑의 행위이기도 하다.

건강한 갈등 대처에는 신중한 경청이 필요하다

내가 자주 받는 질문이 있다. "내 말은 건강하지만 듣는 사람이 그렇지 않으면 어떤 일이 일어나나요?" 중요한 질문이다. 나의 목표는 관계에 대한 낭만적 이미지를 그리는 것이 아니다. 이런 식의 관계의 불균형은 아주 흔하고 큰 좌절감을 안겨 준다. 그래서 제대로 경청하기 어려워하는 사람들에게 몇 가지를 조언하고, 잘 듣지 않는 사람과 관계를 맺는 이들에게도 한마디 해 보려 한다.

경청하는 것이 어려운 사람들에게는 나도 똑같다는 말을 하고 싶다. 겸손을 다룬 장에서 말한 것처럼, 우리는 이상화된 자아상을 보호하는 데 열중한 나머지 다른 사람의 세계에 발을 들여놓기를 거부한다.

로지와 내가 정정당당한 싸움 기술을 처음 시도했던 때가 기억난다. 당시 우리는 20대 후반이었다. 싸움의 원인은 많은 가정에서 볼 수 있을 만한 문제였다. 내가 면도를 하고 깨끗이 치우지 않아서 로지는 화가 났다. 그녀는 정정당당한 싸움의 기술을 완벽한 수준으로 연마했다.

> 로지: 여보, 우리 대화를 나눌 수 있을까요? 신경 쓰이는 일이 있어서 그래요.
> 리치: [이렇게 생각한다.] **오 주님, 도대체 무슨 일이랍니까?**
> 로지: 당신이 면도 후에 세면대를 지저분하게 내버려두곤 한다는 걸 깨달았어요.
> 리치: [깊은 한숨을 내쉬고 오랫동안 눈알을 굴린다.]
> 로지: 나는 깨끗한 욕실을 중요하게 생각해요. 이 문제에서 우리가 같은 생각을 하는 것이 내게 큰 의미가 있어요.
> 리치: 옙.
> 로지: 세면대를 깨끗하게 써 달라는 내 요청을 당신이 계속 모른 척하면, 나는 속상하고 무시당하는 기분이 들어요.
> 리치: [바닥을 내려다본다.]
> 로지: 내 요청 사항은 이거예요. 면도가 끝나면 물수건으로 세면대를 깨끗이 청소해 주세요.

우리가 이 기술을 처음 연습했을 때(우리는 코치의 도움을 받았다), 나는 너무 기분이 상했다. 나는 나를 변호하기 시작했고 설거지, 바닥 청소, 쓰레기 버리기 등등 내가 집에서 하는 다른 일들을 부각시켰다. 나는 아내를 이해하려 하지 않았다. 코치의 숱한 관점 바꾸기 작업의 도움을 받고서야 나 자신에게서 벗어나 로지의 세계로 들어설 수 있었다. 내가 자아를 보호하는 데 얼마나 매여 있는지 빠르게 배웠다.

열린 마음으로 경청하는 일이 어렵다면, 당신이 그런 상태를 극복하기 위해 할 수 있는 최선의 방법은 하나님의 사랑을 내면화하는 것이다. 우리 모두 실수를 잘 저지른다. 그러나 사랑에서 성장하는 사람의 특징은 방어적이지 않은 자세로 경청할 줄 안다는 것이다.

그날 저녁 우리는 약간의 발전이 있었지만 로지는 이후에도 거듭해서 다시 요청해야 했다. 그녀의 요청이 나를 탓하지 않고 자신의 가치를 재진술하는 방식으로 이루어지자 나는 욕실 세면대에 주목하기 시작했다. 이런 일이 하룻밤 새 이루어지지는 않았지만 나는 내 세면대 사용 방식에 계속해서 신경을 썼다. 이제 면도를 하고 나면 그 이전보다 세면대가 더 깨끗해진다. 이렇게 한 지가 몇 년 된다.

잘 듣는다는 것은 독선에 사로잡혀 우리의 상호 작용이 왜곡되는 상황을 방치하지 않는 것이다. 우리가 매일매일 은혜가 필요한 존재임을 알고 사각지대에 기꺼이 마음을 열겠다는 의지를 갖는 것이다. 방어적 태도는 우리의 인간성을 미묘하지만 노골적으로 거부하는 일이고, 그 결과로 하나님의 은혜를 거부하게 된다. 은혜를 경험하기 위해서는 우리의 벽을 허물어야 한다.

경청할 줄 모르는 사람과 관계를 맺는 어려운 상황에 있는 이들에게 몇 가지 방안을 제시하고 싶다. 첫째, 그들이 듣기를 거부하는 것은 더 깊은 문제의 징후임을 인식하자. 우리가 만나는 사람들이 흔히 경청을 거부하는 것은 싸움을 즐겨서가 아니다. 많은 경우, 그들은 더 심오한 현실인 하나님과의 사랑의 연합을 중심에 놓고 살 수 없었을 뿐이다. 이 영역에서 어려움을 느끼는 사람들을 만날 때면 나는 그들이 사랑받는 존재임을 알게 하려고 노력한다. 경청 부족의 원인이 더 깊은 영역에 있다는 사실을 미리 알면 보다 큰 연민으로 그들을 대하는 데 도움이 될 것이다.

그러나 다시 말하지만, 나는 여기서 이런 것들을 낭만화할 뜻이 없다. 어떤 경우에는 제3자를 초대하여 객관성을 높이는 것이 최선의 행동 노선일 수 있다. 상대가 한결같이 경청을 거부한다면 그와의 관계에 한계를 정하거나 관계를 완전히 다시 생각해야 할 수도 있다. 이런 상황은 고통스러운 현실이지만, 하나님의 은혜로 우리는 더 큰 사랑과 성숙함을 발휘하여 말하고 듣는 일에서 성장할 수 있다.

건강한 갈등 대처에는 성찬식이 필요하다

이런 새로운 기술과 실천은 꼭 필요하지만, 우리가 하나님의 생명 안에 푹 잠기지 않으면 결국 실망스런 결과로 이어질 것이다. 사랑은 바닥을 모르는 은혜의 저수지에 우리가 마음을 열 때 하나님이 우리 안에서 빚으시는 어떤 것이다. 그리스도인은 이 은혜를 무엇보다 성찬의 떡과 잔을 통해 누릴 수 있다.

성찬은 위대한 재연이자 화해의 촉매 중 하나다. 성찬식에서 우리는 계속 커지는 하나님의 사랑 한가운데서 살도록 다시 한번 초대를 받는다. 성찬은 선행에 대한 보상이 아니라 부서진 자에게 주어지는 선물이다. 떡을 받을 때 우리는 예수님의 다음 말씀을 듣는다. "이것은 너희를 위하여 깨어진 내 몸이다." 잔을 받을 때는 이런 말씀을 듣는다. "이것은 너희를 위하여 흘리는 내 피니라." 성찬식은 우리가 하나님의 사랑을 받는 자임을 명백히 확신할 수 있는 자리다. 그러나 이것이 성찬식에서 벌어지는 일의 전부는 아니다. 성찬식은 우리에게 이 좋은 소식을 수평적으로 재연하라고 요청한다. 예수님의 말씀대로, 우리는 거저 받았으니 거저 준다(마 10:8을 보라).

성찬의 떡과 잔을 받는 것이 그리스도인의 삶의 토대가 되는 이유 중 하나는 우리가 깨어진 존재라는 것이다. 하지만 역설적이게도, 예수님의 부서지고 깨어진 몸이 모든 온전함의 근거가 된다.

뉴 라이프 교회에서는 매달 첫 번째 일요일에 성찬식을 거행한다. 내가 교인들에게 떡과 잔을 나누어 주는 달이 있고, 동료 목사와 장로들이 그 임무를 함께하는 달도 있다. 그중에서 특히 잊지 못할 날이 있었다.

그날 나는 설교를 한 후 참회의 기도를 이끌었고 설교단에서 내려와 형제자매들 앞에서 성찬의 떡과 잔을 들었다. 우리 교회는 규모가 꽤 크기에 여러 목사들이 예배당의 여러 부분을 맡아 떡과 잔을 나누어 주었다. 선 채로 떡과 잔을 나누던 나는 한 교인이 내가 맡은 구역에 줄 서 있는 모습을 보았다. 나와 몇 번의 갈등과 의견 충돌이 있던 사람이었다. 그를 보자 첫 번째로 떠오른 생각은 이것이었다. '**제게 이렇게 하시다니, 주님다우십니다.**' 그는 조금씩 내 쪽으로 다가왔다. 나는 냉담한 마음으로 마치 연기하듯이 그에게 떡과 잔을 건넬 수도 있었을 것이다. 그러나 그 교인이 내게 오기까지 걸린 40초 동안에 성령께서 내 마음을 부드럽게 만들기 시작하셨다.

그가 내 앞에 섰을 때 나는 그의 이름을 부르고 이렇게 말했다. "이것은 당신을 위하여 깨어진 그리스도의 몸입니다. 이것은 당신을 위하여 흘린 그리스도의 피입니다." 그는 진심 어린 감사의 말을 했고 내 안에서 벌어진 일의 내막을 아는 것처럼 미소를 지었다. 그날 오후에 나는 그 순간을 되돌아보았다. 우리의 갈등이 마법처럼 사라졌는가? 아니었다. 내가 그에게 그리스도의 몸과 피를 건넴으로써 모든 사안에 대한 우리의 시각이 똑같아졌는가? 천만의 말씀이다. 그러나 내 영혼에서 무엇인가 바뀌었다.

이것이 요점이다. 우리의 갈등은 정상적이다. 우리의 의견 충돌은 실재한다. 그러나 하나님의 은혜도 마찬가지다.

우리의 모든 갈등이 평화롭게 끝날 거라고 말할 수 있으면 좋겠다. 그러나 당신도 나도 그렇지 않다는 것을 안다. 우리는 다른 사람들에게 상처를 줄 테고 그들로부터 상처를 받을 것이다. 이 상처는 흔히 우리를 찢어 놓는다. 이런 균열은 가족 단위에서부터 나라와 나라 사이에도 생겨난다.

그럼 우리는 이 갈등의 나쁜 결과와 고뇌로 고통만 당할 운명인가? 하나님께 감사하게도, 그렇지 않다. 그리스도께서 우리를 더 나은 길로 이끄셨다.

8장

용서의 선물
가해의 고리를 진짜로 끊기

인생에는 장담할 수 있는 것이 별로 없지만 한 가지는 분명히 말할 수 있다. 어떤 시점에서 누군가는 우리에게 상처를 줄 것이다. 우리는 모욕을 당할 것이다. 가장 아쉬울 때 누군가가 우리를 저버릴 것이다. 우리는 실망하게 될 것이다. 배신을 당할 수도 있다. 그런 일이 없기를 바라지만, 어쩌면 폭력의 피해자가 되거나 생각도 못했던 인격 침해를 당할 수도 있다. 그런 일을 경험하게 될 때, 우리 앞에는 괴롭기 그지없는 두 가지 선택지가 놓인다. 용서할 것인가, 용서하지 않을 것인가. 어느 쪽을 선택하든 분명 고통스러운 일이 될 것이다.

용서의 문제는 나이와 상관없이 모든 인간에게 영향을 미친다. 이 문제는 전 세계의 방과후 학교 운동장에서 나타난다. 대기업 이사회실에서도 등장한다. 우리는 이 문제를 집에서 매일 대면한다. 물론 교회에서도 이 문제로 씨름해야 한다. 용서를 어떻게 다룰 것인가는 중요하다. 몇 년 전, 당시 네 살이던 딸아이 카리스와 함께 기도하던 때가 생각이 난다.

매일 밤 카리스와 나는 그날 있었던 일을 이야기했다. 그러고 나서 주기도문을 함께 외웠다. 아이가 주기도문을 외우기까지 몇 주가 걸렸는데, 그 과정에서 의도치 않게 우리 삶의 많은 부분을 반영하는 카리스 버전의 우스운 기도문이 나왔다.

하늘에 계신 우리 아버지, 할로윈이 이름이 되소서.
나의 나라, 나는 끝장날 겁니다.
오늘 우리에게 일용할 죄를 주소서.
그리고 우리가 우리에게 잘못한 사람들을 **잊어버리는** 것같이
우리 죄를 용서하소서.

아이의 기도를 들으며 나는 매일 밤 신나게 웃었다.

우리 대부분은 주기도문을 외우면서 이런 식으로 기도한 적이 있을 것이다. 자신에게 솔직해진다면, 입으로는 기도문을 제대로 말하면서도 마음은 전혀 다른 내용으로 기도하고 있었다고 인정하게 될 것이다. 그럴 만도 한 것이, 용서는 십자가에 자기를 못 박는 일이기 때문이다. 용서는 종종 인간으로선 불가능한 일로 느껴진다. 사랑을 뿌리 뽑는 세상에서는 특히 더 그렇다.

용서할 것인가, 용서하지 않을 것인가

용서하는 사랑의 실천, 그중에서도 그 실천이 공개

적으로 이루어지는 경우보다 더 논쟁적인 일, 즉 사람에 따라 불미스럽게도 아름답게도 여겨지는 일은 거의 없다. 2018년 댈러스의 한 법정에서 이루어진 사랑의 행위를 생각해 보자. 같은 해 이른 시기, 비번이던 서른한 살의 백인 여성 경찰관 앰버 가이거는 보탐 진이라는 스물여섯 살의 흑인 남성의 아파트에 들어가 그를 총으로 쏘아 죽였다. 그녀는 그의 집을 자기 집으로 생각하고 잘못 들어갔다고 진술했다. 그가 **본인의** 집에 있는 것을 보고 강도라 믿고 총을 쏜 것이다. 앰버는 유죄 판결과 함께 10년형을 선고받는다.[1]

재판이 끝나고 나서 놀라운 일이 있었다. 보탐의 열여덟 살 된 남동생 브랜트가 앰버에게 자비를 베푼 것이다. 배심원단의 평결에 의거해 재판부가 앰버의 형을 선고한 후, 브랜트는 판사에게 형을 살해한 여자를 안아도 되느냐고 물었다

그는 더 나아가 앰버에게 이렇게 말했다.

당신이 우리에게서 무엇을, 얼마나 큰 것을 앗아 갔는지 백번이 아니라 두 번도 말하고 싶지 않습니다. 나는 당신이 그것을 알 거라 생각합니다.…내 생각을 말하겠습니다. 당신이 정말로 뉘우친다면 나는 당신을 용서합니다. 당신이 하나님께 가서 용서를 구한다면, 그분은 당신을 용서하실 것입니다.[2]

브랜트가 앰버를 안았을 때, 세상의 반응은 아주 다양했다. 어떤 이들은 이런 용서와 따스함이 건네진 것에 분개하며 앰버와 브랜트의 입장이 바뀌었더라면 포옹, 용서, 위로를 법정에서 볼 수 없었을

거라고 말했다. 또 어떤 이들은 용서의 실천에 찬사를 보내며 기독교의 본질이 강력하게 실증되었다고 보았다. 이런 감정적인 공적 논란의 과정에서 우리는 큰 것을 놓쳐 버렸다. 사람들은 용서의 실천을 이번에도 이분법적인 양자택일의 눈으로 바라보았다. 진심 어린 즉각적 용서와 원칙에 따른 용서의 거부 중 하나를 골라야 한다고 보았다.

나는 전 세계가 목격한 포옹을 숙고하고 소셜 미디어에서 다른 이들과 이에 대해 대화를 나누는 가운데 이 상황과 우리 시대에 대해 제3의 길을 상상할 수 있는지 궁금해지기 시작했다. 감상적이고 적당한 감수성이나 값싼 화해가 아니라 탄식, 분노, 은혜, **용서**가 특징인 길 말이다.

이 위로의 포옹과 용서의 말이 왜 양극화의 반응을 초래하는지 이해하기 위해서는 흑인들 사이에서 정당한 의견 충돌을 자아내는 인종적 역학 관계를 밝히는 것이 중요하다. 흑인 남자가 자기 형을 살해한 혐의로 유죄 판결을 받은 백인 여자에게 위로와 은총을 베푸는 장면을 왜 많은 이들이 힘들어할까? 왜 어떤 이들은 이것을 은혜의 복음의 확장으로 볼 수 없었을까? 어째서 그 행동이 우리 사회의 균열을 드러냈을까? 이 모든 반응은 미국에서 수 세기에 걸쳐 이어진 인종적 억압의 아주 실질적인 열매다.

흑인 남녀는 분노, 슬픔, 격분을 가라앉히고 용서하라고 의식적으로나 무의식적으로 배웠다. 역사적으로 성경은 그들에게 안정제로 거듭거듭 작용하여 의무적 순종의 문화를 만들어 냈고 분노와 혼란을 담은 모든 정당한 표현을 침묵 속에 가두었다. 이런 상황에서는 용서를 영지주의적으로 해석하여 용서의 영적 측면만 남겨 놓고 분노와 슬픔이라는 신체적 느낌은 무시하는 것이 허용 가능한 일, 심지어 예상 가능한 일이 된다. 그러나 용서가 이렇게 쪼개져야 한다고 누가 말했는가?

시편 전반에 걸쳐 우리는 다양한 감정 처리가 이루어지는 모습을 볼 수 있다. 시편 기자들은 하나님의 은혜와 용서를 간구하는 와중에 자신의 두려움, 분노, 당혹감을 토로했다. 문제는 용서가 올바른 일인지 아닌지가 아니다. 인종 차별이 존재하고 많은 일이 정치적으로 해석되고 양극화된 사회에서 우리가 타인에게 은혜를 선포하면서도 이 모든 겹겹의 고통을 토로할 수 있는가? 이것이 문제다.

용서할 때 우리가 하는 일

용서를 탐구하는 것은 엄청난 과제이지만, 그 일의 핵심은 용서의 대인 관계적 요소와 내면적 요소를 함께 묶어 내는 것이다. 대인 관계 면에서 용서는 선물이다. 자격 없는 사람에게 특전을 부여하는 일이다. 용서하는 사람이 보여 주는 관대함은 세상을 당황하게 만든다. 크로아티아 출신의 신학자 미로슬라브 볼프(Miroslav Volf)가 지적한 대로, 우리 사회의 특징은 주고받음이 아니라 사고파는 것이다.³ 우리 문화에서 용서가 거북하게 다가오는 이유는 우리가 폭력, 보복, 배타성에 의해 명시적으로나 암시적으로 형성되기 때문이다. 그런데 용서는 우리를 이런 존재 방식으로 규정하지 않고 조건 없는 은혜의 선물을 베푼다.

볼프는 용서가 갖는 대인 관계적 요소의 본질도 언급했다. "용서함으로써 우리는 [가해자를] 그의 잘못이라는 짐에서 풀어 준다."[4] 용서는 빚을 탕감해 주는 것이고 앙갚음하지 않는 것이고 복수를 거부하는 것이다. 용서는 상대의 잘못을 분명히 인식하되 가해의 고리를 이어 가기를 거부하는 것이다. 용서의 실천은 하나님에 대한 우리의 생각이 영광스러운 그분에게 걸맞은 것일 때 나온다. 하나님은 과연 용서를 기뻐하시는 분이기 때문이다.

용서의 실천은 주로 대인 관계에서 이루어지지만 거기에는 심오한 내면적 요소도 있다. 용서는 타인에게 받은 상처를 영구적인 주요 기준으로 삼고 세상과 관계하는 상태에서 벗어난 내적 자유다. 용서를 실천할 때, 우리는 다른 사람들을 바라보는 새로운 렌즈를 얻게 된다. 용서하지 않는 것은 우리와 가해자의 관계에만 영향을 주는 것이 아니다. 결국 우리는 다른 관계도 이전 경험들을 통해 걸러서 보게 된다.

용서는 하나님의 은혜의 기적이고 그분의 성품을 심오한 방식으로 반영한다. 용서를 향해 나아가고 우리에게 죄 지은 자들을 풀어 주고 그들을 하나님의 사랑과 정의에 맡기는 것은 모든 그리스도인의 사명이다. 이것은 종종 평생에 걸쳐 해야 할 일이다. 우리와 세상이 사랑에 뿌리내리게 하기 위해 우리가 전력을 다해야 하는 일이다. 시간과 노력을 들일 만한 가치가 있는 일이다.

사람들이 일상적으로 용서를 청하고 용서하는 세상을 생각해 보자. 적개심이 뿌리 뽑힌 우리 가정의 기쁨을 생각해 보자. 방어적 태도와 경멸로 점철되지 않은 관계를 머릿속에 그려 보자. 억울함의 짐도 방어적 태도의 짐도 필요하지 않을 테니 얼마나 많은 스트레스를 벗어 버리게 될까? 이것은 좋은 삶의 아름다운 비전이다. 하지만 거기까지 도달하기는 쉽지 않다.

예수님의 첫 번째 제자들을 살펴보자.

용서받았으나 여전히 감옥에 갇힌

마태복음 18장에서 우리는 복음서 이야기 중 베드로가 예수님 앞에서 뽐내려 드는 한 대목을 만난다(21-35절을 보라). 이것은 거듭 등장하는 주제다. 베드로는 전형적인 과잉 성취자였고 종종 자신이 영적으로 얼마나 대단한지 예수님에게 보여 드리고자 했다.

이 이야기에서 베드로는 예수께 와서 여쭈었다. "주여, 형제가 내게 죄를 범하면 몇 번이나 용서하여 주리이까? 일곱 번까지 하오리이까?"(21절) 일부 성서학자들에 따르면, 이스라엘에서는 용서가 하루에 세 번으로 제한될 수 있다는 것이 일반적 가르침이었다.[5] 아마 이 내용을 알고 있었을 베드로는 아주 너그럽게 그 횟수를 두 배로 늘리고 거기다 1회를 더했다. 베드로가 우쭐대며 커피 한 모금을 홀짝이고 동료 제자들에게 윙크하는 모습이 그려진다. "일곱 번까지 하오리이까?"

예수님은 베드로에게 주먹 인사와 칭찬을 건네는 대신 이렇게 대답하셨다. "네게 이르노니 일곱 번뿐 아니라 일곱 번을 일흔 번까지라도 할지니라"(22절).

베드로는 틀림없이 마시던 커피를 뿜었을 것이다.

이어서 예수님은 논점을 분명히 밝히고자 비유를 들려주셨다

(23-35절을 보라). 비유의 주인공은 고용주(왕)에게 1만 달란트를 빚진 사람이었다. 당시 달란트는 가장 큰 화폐 단위였다. 지금의 100달러짜리 지폐 정도로 생각하면 되겠다.

1달란트는 대충 20년치 봉급에 해당하는 액수였기에, 이 종은 왕에게 20만 년치의 노동을 빚진 상황이었다. 예수님의 이야기를 듣고 있던 사람들은 이분이 유머러스하면서도 진지하다는 것을 이해했을 것이다. 예수님은 종이 어마어마한 빚을 졌다고 말씀하신 것이었다.

신학적 메시지는 분명하다. 이 사람이 고용주에게 진 빚은 우리가 하나님께 진 빚과 같다. 그분에게 진 빚을 다 갚으려는 우리의 노력은 부족할 수밖에 없다. 우리 계좌에는 그만한 돈이 없다. 이것이 예수님의 이야기에 나오는 사람이 감지한 상황이다. 그는 주인을 보았을 때 "그 종이 엎드려 절하며 이르되 '내게 참으소서. 다 갚으리이다'"(26절) 하고 애원했다. 예수님의 말씀을 듣던 모든 사람은 그가 빚을 다 갚는 일은 불가능함을 알았다. 그것이 이 이야기의 핵심이다.

예수님은 주인이 종을 불쌍히 여겨 빚을 탕감하고 보내 주었다고 하셨다. 관대하고 너그러운 주인을 만나고 나온 이 종은 그 순간 아마 거리를 내달렸을 것이다. 동네의 모르는 사람들을 안고 신이 나서 펄쩍펄쩍 뛰는 그의 모습이 상상이 된다. 그는 참으로 대단한 선물을 받았다.

이것은 믿기지 않는 탕감, 너그러운 자비, 터무니없는 관대함의 이야기다. 더없이 아름다운 결말이다. 그러나 좀 더 읽어 나가면 충격적인 반전이 있다.

탕감받은 사람은 고용주의 사무실에서 나오는 길에 자신에게 돈을 빌린 직장 동료를 발견했다. 그는 두 팔을 벌리고 동료에게 인사하러 다가갔다. 그런데 그 순간 예전의 어떤 기억이 떠올랐다. 여섯 달 전, 두 사람은 스타벅스에서 함께 줄을 서고 있었다. 직장 동료가 지갑을 집에 두고 와서 그런데 사이즈 카라멜 마키아토를 살 7달러가 없었다. 탕감받은 사람은 너그럽게 그 돈을 지불했었다. 그런데 이제 그 동료가 자신에게 7달러 빚을 갚아야 한다는 생각이 났다.

탕감받은 사람은 동료의 멱살을 잡고 목을 죄며 말했다. "나한테서 빌려 간 7달러 내놔, 이 도둑놈아! 내게 빚이 있지!"(28절을 보라)

동료는 탕감받은 사람이 좀 전에 주인에게 했던 말을 **그대로** 반복했다. "내게 참으소서." 그러나 탕감받은 사람은 거부했다. 그가 동료의 목을 죄고 있을 때, 근처를 지나던 사람이 휴대폰으로 그 장면을 촬영하여 소셜 미디어에 올렸다. (내 말을 조금만 더 들어 보라.) 영상은 빠르게 퍼져 나갔고 엄청난 돈을 탕감해 준 사장도 그 영상을 보았다. 그는 빚을 탕감받은 남자를 즉시 감옥에 집어넣었다.

이 비유의 교훈 중 하나는 탕감받고서도 여전히 감옥에 갇혀 있을 수 있다는 것이다. 이 비유가 말하는 참된 자유는 그저 용서를 받는 데 있는 것이 아니라 그 은혜가 우리를 통해 다른 사람에게 흘러가게 하는 데 있다. 이 부분에 주목해야 한다. 이야기 속의 남자는 자신이 받은 용서가 다른 사람들에게 흘러가게 하는 것을 거부했고, 그 결과로 자신도 갇혀 있게 되었다. 이것이 용서하지 않을 때 우리에게 벌어지는 일이다. 우리는 스스로 만든 감옥에 갇힌다. 그러나 하나님은 우리를 해방시키기 원하신다.

이 자유를 다루기 전에, 용서의 의미를 명확히 하기 위해 몇 가지 말해 둘 것이 있다.

용서가 의미하지 '않는' 것

용서는 조심해서 다루어야 한다. 용서는 자칫 조종의 도구("나를 용서하는 게 좋을 거야. 안 그랬단 봐")가 될 수 있고 서둘러 용서하려 하다 보면 인간성의 여러 부분을 부정하는 결과를 낳을 수 있기 때문이다. 이것은 적합한 과정을 거치지 않는 일이고 용서의 핵심을 무시하는 일이다. 용서에는 용서로 나아가는 여정에서 씨름해야 할, 적어도 네 가지 중요한 측면이 있다.

용서는 망각을 의미하지 않는다 많은 사람이 하나님은 그분의 백성의 죄를 '잊으신다'는 이사야서의 다음 말씀에 주목한다. "나, **나는** 나를 위해 네 죄를 닦아 없애는 자니 네 죄를 더 이상 기억하지 않겠다"(사 43:25, 우리말성경).

흔히 그들은 하나님이 우리의 죄를 잊으시니 그분을 본받으려면 우리도 다른 사람들의 죄를 잊어야 한다고 주장한다. 나는 이에 대해 두 가지를 지적하고 싶다. 첫째, 하나님이 우리 죄를 잊으신다는 말은 우리 죄 때문에 하나님이 우리를 나쁘게 보지 않으신다는 것을 이해하도록 돕기 위한 은유적 표현이다. 그러나 실수하지 말자. 모든 것을 아시는 하나님은 우리 죄를 기억하신다. 그렇기 때문에 용서가 그토록 강력한 것이다. 하나님이 용서하실 때 우리가 컴퓨터를 초기화할 때처럼 하나님의 메모리가 깨끗이 지워지는 것이 아니고, 우리가 용서할 때도 갑자기 기억상실증에 걸린 채 살아야한다는 말이 아니다. 하나님은 여전히 우리 죄를 기억하시고, 자비롭게도 그러면서도 우리를 나쁘게 생각하지 않으신다.

둘째, 다른 사람의 죄를 기억하는 것은 유용하다. 상처와 학대의 가능성이 실재할 때는 더욱 그렇다. 기억함으로써 우리는 가해가 반복되지 않도록 경계를 정하게 된다. 그러나 용서함으로써 우리는 복수의 고리에서 벗어난다.

용서는 죄의 결과가 없다는 뜻이 아니다   하나님이 우리를 용서하실 때, 우리가 우리 죄의 결과를 반드시 피하게 되는 것은 아니다. 우리의 선택에는 대단히 실제적 결과가 있고, 하나님이 용서하신다고 해서 우리가 선택한 잘못된 길의 영향이 반드시 제거되는 것은 아니다. 이와 마찬가지로, 용서는 정의가 쓸모없게 된다는 뜻이 아니다. 용서와 정의는 상호배타적이지 않다.

용서는 더 이상 슬픔의 고통을 느끼지 않는다는 뜻이 아니다   목사인 나는 가해자를 용서했는데도 왜 여전히 슬픔의 고통이 느껴지는지 묻는 교인을 종종 만난다. 대답은 간단하다. 우리는 감정을 느끼는 인간이기 때문이다. 용서는 지나간 고통을 치유하고 파도처럼 새롭게 밀려오는 고통을 미리 차단해 주는 약이 아니다. 용서와 슬픔은 종종 공존한다. 누군가가 저지른 일 때문에 고통을 느낀다면, 그것은 당신이 그를 용서하지 않았다는 뜻이 아니라 상처가 그만큼 깊었다는 뜻이다.

용서는 꼭 상대와의 화해를 의미하지는 않는다 　그리스도를 통해 우리가 받은 영광스러운 용서는 하나님과의 화해를 낳는다. 하지만 용서가 인간관계에서 늘 이런 식으로 작용하는 것은 아니다. 상대방이 건강한 관계를 맺을 상태가 아닌 경우도 있고, 솔직히, 상처가 너무 깊어서 온전한 관계 회복이 불가능할 때도 있다. 이럴 때는 피할 수 없는 관계의 상실을 슬퍼할 수밖에 없다.

용서는 여정이다

　　　　　　용서의 여정을 생각하면, 내 아버지가 푸에르토리코에서 감행했던 여행이 떠오른다. 2006년, 아버지는 할아버지를 보지 않고 산 지 거의 15년 만에 본인 삶의 일부 영역을 직면했다. 아버지는 할아버지를 찾아가 그분을 용서하기를 원했다.

　내 할아버지는 뛰어난 운동선수였지만 부모 노릇에서는 큰 빈자리를 남긴 사람이었다. 그는 바람둥이였고 알코올 중독자였으며 자식들과 함께하지 않은 아버지였다. 30년 넘게 내 아버지는 할아버지를 향한 깊은 적개심과 응어리를 품고 살았다. 그것이 여러 방식으로 아버지를 사로잡았을 것이다. 그러나 어느 날 아버지는 푸에르토리코로 가서 그의 아버지를 만나 용서를 선언하기로 결정했다. 아버지는 2016년, 할아버지가 돌아가신 날에 페이스북에 이 이야기를 썼다.

　아내와 이야기를 나눴고 아버지를 찾아야겠다고 말했다. 상황을 종결짓고 아버지를 개인적으로 용서하고 싶었다. 많은 생각 끝에 푸에르토리코 살리나스로 가기로 했다. 아버지가 어디 사는지 정확히 모르는 상태로 길을 떠났다. 마지막으로 그를 본 것이 15년 전이었다. 아버지를 찾는 데 거의 하루 종일 걸렸다. 많은 사람에게 물어야 했고 경찰서도 찾았다.

긴 여행 끝에 마침내 아버지 집에 도착했고 잠시 후 그가 나타났다. 아버지는 나를 보더니 충격을 받았다. 그가 물었다. "리키? 내 아들 리키냐?" 내가 말했다. "그래요, 아버지." 그는 자신을 주체하지 못하고 아기처럼 울기 시작했다.

아버지는 내게 집안으로 들어가자고 했고 우리는 다음 날 아침까지 이야기를 나누었다. 나에게는 사명이 있었고 목적은 단 한 가지였다. 아버지를 용서하고, 그와 함께 기도하는 것, 그리고 비록 버림받았지만 여전히 아버지를 사랑한다고 진실하게 말하는 것이었다.

다음 날, 우리는 폰세 시내로 가서 이야기를 나누고 좀 웃고 공원에 앉아 더 이야기를 나누었다. 그 자리에서 나는 아버지에게 직접적으로 물었다. "아버지는 왜 나와 함께하지 않으셨어요?" 그는 제대로 대답하지 못했다. 좀 더 대화를 나누고 보니, 아버지는 평생 귀신들과 싸워야 했던 것이 분명했다. 알코올 중독의 귀신, 자기 의심의 귀신, 아버지에게 버림받고 경험한 트라우마라는 귀신. 그는 아빠가 되는 법을 몰랐다.

내가 푸에르토리코에 있는 동안 아버지는 용서를 구했고 나는 그를 용서했다. 모든 것이 회복되었을까? 천만의 말씀이다. 내가 여행을 마친 후 우리는 가끔 전화 통화를 했지만, 그것이 전부였다. 그러나 아버지에게 찾아가서 그를 용서한 일이 아버지 안의 무엇, 그리고 내 안의 무엇인가를 치유했다고 믿는다.

아버지가 할아버지를 만나러 떠난 여행을 생각하면 진한 감동이 밀려온다. 아버지의 내면에서 무엇인가가 작용했고 자신에게 큰 상처를 준 사람을 찾아가도록 이끌었다. 그 자리에 이르기까지 분명 상당한 시간이 걸렸다. 그러나 그것은 자연스러운 일이다. 용서는 여러 단계에 걸쳐 일어난다.

용서의 단계

우리는 많은 신앙 공동체에서 즉각 용서하라는 촉구를 흔히 듣는다. 상처를 받고 얼마 지나면, 우리는 가해자를 용서해야 한다는 말을 듣는다. 그가 용서를 청하든 청하지 않든, 심지어 은근한 협박조로 용서를 요구하더라도 말이다. 그래서 우리는 마음이 미처 처리하지 못한 내용을 입으로 말한다. 이런 일은 이른바 '용서에 대한 적개심'을 낳는다.

용서는 흔히 고통스럽고 구속적(救贖的)인 행위이지만, 신중하게 숙고하지 않고 급히 서두르다가는 피해자와 가해자 사이의 균열과 가해자를 향한 적개심이 오히려 커질 수 있다. 이런 식의 용서는 아이러니하게도 고통을 연장시킨다. 피해자는 기존의 상처와 정리가 안 된 상태로 은혜를 베풀어야 하는 부담까지 짊어져야 하기 때문이다. 생각 없이 떠밀리듯 이루어지는 용서는 우리가 갈망하는 자유를 안겨 주지 않는다.

예수님을 따르기 원하는 우리 앞에 놓인 선택지는 용서를 베풀거나 거부하는 양자택일이 아니다. 우리의 존엄성을 존중하고 상처를 돌보고 하나님의 아들 안에 계시된 은혜로우신 하나님을 반영하는 방식으로 용서를 베풀 방법을 알아내는 것이 유일한 선택지다. 내가 이 과정을 진행하는 데 도움을 준 유용한 작은 책이 있다.

데니스 린(Dennis Linn), 쉴라 린(Sheila Fabricant Linn), 매튜 린(Matthew Linn)은 『너무 빨리 용서하지 마라』(Don't Forgive Too Soon, 성 바오로)를 공저했다. 이 책은 용서를 슬픔과 유사한 방식으로 다루어 수용의 자리에 이르기까지 겪어야 하는 다섯 단계를 제시한다. 이 책에서 저자들은 이렇게 지적했다. "상처를 입을 때 우리 대부분은 수동적으로 당해 버리고 싶은, 혹은 반격에 나서서 폭력의 악순환을 심화시키고 싶은 유혹을 느낀다." 그들은 5단계 과정—엘리자벳 퀴블러 로스(Elisabeth Kübler-Ross)가 만들어 낸 애도의 5단계 틀을 응용했다—을 거치면서 보복과 복수를 거부하고 능동적이고 건강하게 용서하는 방법을 보여 주었다.[6]

	죽음의 5단계	용서의 5단계
부정	내가 죽어 간다는 사실을 인정하지 않는다.	내가 상처 입었다는 사실을 인정하지 않는다.
분노	내가 죽어 가는 것은 그들 탓이다.	내가 상처 입은 것은 그들 탓이다.
타협	죽음을 받아들이기 위해 필요한 조건을 내 건다.	용서하기 위해 필요한 조건을 내건다.
우울	내가 죽어 가는 것은 내 탓이다.	내가 상처 입은 것은 내 탓이다.
수용	죽음으로써 죽어 가는 상처에서 해방되기를 고대한다.	상처를 통해 성장하기를 고대한다.

1단계인 부정 단계에서는 무엇인가 나쁜 일이 벌어졌다는 것을

알지만 그것이 우리에게 상처를 준다는 사실은 인정하지 않는다. 우리는 일상생활을 계속한다. 이 단계의 문제점은 비현실 속에서 살기 때문에 하나님이 배제된다는 것이다. 하나님이 거하시지 않는 유일한 장소가 바로 비현실이다. 하나님은 진리 안에만 거하신다.

2단계에서는 우리의 분노를 이해하기 시작하고 다른 사람이 내게 한 일을 숙고한다. 이 단계는 자칫하면 해로울 수 있다. 끝없는 고리에 갇히는 방식으로 자신이 당한 일에 몰두하게 되기 십상이기 때문이다.

3단계에서는 용서의 가능성을 생각하지만, 우리가 가해자에게 원하는 조건을 붙인다(내가 좋아하는 스타벅스 음료를 들고 무릎을 꿇는다면 좋겠군). 이 단계에서는 우리가 일정 수준의 통제를 유지할 수 있도록 여러 조건을 내건다.

4단계에서는 우울해진다. 피해의 고통은 너무 크고 치유의 전망은 절망적으로 보여서 자신이 처한 곤경에 대해 스스로를 탓한다.

끝으로 **5단계**에서는 벌어진 일을 수용하고, 그것이 과거의 일임을 인식하고, 그 경험을 통해 성장했음을 인정한다. 수용은 삶의 모든 것이 치유되었음을 의미하는 게 아니다. 하지만 수용하면 사건의 독재로부터 벗어날 수 있고 앞으로 나아가는 일이 가능해진다.

이 모든 단계가 반드시 순차적으로 깔끔하게 펼쳐지는 것은 아니지만, 영혼의 내적 움직임을 표현할 중요한 틀이 된다. 용서는 매우 거룩하고 구속적인 행위이기에 그 안의 여러 층위들에 세심히 주의를 기울여야 한다.

용서를 구하기

기독교 신앙의 중심 주제들(즉, 죄의 고백, 회개, 겸손) 때문에, 그리스도를 따르는 이들은 용서를 베푸는 것과 용서를 구하는 것의 실제 모습을 본으로 보여 주기에 가장 좋은 자리에 있다고 할 수 있다. 이제, 용서를 구하는 문제도 다루어 보자.

"나를 용서해 주시겠습니까?"라는 강력한 문장은 대부분의 사람들이 입 밖으로 꺼내기 대단히 어려워하는 말이다. 나는 우리 집 아이들이 싸우다 걸리면 서로에게 용서를 구하라고 시켰다. 그러면 아이들은 이를 악물고 턱을 가슴에 붙이다시피 한 채로 미간을 잔뜩 찌푸리고 고통스럽게 중얼거린다. "날 용서해 줄래?" 꼭 방금 턱 수술이라도 한 것 같은 모습이다.

용서를 구하는 것이 잘못을 인정하는 일처럼 느껴질 수 있다. 그래서 용서를 구하기가 그토록 힘든 것이다. 그러나 우리 세상, 즉 친구, 가족, 직장 동료로 채워진 사적 세상과 우리의 작은 공동체 바깥에 존재하는 공적 세상은 제대로 용서를 구하지 않고는 균열을 넘어설 수 없다.

다른 아이의 장난감을 가져간 아이든 다른 나라의 땅을 식민지로 만든 나라든, 우리는 용서 구하기라는 외국어에 능숙해져야 한다. 나는 용서 구하기의 복잡한 성질을 알고 있다. 예를 들어, 우리 삶에서 벌어지는 여러 사건은 사람마다 바라보는 관점이 전혀 다를 수 있다. 한쪽에서는 남을 기분 나쁘게 한 일 자체가 없기 때문에 용서를 구하고 말고 할 것이 없다. 하지만 다른 쪽에서는 자신이 받은 상처가 대낮처럼 분명할 수 있다.

비교적 최근 교회에 나오기 시작한 교인과 나눈 대화가 생각난다. 그 교인은 어느 일요일 오전에 내가 한 말이 맘에 들지 않았다. 그와 몇 차례 대화를 하며 나의 신학적 사고 과정을 분명하게 설명했지만, 그는 여전히 내 결론을 아주 탐탁지 않게 여겼다. 그가 결론조로 한 말은 대략 이런 내용이었다. "좋습니다, 리치 목사님. 목사님을 용서합니다." 그 말을 듣고 난 후, 나는 너무나 당혹스러워 먼 하늘을 바라보았다. 이런 생각이 들었다. '**세상에, 내가 왜 용서받아야 하는 거지?**'

이런 순간들에 우리는 상대가 갈등을 어떤 식으로 인식했는지 하나님의 은혜로 명료하게 파악하고 우리의 사각지대를 겸손하게 밝히며 치유를 위해 노력할 수 있어야 한다. 그런데 불행히도, 우리가 용서를 구하는 방식에는 부족한 부분이 많다. 용서를 구할 때는 사건에 대한 상대의 인식이 아니라 우리의 행동에 초점을 맞춰야 한다. 상대의 지각에 초점을 맞출 경우 다음과 같은 말을 하게 된다. "**당신**이 그렇게 느꼈다니 죄송합니다." "내가 한 말에 **당신의** 마음이 상했다니 미안합니다." 이런 식으로 다가가서는 관계가 회복되지 않고 앞으로도 그럴 것이다.

심리학자 몰리 하우스(Molly Howes)는 저서 『그때 이렇게 말했더라면』(*A Good Apology*, 웅진지식하우스)에서 잘못을 바로잡는 실천을 위한 4단계 모델을 설명했다. 강력하지만 결코 쉽지 않은 방법이다. 그녀가 제안한 접근법은 잠시 살펴볼 만한 가치가 있다. 그녀는 많은 환자와의 경험을 바탕으로 네 단계를 제안했다.

1. 상대의 상처에 귀를 기울이고 공감하라.
2. 후회를 담은 진실한 말을 하고 잘못된 행동을 인정하라.
3. 상대가 받은 고통을 배상하라.
4. 상처를 주는 일이 반복되지 않게 하라.[7]

이 단계들 하나하나를 자세히 설명하기보다는 내가 결혼 생활을 하면서 이것을 실천하려고 노력한 일을 나누고 싶다. 몇 년 전, 나는 서른 쌍의 목사 부부와 함께 리더십 행사에 참석했다. 이 행사의 한 코너에서 나는 아내에게 용서를 구하는 편지를 써 보라는 요청을 받았다. 편지를 쓰는 것에 더해, 그 방에 모인 60명 앞에서 편지를 읽어 달라는 요청까지 받았다. 어찌어찌 나는 그러겠다고 했다. 내가 쓴 편지를 소개한다.

내 사랑 로산젤라에게,
지난 13년에 걸친 결혼 생활을 돌아보니, 다양한 방식으로 당신과 온전히 함께하지 못했고 당신의 두려움, 우려, 반대에 제대로 귀 기울이지 못했다는 생각이 듭니다.
　매달 우리는 달력을 놓고 함께 앉아 우리의 일정을 놓고 이야기를 나눕니다. 내가 밤늦게 귀가하게 될 저녁 모임과 강연 요청을 이야기하면, 당신이 때때로 불안과 외로움을 느낀다는 것을 잘 알고 있어요. 내가 당신의 생각을 제대로 받아들이지 않고 모든 일이 잘 풀릴 거라고 호언장담하면서 일정을 밀어붙였다는 것도 알고 있습니다.

당신이 나의 개인적 한계, 당신의 한계, 가족으로서 우리의 한계를 내게 보여 주려고 할 때 짜증을 냈던 내 모습을 돌아봅니다. 나는 그런 한계들을 돌파해야 할 문제로 여겼고, 그 결과 당신의 말을 제대로 듣지 않고 당신의 심정을 헤아리지 못했습니다.

"당신은 어쨌든 원하는 대로 할 거잖아요"라고 말하던 당신이 기억납니다. 그 순간들을 떠올리면, 내가 당신의 경험과 어린 자녀를 둔 우리 삶의 현재에 무심했다는 생각이 들어 무척 슬퍼집니다. 당신의 관점, 조언, 경고의 말을 존중하지 않고 소중히 여기지 않았던 것에 용서를 구합니다.

당신은 내가 무리하는 모습과 당신의 말을 듣지 않다가 결국 후회하는 상황을 거듭거듭 보았습니다. 그런데도 나는 당신의 말을 더 자주 경청하기보다, 우리가 가족으로 갖는 한계를 존중하지 않는 행태를 이어 왔습니다.

당신이 당신의 삶의 한계, 나의 삶의 한계, 우리 가족생활의 한계를 사랑으로 지적한 순간들을 돌이켜 숙고하면서, 하나님이 당신을 통해 다가오고 계셨음을 깨닫게 되었습니다. 여러 면에서 나는 당신에게 저항했을 뿐 아니라 하나님께도 맞서고 있었습니다. 당신은 내가 모든 것을 할 수 없다는 사실을 거듭거듭 부드럽게 상기시킵니다.

그때마다 당신이 내게 무시당한다고 느꼈음을 알고 나서 너무나 마음 아팠습니다. 결혼식 날에 나는 당신을 그 무엇보다 사랑하겠노라 약속했는데, 그런 순간들에 당신을 제대로 사랑하지 못했음을 갈수록 더 인식하게 됩니다.

여보, 내가 여러모로 당신의 말을 경청하지 않았던 것에 용서를 구합니다.

당신과 합당하게 온전히 함께하지 못했던 것에 용서를 구합니다. 당신이 말했던 중요한 우려 사항들을 무심하게 넘겨 버렸던 것에 용서를 구합니다.

나를 용서해 주세요. 당신의 말과 감정에 보다 잘 주목하도록 기도 시간에 하나님께 그 문제로 아뢸 것을 약속합니다.

끝으로, 내가 가족 일정을 우선적으로 챙기지 않고 우리 삶을 당신 혼자서 계획하도록 내버려두었던 것에 용서를 구합니다. 앞으로는 가족이 함께 추억을 만들어 갈 시간을 계획하는 데 더 적극적으로 참여할 것을 약속합니다.

나는 당신이 사랑과 인정과 귀하게 여김을 받는다고 느끼기를, 특히 내게 우려를 전하는 순간들에 그러하기를 진심으로 원합니다.

사랑합니다, 여보.

리치

내가 이 편지에서 거론한 일정의 문제는 우리 결혼 생활에서 가장 풀기 어려운 긴장의 원인 중 하나였다. 그래서 나는 내 잘못을 구체적으로 거론할 수 있었다. 그런데도 이 편지를 작성하는 데 몇 시간이 걸렸다. 이 편지로 모든 문제가 해결되었을까? 아니다. 내가 다시 실수를 했을까? 슬프게도, 그렇다. 그러나 이런 식으로 나의 잘못을 밝히고 용서를 구한 것은 우리 부부 관계를 의미 있는 방식으로 굳건하게 해 주었다.

용서와 복음

　　　　　　　여기서 잠시 멈추어 복음과 용서를 강조해야겠다. 그렇지 않으면 이번 장은 불완전할 것이다. 복음이 많은 이들에게 터무니없게 느껴지는 것은 하나님의 은혜의 스캔들 때문이다. 이것은 예수님이 십자가에 못 박히셨을 때 가장 눈에 띄게 드러났을 것이다. 예수님이 처형당하실 때, 그분이 처음 하신 말씀은 그야말로 놀라웠다. 그분은 성난 군중을 위해 기도하며 아버지께 그들을 용서해 달라고 청하셨다. 그분은 이렇게 부르짖으셨다. "아버지, 저 사람들을 용서하여 주십시오. 저 사람들은 자기네가 무슨 일을 하는지를 알지 못합니다"(눅 23:34, 새번역).

　　예수님은 자신을 위해 무엇을 구하기 전에 그들을 위해, 우리를 위해 구하셨다. 이것이 그분의 주된 관심사였다. 우리의 경우, 누군가를 용서한다 해도 그것은 분명히 부차적인 일이다. 먼저 우리는 이렇게 말한다. "가해자가 용서를 구하게 하세요. 그래야 용서를 베풀 겁니다." 그러나 우리는 십자가를 통해 하나님 사랑의 심오함을 본다.

　　십자가 위의 예수님은 선제적 용서를 보여 주셨다. 우리는 선제공격(너희가 우리를 공격하기 전에 우리가 먼저 공격할 것이다)에 익숙하지만, 예수님은 선제적 용서로 고대 이스라엘 사람들에게 충격을 주셨다. 그분은 용서를 구하지 않는 이들에게 용서를 베푸셨다. 한 이야기에서 몇 사람이 마비 상태의 친구를 예수님에게 데려갔다. 그들은 신체의 치유라는 한 가지 목적으로 그곳에 갔다. 하지만 예수님이 마비 상태의 환자에게 하신 첫 번째 말씀은 이것이었다. "기운을 내라,

아이야. 네 죄가 용서받았다"(마 9:2, 새번역).

우리가 십자가에 달린다면 우리를 못 박는 사람에게 이렇게 말할 것이다. "네가 당할 날이 멀지 않았다!" "뿌린 대로 거두게 될 것이다." 그러나 사형을 촉구하는 폭력적인 군중에게 은혜를 선언하신 하나님의 아들을 보라.

나는 설교자이자 신학자인 윌리엄 윌리몬(William Willimon)이 한 교인에게 그녀가 처한 고통스러운 상황에 대해 조언하는 이야기를 들었다. 그 교인은 남자친구에게 학대를 당하고 있었다. 그녀는 윌리몬에게 말했다. "그이를 용서할 수 있는 힘을 달라고 하나님께 기도해 왔어요." 윌리몬은 곧바로 이렇게 대답했다. "아닙니다. 먼저 그에게 그가 잘못하고 있다고 말하세요. 다시 당신을 학대하면 경찰에 신고해서 교도소에 집어넣겠다고 말하세요. 그다음, 만약 그가 멈추면 그때 우리는 용서에 관해 말할 겁니다."[8] 나는 이것이 합당한 목회적 대응이라고 생각한다.

내가 이번 장을 마무리하면서 예수님께 시선을 고정하는 이유는 우리가 그분과 **똑같이** 살아야 해서가 아니라, 우리의 용서 실천이 예수님이 친히 본을 보이신 영광스러운 용서에서 흘러나와야 하기 때문이다. 십자가 위의 주님을 바라보라. 그분은 용서를 구하는 기도를 가장 먼저 하신다. 예수님은 우리를 향한 그분의 사랑이 그분을 향한 우리의 사랑을 조건으로 하지 않음을 보여 주신다. 우리는 하나님이 인류의 악한 길에 예속되신다고 믿는 경향이 있다. 우리 중 일부는 상당한 정죄감과 두려움에 사로잡혀 우리가 제대로 못하면 하나님이 우주적 허리띠를 풀어 우리를 때리실 거라고 생각한다. 그러나 예수님은 하나님의 사랑이 우리의 제한된 이해를 깨뜨린다고 가르치신다. 십자가에서 예수님은 우리를 새로운 현실로 불러들이시고 하나님이 정말 어떤 분인지 보여 주신다. 헨리 나우웬(Henri Nouwen)이 들려준 이야기가 이것을 아름답게 포착해 낸다.

한 노인이…갠지스 강둑의 큰 나무 아래서 매일 아침 명상을 했다. 명상을 마친 어느 아침, 노인이 눈을 떠 보니 전갈 한 마리가 강물 속에서 무력하게 떠내려가고 있었다. 전갈이 나무 가까이로 쓸려 올 때 노인은 강 쪽으로 나와 있는 나무뿌리 하나를 잡고 몸을 뻗어서 익사 위기의 전갈을 구하기 위해 손을 내밀었다. 노인이 전갈을 만진 순간, 녀석은 그를 쏘았다. 본능적으로 그는 손을 거두었다. 잠시 후, 평정을 되찾은 그는 뿌리를 잡고 다시 몸을 내밀어 전갈을 구하고자 했다. 이번에 전갈은 독침으로 그를 지독하게 쏘았다. 노인의 손은 부풀어 오르며 피로 물들었고 얼굴은 고통으로 일그러졌다.

그 순간, 지나가던 사람이 나무뿌리를 잡고 손을 뻗은 노인이 전갈과 씨름하는 모습을 보고 외쳤다. "이보세요, 어리석은 노인 양반. 왜 그러는 거요? 못 생기고 악한 생물을 위해 목숨을 거는 건 천치 바보나 하는 일이에요. 저 은혜도 모르는 전갈을 구하려다 죽을 수도 있다는 거 모릅니까?"

노인은 고개를 돌렸다. 그는 낯선 사람의 눈을 들여다보며 차분히 말했다. "친구여, 쏘는 것이 전갈의 본성이지만, 그 이유만으로 구해내려는 내 본성을 바꿀 순 없다오."[9]

세상은 결국 은혜를 통해 온전해질 것이다. 그때까지 하나님은 용서를 통해 사랑에 뿌리내린 사람들이 되어 그 미래를 선취하라고 우리를 초대하신다. 그 초대에 응하면서 우리는 우리의 죄와 실패를 아시고 우리에 대한 용서를 선언하시는 분의 아름다운 모습을 생각하게 된다.

용서는 보복과 폭력이라는 세상의 악순환보다 더 깊이 우리를 형성하는 하나님의 사랑을 궁극적으로 계시한다. 용서는 깨어진 세상에서도 우리를 하나님의 삶 자체이고 그리스도께서 우리에게 너무나 분명하게 보여 주신 강력한 사랑의 삶으로 끌어들인다.

9장

공적인 사랑
예수님의 길을 따르는 정의

하나님을 '우선적으로' 사랑하는 것은 성경적 개념이 아니다. (이 말이 당신의 주의를 끌었는가?)

좀 더 부연하여 설명하면, 언제부턴가 '하나님을 우선시하는' 것이 유행이 되었다. 무해하게 보이는 이 상투적 표현은 수많은 그리스도인들의 사고방식에 침투했다. 이것은 축소되고 구획화된 사랑 개념을 낳았다. 모든 개념이 그렇듯, 이것은 곧 삶의 실제적 내용에 영향을 미치게 된다. 대부분의 사람들이 '하나님을 우선시함' 또는 '하나님을 제일 사랑함'을 말할 때, 처음에는 그 개념이 추상적이지만 시간이 지나면서 구체적으로 바뀐다. 원래 의도가 아무리 경건해도, 실제적으로 이런 심리는 흔히 삶의 나머지 부분과 단절된 신앙을 낳는다.

우리는 모든 만남 가운데 하나님의 임재를 보아야 마땅하지만, '하나님을 우선시하라'는 문구에 종종 담긴 전제에 사로잡힌 나머지 하나님께 드려야 할 몫(자신이 받은 여러 복에 대한 언어적·이성적·정서적 감사 등)을 바친 후 삶의 다른 영역으로 넘어갈 뿐이다. 기도를 마치고 아멘을 말하거나 강렬한 예배의 경험 이후 마지막 화음이 잦아들 때 우리는 우리의 사랑이 '표현되었다'고 느낀다. 그러나 하나님을 '우선적으로' 사랑해서는 안 된다. 우리는 모든 것 안에서, 모든 것을 통해 하나님을 사랑해야 한다. 성경은 우리가 사랑하는 모든 것으로 하나님을 사랑하도록 가르친다. 여기에는 상당히 실제적인 것들이 포함된다. 그리스도의 가장 본질적인 가르침의 상당수를 요약하고 종합해 보면, 이웃을 사랑하는 것이 곧 하나님께 합당한 몫을 드리는 것이다.

그러나 사랑에 뿌리내림은 우리의 사생활에서만 구현되는 것이 아니다. 그것은 우리가 속한 더 크고 공적인 세계에서 드러나야 한다. 이 주제로 우리는 우리의 여정을 마무리하면서 정의가 어떻게 모두가 볼 수 있는 형태로 사랑을 빚어내는지 집중적으로 살펴볼 것이다.

이 다층적 사랑이 기독교적 정의의 신학적 기초가 된다. 정의는 '하나님을 사랑한' 다음에 모색하는 어떤 것이 아니다. 정의는 하나님을 사랑하는 주된 방법 중 하나다. 덤이 아니라 본질적인 것이고, 기독교의 기본이다. 사도 요한은 이 내용을 이런 식으로 표현했다. "보이는 자기 형제자매를 사랑하지 않는 사람이 보이지 않는 하나님을 사랑할 수 없습니다"(요일 4:20, 새번역). 이 진술의 급진적 성격을 곰곰이 생각해 보자. 누군가가 교회에 와서 이런 메시지를 전하고 우리가 정말 배제하고 싶은 부류의 사람을 형제로 거론한다면 우리는 어떻게 반응할까? 이 문제에 대한 우리의 반응은 하나님을 '우선적으로' 사랑하고자 하는 우리 욕구의 진실성에 대해 무엇을 말해 줄까?

요한은 감상주의에 의거한 사랑이 아니라 구체적 돌봄, 즉 주변 사람들의 진짜 상처와 필요를 돌보는 실천에 근거한 사랑을 말하고 있다. 기독교의 스캔들은 우리가 사람들, 특히 사회의 주변부, 우리 인식의 가장자리, 또는 갈등 관계의 '잘못된' 쪽('적진')에 있는 사람들을 통해 하나님을 사랑하고 만난다는 것이다. 우리에게 있다고 주장하는 사랑이 온전함과 정의를 이루려는 헌신으로 우리를 이끌지 않는다면, 우리는 하나님의 사랑을 회피한 것일 테다.

기독교적 사랑을 더 큰 공적 영역들에 적용하는 문제와 신실하게 씨름하지 않으면서 기독교적 사랑을 거론하는 것은 신앙을 배신하는 처사다. 사랑에 대해 의미 있게 말하려면 정의에 관심을 가져야 한다. 코넬 웨스트(Cornel West) 교수는 이것을 아주 잘 표현했다. "정의는 사랑이 공적으로 드러나는 모습이다." 히브리 선지자들의 길, 예수님이 따르시는 전통에서의 정의는 심오한 사랑의 행위다. 다름 아닌 공적인 차원을 통해서 쉐마('너희는 들으라'는 뜻. 히브리인들의 신앙 고백이자 교육 지침. "이스라엘아, 들으라. 우리 하나님 여호와는 오직 유일한 여호와이시니"[신 6:4]) 및 하나님과 이웃을 사랑하라는 가장 큰 계명이 성취된다. 사랑은 우리의 개인적 경험을 뛰어넘어야 한다. 사랑은 우리가 속한 더 큰 관계적이고 제도적인 현실을 아울러야 한다.

기독교 신앙과 정의의 관계는 장구한 역사를 지니고 있다. 하지만 지난 세기에는 정의가 복음을 이탈한 행위인 것처럼 말하는 이들이 많았다. 정의의 개념, 특히 '사회 정의' 개념을 많은 이들은 신앙의 적법성을 부정하는 요소로 설정했다. 정의에 대한 이런 거부감은 흑인 신비가이자 시민권 지도자 하워드 서먼(Howard Thurman)의 말이 떠오르게 한다. 그는 이렇게 물었다.

기독교는 왜 인종, 종교, 국적에 의거한 차별과 불의에 급진적으로 대처하는 데 무능해 보일까? 이 무능함은 기독교의 비범함을 배신한 탓일까, 아니면 기독교 자체의 본질적 약점 탓일까?[1]

서먼이 보기에 예수님이 드러내신 기독교는 정의 실현을 촉구하는 종교였다. 예수님의 기독교는 정의 문제에서 무능함이나 약함을 지지하지 않았다. 오히려, 사회의 진짜 문제들과 고통을 제대로 다룰 능력이 있었기에 권위를 확보할 수 있었다.

나는 열아홉 살에 그리스도인이 되고 나서 사람들을 천국에 가게 하는 한 가지 일에 집중했다. 지역 사회에서 펼쳐지는 여러 활동에 헌신하는 브루클린의 이웃들을 독선적으로 바라보곤 했다. 그들이 사라져 버릴 세상에 에너지를 허비하고 있다고 한탄했다. 내가 볼 때 중요한 것은 예수님을 따르겠다는 개인의 결단이었다. 감사하게도, 그로부터 얼마 후 나는 하나님이 내가 사는 지역, 더 나아가 온 세상에 관심을 갖고 계신다는 것을 배웠다. 여러 스승과 좋은 책들을 통해서, 하나님이 내가 지나치게 영적이 되기를 원하시는 것이 아님을 알게 되었다. 하나님은 내가 두 발을 땅에 굳게 디디고, 그 안에서 살아가는 불쾌한 일상의 존재를 아끼시는 그분의 마음을 보기 원하고 계셨다.

나는 예수님이 그분을 따르는 이들에게 분명히 원하시는 것이 땅에서 벗어나 하늘로 가는 것보다 하나님 나라가 하늘에서처럼 땅에 임하는 데 더 관심을 갖는 것임을 알아보기 시작했다.

중립적 사랑이란 없다

정의는 다른 많은 용어와 함께 '로르샤하 단어'(Rorschach word)다. 1921년 스위스 정신과 의사가 개발한 로르샤하 검사법은 잉크 반점의 이미지로 심리적 기능 수준을 측정하는 검사다. 동일한 이미지를 보아도 사람마다 그에 대해 전혀 다른 결론을 내린다.

사회적 차원에서 일부 단어들이 이와 비슷한 효과를 낸다. 사람마다 그 단어들을 다르게 이해하는 것이다. 그 다른 점들이 치유를 가져오는 방식으로 협력하는 우리의 능력을 방해한다. 어떤 이에게 정의는 **자신의 권리와 자유**를 의미하고 다른 이에게는 **사회주의**를 의미한다. 어떤 이에게는 **복음에 신실함**을, 또 어떤 이에게는 **복음을 저버림**을 의미한다. 어떤 이는 정의를 **범죄에 대한 처벌**의 관점에서 생각하고, 어떤 이는 **업보**에 대한 또 다른 이해 방식으로 본다. 그들은 응분의 몫을 받는 것이 정의라고 생각한다.

신학자 스캇 맥나이트(Scot McKnight)는 주위 문화를 바라보는 것을 시작으로 정의를 이해하면 안 된다고 지혜롭게 주장한다. 그는 이렇게 썼다.

그러나 **그리스도인**에게 정의는 자유[freedom(자연 상태의 자유—옮긴이)이든 liberty(법적 권리로 보장된 '자유권'—옮긴이)든], 해방, 권리, 개인주의, 행복 추구가 아니다. 그리스도인이 정의를 그런 의미들로 받아들인다면 서구의 가치관을 정의의 기준으로 이해한 것이다. 그리스도인들은 미국 헌법(이나 존 스튜어트 밀이나 카를 마르크스)이 '정의'의 의미를 규정하도록 허용하면 안 된다. 우리는 예수님이 말씀하신 '하나님 나라'의 의미와 이어지는 방식으로 정의를 규정해야 한다.[2]

예수님의 '정의'는 성경의 아주 오래된 대목들에 뿌리를 두고 있다. 구약성경 전체를 통해 우리는 하나님의 사랑이 중립적이지 않다는 사실을 배운다. 하나님은 한쪽 편을 드신다.

물론, 하나님이 모든 사람을 사랑하시는 것은 사실이다. 하지만 사회에서 배척되고 무시당하는 사람들에게 **특별히** 관심을 기울인 이력을 갖고 계시는 것도 사실이다. 건강한 형제들 사이에 아픈 아이가 있으면 부모가 그를 도우러 다정하게 다가가는 것처럼, 하나님은 학대받는 이들을 도우러 오신다. 하나님은 그들을 돌보는 일과 그들의 행복에 우선순위를 부여하신다. 이스라엘 이야기가 보여 주는 하나님은 불의를 참지 못하신다. 이에 관한 몇 개의 본문과 각 본문을 소개하는 설명을 살펴보자.

정의는 하나님의 백성이 국가적·인종적 정체성과 무관하게 모든 사람을 공평하게 대우하는 모습으로 드러나야 한다.

너는 가난한 자의 송사라고 정의를 굽게 하지 말며 거짓 일[허위 고

발―옮긴이]을 멀리하며 무죄한 자와 의로운 자를 죽이지 말라. 나는 악인을 의롭다 하지 아니하겠노라.

너는 뇌물을 받지 말라. 뇌물은 밝은 자의 눈을 어둡게 하고 의로운 자의 말을 굽게 하느니라. (출 23:6-8)

하나님은 권리를 빼앗긴 자들이나 사회적 약자들에게 관심을 가지신다.

주님은 억압받는 모든 사람에게
　의롭고 공정하게 대하신다.
(시 103:6, 표준새번역)

시편 기자는 하나님이 스스로 보호할 힘이 없는 이들을 도우러 오실 거라고 약속했다.

주님이 고난받는 사람을 변호해 주시고,
　가난한 사람에게 공의를 베푸시는 분임을, 나는 알고 있습니다.
(시 140:12, 새번역)

이사야는 이 취약한 집단이 어떤 식으로 무시당했는지 지적하고, 하나님의 백성에게 개입하여 사회에서 그분을 대변하라고 촉구한다.

옳은 일을 하는 것을 배워라. 정의를 찾아라.
 억압받는 사람을 도와주어라.
고아의 송사를 변호하여 주고
 과부의 송사를 변론하여 주어라. (사 1:17, 새번역)

아모스 선지자는 정의 없는 종교는 가치가 없는 것보다 더 나쁘다고 말하기까지 했다(하나님의 음성으로).

내가 너희 절기들을 미워하여 멸시하며
 너희 성회들을 기뻐하지 아니하나니
너희가 내게 번제나 소제를 드릴지라도
 내가 받지 아니할 것이요
너희의 살진 희생의 화목제도
 내가 돌아보지 아니하리라.
네 노랫소리를 내 앞에서 그칠지어다!
 네 비파 소리도 내가 듣지 아니하리라.
오직 정의를 물같이,
 공의를 마르지 않는 강같이 흐르게 할지어다!
(암 5:21-24)

이 몇몇 성경 구절들만으로도 정의가 어떤 것인지에 대해 많은 내용을 끌어낼 수 있다. (그리고 성경에는 이와 유사한 다른 구절이 많다!) 성경이 보여 주는 정의를 더 잘 이해하도록 돕는 몇 가지 생각들을 정리해 보자. 먼저, 정의의 주요 핵심은 하나님의 의라는 진리부터 생각해 보자. 다시 말해, 정의는 주님의 것이라는 의미다.

이것은 정의에 대한 모든 대화를 시작하기 위한 토대가 된다. 그런데 정의는 하나님이 **하시는** 일인 동시에 그분 **자체**이기도 하다. 하나님은 정의로우**시다**. 그분의 **본질**이 정의다. 타락한 세상에서 정의는 그분의 사랑과 분리해서 말할 수 없다. 그분의 사랑이 죄의 불의와 만날 때 정의의 모습으로 드러나기 때문이다. 하나님의 정의는 그분의 사랑과 불화하지 않는다. 결코 그런 적이 없다. 결코 그럴 수 없다. 하나님의 사랑은 언제나 정의롭다. 그분의 정의에는 언제나 사랑이 넘친다. 우리는 둘 중 하나를 선택할 필요가 없다. 의의 핵심은 하나님이 끝없이 세상을 바로잡으려 하신다는 것이다. 사제이자 신학자인 플레밍 러틀리지(Fleming Rutledge)가 지적한 대로, 정의는 "하나님이 우리를 상대로 휘두르시는 위협적인 추상적 특성이 아니다. 그것은 명사보다는 동사에 훨씬 더 가깝다. 정의는 **잘못된 것을 바로잡으시는 하나님의 능력**을 가리키기 때문이다."[3]

이것은 그리스도를 통해 사실이 된다. 죄는 십자가 위에서, 그곳에 못 박힌 예수님의 몸으로 인해 심판을 받는다. 세상에서 활동하던 어둠의 권세가 예수님을 노렸고, 그분의 죽음과 이후에 나타난 부활로 그 권세는 패배했다. 세상에게 가장 안 좋은 것(죄)이 그리스도 안에서 정복되었고, 세상은 그분 안에서 바로잡히고 있다. 성자의 십자가 처형을 통해 하나님의 정의와 사랑이 드러났다. 그 행위 안에서 하나님은 죄를 결정적으로 처리하셨다. 죄를 묵과하신 것이 아니라 구원의 사랑으로 압도하셨다. 죄인들은 의롭다고 선언되었다. 하나님은 죄를 심판하셨고 죄인들을 의롭다고 하셨다.

하나님이 의로우시다고 말하는 것은 잘못된 것을 처리하는 일에 대한 그분의 헌신을 인정하는 것이다. 그렇다면 정의의 과제는 하나님을 본받는 일이 된다. 우리가 정의를 위해 일하는 것은 정의가 하나님의 성품의 핵심에 있기 때문이다.

이 진리는 성경에서 말하는 정의가 개인적이기보다 분명하게 관계적이라는 것을 의미한다. 앞서 언급했다시피, 서구 사회의 방식으로 개인의 권리를 중시하는 것이 중요하기는 하지만 성경이 강조하는 바는 아니다. 예수님은 제자들에게 그들의 '권리'에 호소하라고 말씀하신 적이 없다. 내 말을 좀 들어 보라. 이 부분이 중요한 이유는 죄와 사로잡힌 권세를 다룬 앞 장들에서 살펴본 대로, 우리의 권리처럼 좋은 것도 왜곡되어 자기중심적 존재 방식을 초래하고 사랑을 몰아낼 수 있기 때문이다.

자유는 공동선을 훼손할 수 있고, 자율성은 공공의 안녕을 위험에 빠뜨릴 수 있다. 그런 일이 일어난다면, 그것은 더 이상 성경적 정의에 부합하지 않는다. 왜 그런가? "기독교적 정의 관념을 형성하는 것은 기독교의 이야기"이기 때문이다. "그리고 이것은 기독교적 정의 관념을 형성하는 것이 서구의 개인주의적이고 근대주의적인 자유와 권리 개념이 아니라 하나님 사랑과 타인에 대한 사랑이라는 뜻이다."[4] 정의는 관계에 올바른 질서를 부여하는 일이다. 강압이 아니라 상호성, 지배가 아니라 겸손, 탐욕이 아니라 관대함, 무심함이 아니라 공감을 통해 삶을 조직하는 일이다. 물론 각자의 상황에서 드러나는 정의의 이 요소들을 알아보는 것은 만만치 않은 일이지만,

정의를 관계적으로 고려하는 것이 중요하다. 이것은 나의 그다음 주장으로 이어진다. 성경적 정의는 관계적이지만 제도적으로 수행되어야 한다는 것이다.

성경 전체에 걸쳐 학대나 방치가 등장할 때마다 하나님은 힘 있는 자들에 대한 심판뿐 아니라 문제 상황의 구조적 변화라는 실천도 촉구하신다. 다시 말하지만, 정의는 개인의 자비로운 행동을 통해서만 드러나는 게 아니다. 권력이 오용되는 방식에 대응함으로써 정의가 구현된다. 자비는 피투성이가 된 사람들을 붕대로 싸매는 것을 의미한다. 정의는 애초에 사람들을 피 흘리게 만든 자들을 제도적으로 막는 것과 모두가 번영할 수 있는 환경을 만드는 것을 말한다. 그리스도를 따르는 이들은 특히 가난하고 힘없는 이들을 위해 이 두 사역 모두로 부름받는다.

다시 말하지만, 성경적 정의는 가난하고 힘없는 이들을 우선시한다. "하나님은 부자들의 보호자시다"라고 말하는 성경 구절은 절대 볼 수 없을 것이다. 그런 구절은 존재하지 않는다. 하지만 가난한 자들을 향한 하나님의 깊은 관심을 선언하는 성경 구절은 많다. 물론 하나님이 부유한 사람들을 사랑하지 않으시는 것은 아니지만, 그분은 단연코 불의로 고통받는 자들의 편에 서신다. 우리도 그러해야 한다.

가난하고 힘없는 자들을 우선시하는 것은 그들을 대변한다고 자처하는 모든 신학적 확신에 동의하는 게 아니라 그들의 목소리에 합류한다는 뜻이다. 그들이 영적·신체적·정서적·경제적 학대를 받는 상황에서는 더더욱 그렇게 한다는 뜻이다. 또 가난한 자들을 우선시하는 것은 가난이 역량 부족이 아니라 경제적 자원의 부족을 의미한다고 단언하는 것이다. 우리가 가난한 사람들과 함께한다는 것은 그들이 많은 경우 자신들에게 필요한 것과 자신들의 처지에서 벗어날 방법을 가장 잘 안다고 신뢰하는 것이다. 그들에게는 실제적인 지지가 필요하다.

이 모든 주장은 대단히 중요한 진리로 귀결된다. 정의는 단순히 응보가 아니라 회복을 목표로 삼아야 한다는 것이다.

우리 문화에서는 정의의 주된 범주를 법정에서 볼 수 있다. 정의는 응보의 행위다. 악행에 대한 형벌이다. 성경적으로, 이것이 정의의 한 요소임은 부인할 수 없다. 많은 레위기 율법이 죄에 대한 심판을 강조한다. 솔직히 말해, 우리 대부분은 그것을 기뻐한다. 살인자가 정당하게 유죄 판결을 받을 때, 우리는 그 판결을 살인자에게 합당한 책임을 물린 행위로 여긴다.

2021년 미네소타 경찰관 데릭 쇼번이 22년 6개월형을 선고받았을 때, 미국 전역의 많은 흑인과 갈색인들이 축하했다. 하지만 그들 중 상당수는 여전히 탄식했다. 쇼번에게 무죄 선고가 이루어지기를 원해서가 아니다. 조지 플로이드는 결국 살아 돌아오지 못하기 때문이다. 그것은 이미 끝난 일이었다. 그들의 슬픔은 우리 모두에게 있는, 정의를 향한 더 깊은 갈망을 잘 보여 준다. 처벌과 정죄가 아니라 회복과 치유를 특징으로 하는 정의 말이다.

최근에 회복적 정의를 촉구하는 목소리가 더 커지고 있다. 회복적 정의론은 형벌로 누군가의 이야기를 끝내기보다, 책임지기, 공감, 자기 점검, 그리고 자신과의 관계 및 대인 관계가 치유로 나아가는 분명한 과정을 촉구한다. 이 영역에서 이루어지고 있는 노력들을 전해들을 때, 나는 하나님의 정의를 생각하지 않을 수 없다.

정의의 장애물들

다시 말하지만, 정의라는 단어의 가장 온전한 최적의 의미에서의 핵심은 사랑이다. 그러나 우리 삶을 이 신성한 과제에 바치는 일을 방해하는 요소가 많다. 정의를 위해 일하려면 신학적·정서적 재구상이 필요하다. 그리스도께서 우리 모두를 같은 수준으로 참여하라고 부르시는 것은 아니지만, 모두에게 구체적인 방식으로 주위 사람들을 섬기는 일을 맡기신다. 우리가 이 일을 하지 못하도록 방해하는 몇몇 커다란 장애물들이 있는데, 그중 상당수는 내적인 것이다.

정의가 복음에서 차지하는 중심적 위치에 대해 엇갈린 견해를 가진 다양한 사람들의 집단을 섬기는 목사인 나는 정의에 저항하는 갖가지 이유들을 보게 되었다. 어떤 이들이 정의에 반발하는 근거는 능력주의다. 최근에 있었던 한 사건이 떠오른다.

능력주의   2020년 노예해방일(Juneteenth, 6월 19일)—노예제의 폐지를 기념하는 연방 공휴일—에 내 소셜 미디어 피드에는 그날을 기념하는 흑인과 갈색인들의 글이 집단적으로 올라왔다. 축제 분위기 속에는 정의와 지속적 해방을 촉구하는 목소리들이 섞여 있었다. 모두가 소셜 미디어에 접속해 당시만 해도 비공식 공휴일이던 이날과 관련된 이미지나 단상, 에세이를 올리는 것 같았다. 아시아인들과 라틴 혈통 사람들뿐 아니라 수많은 백인들도 흑인 역사의 단편들을 공유했다. 보통 사람과 유명인들이 모두 글을 올렸는데, 한 유명 인사의 글이 눈에 띄었다. 유타 재즈 소속의 스타 농구 선수 도노반 미첼은 인스타그램에 "free • *ish* since 1865"(1865년 이후에도 그리 자유롭지 **못한**)라는 문구가 적힌 이미지를 올렸다. 미첼은 1865년에 노예제가 폐지되었지만 미국에는 여전히 불평등과 불의가 존재한다는 생각을 전하려 했다.

그런데 얼마 지나지 않아 백인 남성들을 주축으로 한 많은 이들이 그들에게 집단적 거부감을 드러냈고, 백만장자인 미첼이 불평등의 피해자를 뻔뻔하게 자처하는 것에 의문을 제기하는 비열하고 근시안적이고 근거 없는 말들이 쏟아졌다. 여기 그중 몇 가지를 소개한다.

- "당신은 우리 중 99퍼센트보다 더 자유롭잖아."
- "농구경기로 몇 백만 달러를 벌면서도 '그리 자유롭지 못하다' 이거냐."
- "그리 자유롭지 못하다???? 작작 좀 하시지. 당신은 그 어떤 피해자도 아니야. 백만장자 입에서 이런 말이 나오다니, 믿을 수가 없군."

이런 댓글이 이어지다 결국 그의 인스타그램이 트위터 트렌드에 올랐다. 보아하니, 부에는 흑인과 갈색인을 인종 차별적으로 공격하는 세력으로부터 보호해 주는 초능력이 있다는 이야기 같았다.

능력주의는 성공이 궁극적으로 개인의 노력에 달려 있다는 믿음인데, 이 믿음은 진실과는 거리가 한참 멀다. 우리가 성공했다면 누군가의 도움을 받은 것이다. 모두가 그렇다. 이 신화는 치명적인 파장을 일으켜 그에 대응하는 또 다른 믿음, 즉 노력으로 성공을 거둔 자는 불의를 고발하는 어떤 주장도 내세울 수 없다는 믿음을 만들어 냈다. 이것이 바로 근시안적인 아메리칸 드림의 본질이다. 이것이 우리가 세상을 보는 렌즈가 되면, 공감하며 살고 세상에 작동하는 더 큰 구조적 현실을 인식하기란 사실상 불가능해진다.

능력주의를 이렇게 강조하는 것이 미국의 **가치체계**의 핵심 요소다. 여기에는 불의를 경험하는 것은 흔히 노력이 부족한 탓이라는 생각이 깔려 있다. 나는 신분 상승을 이룬 백인들부터 성공한 아시아 이민자들, 고등 교육을 받은 라틴계 사람들까지, 많은 이들이 이와 비슷한 말을 되풀이하는 것을 들었다.

- "이들이 더 열심히 노력하기만 하면 가난하지 않을 텐데."
- "교육을 받으면 더 자유롭게 살 수 있을 텐데."
- "그 사람들이 정부 지원에 의존하지 않는다면 성공할 텐데."

공로가 아니라 은혜로 받는 구원을 믿는 그리스도인들이 능력주의라는 사회적 신학에 큰 영향을 받을 수 있다는 것이 아이러니하다. 그러나 아무리 많은 돈이나 큰 성공도 이 세상에서 불공평한 대우를 받지 않게 우리를 보호해 줄 수 없다. 유색 인종의 경우는 특히 그렇다. 오프라 윈프리에게 스위스 취리히에서 경험한 일에 대해 물어보라. 그곳의 상점 직원은 어떤 핸드백이 "너무 비싸다"는 이유로 그녀에게 보여 주기를 거부했다. 하버드 출신의 흑인 테니스 선수

제임스 블레이크에게 뉴욕시에서 당한 일에 대해 물어보라. 몇몇 사복 경찰이 그를 공격하고 바닥에 쓰러뜨린 후 수갑을 채웠다.[5] 하버드 교수 헨리 루이스 게이츠 2세의 이야기는 어떤가. 그는 강도 사건 신고를 조사하는 경찰관에 의해 집에서 체포되었다.[6] 능력주의는 신화다. 우리는 사랑의 이름으로 그것에 저항해야 한다.

자기중심적 카타르시스 정의의 길을 가로막는 또 다른 장애물은 소셜 미디어에서 날마다 볼 수 있는 사이비 정의 관념이다. 나도 종종 여기에 빠진다. 정의로 통용되는 것의 상당수가 막연한 공정의 요구로 포장된 분노 표출에 불과하다. 그러나 진단이 곧 정의는 아니다. 문제를 드러내는 것이 정의는 아니다. 정의의 시작일 수는 있겠지만 절대로 끝일 수는 없다.

우리는 해결책을 추구하지 않고 문제를 거론하기만 하는 데 능숙해졌다. 아마존의 부당해 보이는 정책을 조롱하다가 5분 후에 아마존에서 물건을 주문하는 일이 흔하다. 우리가 비판하는 불의는 우리 정신의 뒷문으로 몰래 들어오는 경향이 있다. 그렇기 때문에 비판할 때는 큰 겸손을 잊지 말아야 한다.

정의는 정서적 카타르시스를 넘어 모종의 행동에 나서는 헌신으로 반드시 연결된다. 분노 표출은 자기를 내세우기에는 좋지만 정의를 이루는 데는 무용하다.

신학적 회피 정의를 이루는 일은 끝없는 신학하기로 방해를 받는다. 신학자 제임스 콘은 이런 상황을 통렬하게 그려 냈다. 1960년대에 그는 이렇게 썼다. "고래가 요나를 삼켰는지 아닌지를 가지고 교회들이 논쟁하는 동안, 국가는 압제받는 이들에 대한 비인간적인 법률을 집행하고 있다."7 이것은 생생한 이미지다. 정의를 둘러싼 저항은 상당 부분 성경의 이름으로 이루어진다. 사소한 신학적 쟁점을 놓고 지나치게 많은 시간을 소비하는 식이든, 정의를 촉구하는 주장을 성경을 이용해 비판하는 식이든, 그리스도인들이 정통 신앙을 우상으로 만들었기 때문에 불의가 지속되는 것이다. 이른바 올바른 생각이 올바른 행동을 방해하는 경우가 너무나 많다. 이와 같은 꼼꼼하기 짝이 없는 종교성이야말로 예수님을 분노하게 만들었다.

누가복음에서 예수님은 이렇게 말씀하셨다. "너희 바리새파 사람들에게 화가 있다! 너희는 박하와 운향과 온갖 채소의 십일조는 바치면서, 정의와 하나님께 대한 사랑은 소홀히 한다! 그런 것들도 반드시 행해야 하지만, 이런 것들도 소홀히 하지 않았어야 하였다"(11:42, 새번역).

예수님은 정의를 방해하는 신학적 올바름은 우리를 심판의 자리에 데려간다고 말씀하시는 것이다.

정의 실현의 압도적 부담

전 세계적 팬데믹이 절정에 이르렀을 때, 이주민들이 겪은 극심한 경제적 어려움에 관한 기사가 「뉴욕 타임스」(*The New York Times*)에 실렸다. 퀸스에 사는 서른 살의 멕시코 여성에 관한 가슴 아픈 기사는 "그녀가 은행 계좌 유지 수수료를 감당할 수 없어서 계좌를 닫고 돈을 현금으로 갖고 있는" 사연을 소개했다.

"그녀는 매트리스 아래 넣어 둔 마지막 20달러 지폐는 절대 건드리지 않는다. 그 돈은 문제가 발생할 경우에 대비해 긴급 택시비로 남겨 놓은 것이다."[8] 그녀는 쉼터에서 6개월을 지낸 후 비좁은 방에서 살면서 한 주에 100달러로 살아남아야 하는 말도 못할 상황이었다.

그녀의 열한 살배기 아들 크리스토퍼의 행동이 상황의 심각성을 잘 보여 주었다. 아이는 상자의 한쪽을 잘라서 구멍을 내고는 그것을 현금 자동 지급기로 만들었다. 돈 모양으로 만든 종잇조각들을 가지고 "엄마, 돈 필요해요?"라고 묻더니 100달러를 건넸다. 다행히도, 퀸스의 이 가족은 정부와 지역 사회의 지원을 받을 수 있었다. 하지만 나는 아이의 행동이 자꾸만 생각난다. 세상의 어마어마한 문제들을 바라볼 때면, 참담함 필요에 짓눌린 세상을 돕겠다고 내가 가짜 돈 100달러를 내미는 것처럼 느껴진다.

하지만 나는 중요한 진리를 떠올린다. 우리는 세상을 고치라고 부름받은 것이 아니라 우리에게 있는 자원, 힘, 사랑을 가지고 신실하게 대응하라고 부름받았다는 것이다. 그렇다고 해도 세상의 고통이 너무나 위압적으로 다가올 수 있다. 하잘것없어 보이는 우리 행동이 바다의 한 방울 물처럼 느껴질 수 있다.

이 모두가 사실일지라도, 정의로의 부름에서 핵심은 성과가 아니라 신실함이다. 특별히 어려운 이 시기야말로 하나님 나라가 겨자씨와 같다는 예수님의 말씀이 필요하다(마 13:31-32). 하나님이 일하시는 방식에서는, 작고 숨겨져 있고 점증하는 사랑의 실천이 성령의 쓰임을 받아 큰 선을 이루곤 한다. 이것이 십자가의 길이다.

세상의 눈에는 결실이 없어 보이는 삶, 그러나 하나님께 신실한 삶은 가능하다. 십자가는 실패로 보이지만 가장 위대한 신실함의 행위였고, 그 결과는 헤아릴 수 없는 결실로 나타났다. 내가 세상을 더 정의롭게 만드는 데 얼마나 도움이 되고 있는지 종종 의문이 든다. 세상의 문제는 너무나 압도적이어서 이해조차 불가능해 보인다. 그러나 성령께서는 제자도의 핵심이 결실이 아니라 신실함임을 기억나게 하신다. 나의 과제는 신실하게 사는 것이다. 성과는 하나님이 책임지실 것이다. 마지막 날에 예수님은 "잘했다, 착하고 성공한 종아" 또는 "잘했다, 착하고 영향력 있는 종아" 또는 "잘했다, 착하고 유능한 종아"라고 말씀하지 않으실 것이다. 그분은 이렇게 말씀하실 것이다. "잘했다! 착하고 신실한 종아"(마 25:21, 새번역).

정의 실천

이번 장의 남은 부분에서는 우리가 어떤 상황에 있든 정의를 실천한다는 개념을 확장해 보고 싶다. 정의가 사랑의 실천이 되려면 필요한 것이 있다. 존중이 담긴 응시, 지역 차원의 참여, 대항문화적 공동체가 그것이다.

존중이 담긴 응시 존중이 담긴 응시는 사랑의 시선으로 타인을 보는 행위다. 예수님의 길을 따르는 정의는 권력 주도의 정책에도 관여하지만 사랑으로 사회를 재조정하는 일에도 관여한다. 이런 종류의 사랑에는 우리의 응시가 필요하다. 여기서 사도행전 3장의 치유 이야기가 떠오른다.

베드로와 요한은 예배하러 가는 길에 매일 사람들에게 실려 와 성전 앞에서 구걸하는 하반신 장애인을 만났다. 새롭게 성령의 능력을 받은 제자들은 성전으로 들어가려다가 그 사람을 똑바로 응시했다. 그들은 경솔하게 동전을 던져 주는 대신 그에게 정의의 특징이 담긴 말을 했다. 해당 대목에는 이렇게 나와 있다. "베드로가 요한과 더불어 그를 눈여겨보고, 그에게 말하였다. '우리를 보시오!'"(4절, 새번역) 예수님의 길을 따르는 정의는 시간을 들여 사람들을 바라보고 주의를 기울여 그들을 존중한다. 내가 그와 정반대로 했던 온갖 일들이 생각난다.

최근에 나는 체조 수업을 마친 열두 살배기 딸 카리스를 데리고 집으로 돌아오고 있었는데, 퀸스 대로에서 길이 막혔다. 혼잡한 시간대의 교통 체증을 뚫고 조금씩 나아가다 보니 망고가 담긴 투명 비닐봉지를 든 여자가 내 차로 다가오는 게 보였다. 교통 체증이 있는 대로가 그녀의 영업장이었다. 나는 차로 다가오는 그녀의 눈을 피하며 조금씩 앞으로 나갔다.

차를 천천히 앞으로 몰면서 측면 거울을 보니 뒤쪽에서 계속 차로 다가오는 그녀가 보였다. 바로 그때 카리스가 울면서 소리쳤다. "너무해요. 저 사람은 돈이 필요해요. 어떻게 사람을 이렇게 무시할 수가 있어요?" 나는 깜짝 놀라 변명을 늘어놓기 시작했다. "카리스, 아빤 지금 현금이 없어. 그리고 길거리에서 장사하는 모든 사람의 물건을 살 순 없단다." 아이는 팔짱을 꼈다. 눈물이 양 볼을 타고 흘러내렸다. 나는 중요한 것을 놓쳤음을 깨달았다.

베드로와 요한처럼, 나는 주머니에 은과 금이 없었고 달러도 센트도 없었다. 그러나 나는 작게나마 치유를 가져다주는 화폐마저 건네지 못했다. 사랑의 응시라는 통화 말이다. 정의는 사람들에게 관심을 갖고, 그들을 보고, 그들의 존재를 참으로 인정할 것을 요구한다. 사람들을 비인격화하여 신기루 취급하기를 거부하라는 것이다.

랠프 엘리슨(Ralph Ellison)은 고전 소설『보이지 않는 인간』(*Invisible Man*)에서 보이지 않는 상태가 주는 괴로움을 포착했다. 그는 지독한 인종적 불의의 시대였던 1950년대에 이 책을 썼고, 당시 흑인으로 살아가는 일이 그토록 힘들었던 것은 흑인 남녀들이 겪은 적대감 때문만은 아니었다고 지적했다. 그들 일상생활의 특징은 바로 보이지 않는 상태였다. 엘리슨은 이 경험을 고통스럽게 포착해냈다.

> 나는 보이지 않는 인간이다. 아니, 애드거 앨런 포의 소설에 나오는 유령 같은 것은 아니고, 할리우드 영화에 등장하는 심령체 같은 것도 아니다. 나는 실체를 가진 인간이다. 살과 뼈와 힘줄과 체액이 다 있는 인간이다. 게다가 나에게는 정신까지 있다고 말할 수 있을 것이다. 내가 보이지 않는 이유는 다름이 아니라 사람들이 한사코 나를 보지 않으려 하기 때문이다.[9]

지역 차원의 참여 도스토옙스키의 소설『카라마조프가의 형제들』(*The Brothers Karamazov*)에서 수도원의 장로 조시마는 사랑의 부담스러운 본질을 분명하게 정리했다. "행동하는 사랑은 꿈속의 사랑에 비할 때 가혹하고 무섭지."[10] 꿈속에서 사랑하는 일, 사랑을 이상화하고 낭만화하는 일은 쉽다. 그러나 결국, 꿈속의 사랑은 결코 사랑이 아니다. 사랑은 행동을 요구한다. 키보드와 스마트폰 뒤에 머물면서 사랑과 정의를 전달할 수 있다고 착각하는 이들에게 이것은 중요한 내용이다. 행동하는 사랑은…행동을 요구한다. 이것이 정의를 위해 우리가 하는 일의 핵심이다.

정의를 위해서는 참여가 반드시 필요하다. **지역 차원의** 참여가 필요하다. 혼잡한 거리에 '일단정지' 표지판을 세워 달라고 지역 사회 지도층에 요청하는 것이든, 이웃들과 공공 안전을 위한 조치를 조직하는 것이든, 아니면 십대들을 주민 운동 조직가로 훈련시키는 것이든, 정의는 보통 우리가 속한 1차적 지역 사회 안에서 가장 잘 구현된다. 다시 말하면, 기독교적 정의는 개인적·대인 관계적·제도적 환경에서 표현되는 사랑이 관계의 특징이 되도록 관계에 질서를 부여하는 것이다.

그리스도를 따르는 이들이 뉴 라이프 펠로십 교회에서 참으로 다양한 정의 사역을 수행하고 있다는 것을 생각하면 나는 벅찬 감동을 느낀다. 나는 우리 교회의 리더들이 커뮤니티 개발 회사(community development corporation, 저소득층 거주 지역에 저렴한 주택을 공급하고, 상업 시설 개발, 경제 개발 프로젝트 등을 수행하는 지역 기반의 비영리 단체—옮긴이)를 파트너로 삼아 퀸스의 다른 여러 교회들과 함께 저렴한 주택 마련을 위해 일하는 모습을 보았다. 나는 우리 교회의 영거버너스 프로그램(Young Governors program)을 통해 큰일들이 이루어지는 것을 목격했다. 이 프로그램으로 수십 명의 십대들이 동네의 필요를 효과적으로 파악하고 거기에 창의적으로 대응하는 훈련을 받았다. 또 나는 빈곤퇴치 역량 강화 프로그램을 발족하여 저소득 가정들이 지긋지긋한 가난에서 벗어나도록 돕는 것을 지켜보았다.

우리의 정의 사역이 교회 단위의 활동으로 이루어지든, 지역 커뮤니티 보드나 푸드 팬트리(food pantry, 무료로 식품을 나누어 주는 식품 창고-옮긴이)에 참여함을 통해 펼쳐지든, 우리는 우리의 신학에 살을 붙이도록 부름을 받았다.

대항문화적 공동체 신학자 스탠리 하우어워스(Stanley Hauerwas)는 이렇게 말했다. "교회의 임무는 하나님이 인간 공동체를 가지고 하실 수 있는 일을 가장 잘 보여 주는 본보기가 되어 섬기는 일이다."[11] 전적으로 동의한다. 교회 전체가, 부분적으로는 지역 교회가 여기이 땅에 천국의 식민지를 세우는 거룩한 임무를 맡고 있다. 사람들이 신자의 건물, 집, 교제 속으로 들어올 때는 전혀 다른 세상의 새로운 공동체에 노출되어야 한다. 반목이 아니라 은혜로, 뒷담화가 아니라 존중으로, 이기심이 아니라 관대함으로 형성된 공동체 말이다. 교회는 정의가 구현될 수 있는 최고의 장소다. 정의가 살아 있는 공동체를 형성함으로써 우리는 그리스도께서 온전히 통치하실 때 세상이 어떤 모습일지 알려 주는 예고편을 제시하게 된다. 성령을 받은 사람들인 우리는 하나님의 생명의 빛을 마음에 받았기에 다가올 미래를 세상에 보여 줄 수 있다. 이것이 사도행전에 나오는 초기 그리스도인들의 강력한 이야기다.

그들은 사도들의 가르침에 몰두하며, 서로 사귀는 일과 빵을 떼는 일과 기도에 힘썼다. 모든 사람에게 두려운 마음이 생겼다. 사도들을 통하여 놀라운 일과 표징이 많이 일어났던 것이다. 믿는 사람은 모두 함께 지내며, 모든 것을 공동으로 소유하였다. 그들은 재산과 소유물을 팔아서, 모든 사람에게 필요한 대로 나누어 주었다. 그리고 날마다 한마음으로 성전에 열심히 모이고, 집집이 돌아가면서 빵을 떼며, 순전한 마음으로 기쁘게 음식을 먹고, 하나님을 찬양하였다. 그래서 그들은 모든 사람에게서 호감을 샀다. 주님께서는 구원받는 사람을 날마다 더하여 주셨다. (2:42-47, 새번역)

이 말씀을 다시 읽어 보라. 이것이 정의가 살아 있는 공동체다. 개인주의와 개인의 권리가 중심에 있는 정의가 아니라 공감, 관대함, 온전함이 두드러지는 정의 말이다. 그들은 기쁜 마음으로 식사를 함께했고, 지켜보는 세상 사람들의 호감을 얻었다. 초기 교회는 다른 모든 인간 공동체와 마찬가지로 분열과 고통을 경험하게 되지만, 이들의 모습은 하나님이 우리를 통해 어떤 일을 하기 원하시는지 보여 준다.

퀸스에 있는 교회 공동체의 지도자로서 나는 사도행전의 이 구절을 끊임없이 생각한다. 나는 우리 교회 가족 안에서 재정적으로 어려움을 겪고 한숨 돌릴 틈도 없는 사람들을 알고 있다. 나는 우리가 서로의 필요를 살피고 돌볼 수 있는 실제적 방안을 계속해서 생각한다. 이것은 평생 해야 할 일이고, 교회는 이 일을 수행할 임무를 맡았다.

정의를 수행하는 의인들

경고의 말과 소망의 말로 이번 장을 마무리하고자 한다. 먼저, 경고의 말이다. 정의를 위해 일하는 것은 하나님 앞에서 자신의 의로움을 드러내는 길이 될 가능성이 있다. 주의하지 않으면, 우리가 전념하는 선한 일이 예수님의 정당한 자리를 대체하는 또 다른 우상이 될 수 있다. 그리스도 안에 있는 하나님의 사랑 바깥에서 정체성을 확립하려는 유혹을 경계해야 한다.

하나님의 사랑을 중심으로 살아가지 않으면, 정의를 위해 일하는 것이 우리 자아의 끝 모르는 욕망을 채우는 또 다른 창의적 방법이 될 수 있다. 그런 일이 일어난다면, 정의를 위한 사역은 가난하고 학대받는 이들이 아니라 우리 자신의 채워지지 않은 욕망을 중심으로 흘러가게 된다.

우리가 정의를 위해 일하는 것은 그렇게 해야 의로워지기 때문이 아니다. 오히려 우리는 의롭다 함을 받았기 때문에 정의를 위해 일하는 것이다.

우리는 세상의 필요가 크다는 것을 알기에 절박하게 일해야 하지만, 하나님이 가까이 계시다는 확신을 갖고 참을성 있게 일하기도 해야 한다. 우리가 사랑에 헌신하는 것은 그리스도께서 우리를 통해 사랑에 헌신된 삶을 살기 원하시기 때문이다. 하지만 우리는 자신의 한계를 인식한다. 우리가 도시와 마을의 평화를 추구하는 것은 소금과 빛이 되도록 부름을 받았기 때문이다. 그러나 우리는 오직 예수님만이 만물을 새롭게 하실 것임을 고백한다.

선하고 아름답고 친절한 삶, 사랑으로 형성된 삶을 살기 위해서는 우리의 신앙을 개인의 감정적·영적 관심사의 경계 너머로 확장해야 한다. 우리는 하나님 나라에 참여함을 특징으로 하는 더 큰 이야기 속으로 들어가라고 부름을 받는다. 그것은 수동성을 몰아내는 참여다.

예수님은 제자들에게 이렇게 기도를 가르치셨다. "그[아버지의] 나라를 오게 하여 주시며, 그 뜻을 하늘에서 이루심같이, 땅에서도 이루어 주십시오"(마 6:10, 새번역). 이것은 사랑이 아닌가? 이것은 정의가 아닌가? 이 기도는 "주님, 우리가 할 수 있는 것이 없습니다. 그러니 부디 이 세상을 고쳐 주소서"라고 수동적으로 말하는 게 아니다.

아니다. 주기도문은 우리에게 이렇게 말하라고 촉구한다. "주님, 우리가 할 수 있는 일이 아주 **많습니다**. 그러나 언제나 당신의 능력 안에서만 일하게 하소서."

여기에 아멘으로 답할 수 있겠는가?

나가며

사랑 안에서 살고 싶다면 우리가 이미 사랑 안에 존재한다는 것을 인식해야 한다. 이 역설은 내가 현대 가르멜 수도회 수녀 루스 버로우스(Ruth Burrows)에게 배운 심오한 교훈 중 하나다. 버로우스는 이렇게 썼다.

> 엄마 자궁 속의 아기는 엄마와 관계를 맺고 있지만 그 사실을 인지하지 못하고, 아이에게 자신을 주고 싶은 엄마의 열렬한 사랑과 갈망에 반응하지 않는다. 인간 편에서 하나님과의 관계는 이 아기만큼이나 최소한에 머물 수 있다.[1]

참으로 심오한 이미지다! 아기가 엄마의 자궁 속에 존재하듯, 우리는 하나님의 '자궁' 속에 존재한다. 우리는 이미 사랑 **안에** 있다. 우리는 그 안쪽에 존재한다. 우리가 사랑하고 우리를 사랑하시는 창조

주의 은혜와 그분의 붙드시는 능력 없이 결국 무엇이 존재할 수 있겠는가?

이제껏 함께한 여정 내내, 나는 우리 삶과 관계들을 깨뜨리는 "벌레들"을 거명했다. 선하고 아름답고 친절한 삶을 살지 못하게 막는 세력들을 살펴보았다. 내가 지금까지 쓴 모든 내용을 요약한다면, 한 단어로 충분할 것 같다. **거하라**.

하나님의 사랑 안에 거하라는 말은 영적 엘리트에게만 국한된 비현실적이고 추상적인 이야기처럼 들릴 수 있다. 그러나 사실은 그렇지 않다. 천만의 말씀이다. 사랑 안에 거하는 것은 원하는 사람이면 누구나 누릴 수 있다. 그러나 그것을 위해 우리 대부분에게 필요한 일이 있다. 바로 시각의 근본적인 변화다. 많은 사람이 하나님의 사랑에 자신을 열기를 어려워하는 이유는 그들이 갖고 있는 하나님의 이미지가 그런 사랑과 양립할 수 없는 것이기 때문이다. 그들은 흔히 하나님을 실망한 분, 성난 분, 무심한 분으로 인식한다. 하나님에 대한 이런 잘못된 이미지를 품고 있으면서 그분께 자신을 연다는 것은 이치에 맞지 않는 일이다.

그렇기 때문에 사랑 안에 살고 다른 사람들에게 사랑을 쏟는 근본적 임무의 성패는 우리의 하나님 이미지를 치유하는 데 달려 있다. 예수님은 바로 이 일을 하기 위해 오셨다. 이 책이 끝나 가는 지금, 나는 우리가 지금까지 함께해 온 여정의 연장선상에서 당신에게 권면하고 싶다. 영성 생활의 다음 단계를 삶을 변화시킬 단순한 한 가지 도전 과제로 시작하라고 말이다. 이 도전 과제는 두 부분으로 이루어진다. 첫째, 순수하고 자기 수여적 사랑에 미치지 못하는 일체의 하나님 이미지를 버리자. 둘째, 그 의미를 잘 이해하든 못하든 하나님의 사랑 안에 거하기로 결심하자. 그 안에 머물기로. 그 안에서 살기로.

자, 예수님 안에서 우리는 십자가로 나타난 하나님의 사랑을 발견한다. 우리에게로 뻗어 오는 그 자기 수여적 사랑은 그분의 영원한 품으로 우리를 초대한다. 하나님의 사랑은 우리를 구속(救贖)하는 사랑이다. 그 사랑은 비극적으로 분열되고 매일 더 부서지는 세상을 위해 온전함의 화신이 되도록 우리를 빚어 간다.

하나님의 사랑에 자신을 열 때 우리는 죄책과 수치에서 벗어나는 데 그치지 않는다. 우리는 변화하여 사랑 **안에** 들어가게 된다. 그분의 사랑 안에 거하는 일은 인생의 최대 임무다.

저자이자 강연자인 브레넌 매닝(Brennan Manning)은 이렇게 말했다 "가장 심오한 자기 인식은 예수 그리스도께서 나를 깊이 사랑하신다는 것과 내가 그 사랑을 얻어 내거나 그 사랑을 받을 만한 자가 되기 위해 어떤 일도 하지 않았음을 아는 것이다."[2] 나는 이에 전폭적으로 동의한다. 이런 인식을 갖고 사는 것이 우리 삶과 세상의 변화를 위한 출발점이다.

하나님의 위대한 사랑에 자신을 열 때, 우리는 부서진 삶을 고치는 온전함의 원천을 발견하게 된다.

더없이 길고 넓고 깊고 높은 사랑, 이 변치 않는 사랑 안에서 당신이 매일 자라 갈 수 있기를 기도한다. 그럴 때 우리는, 비록 여전히 불완전하겠지만, 예수님의 생명을 발견하게 되기 때문이다. 그리고 이 깨어지는 세상 한복판에서 우리는 보게 될 것이다. 자신이 서서히, 참을성 있게 성장하는 것을.

    선해지는 것을.

    아름다워지는 것을.

    친절해지는 것을.

감사의 글

책을 한 권 쓰는 데는 한 마을을 이룰 만큼 많은 사람의 도움이 필요합니다. 좋은 질문을 해 주고 때맞춰 격려해 주고 지혜로운 반론을 부드럽게 제기해 준 모든 사람의 이름을 다 적기는 불가능하지만, 집필 과정에서 도와준 몇몇 친구들에게는 따로 감사의 마음을 전하고 싶습니다.

나의 에이전트 엘릭스 필드에게 큰 고마움을 전합니다. 책을 집필하는 동안 계속 세세한 부분까지 차분하게 함께하고 열렬히 지원해 준 것은 내게 정말 큰 선물이었습니다. 편집자 폴 패스터에게도 너무나 감사한 마음입니다. 내가 이 책의 원래 구상을 밝혔을 때, 폴은 (언제나 매우 부드럽게) 내가 더 깊숙이 들어가도록 몰아붙였습니다. "다루어야 할 더 크고 절실한 문제가 무엇입니까?" "독자들을 어디로 인도하고 싶습니까?" 이런 질문들은 당장에는 힘들었지만 내 생각을 명료하게 하는 데 정말 중요한 역할을 했습니다. 폴! 당신이 주된 대화 상대여서 아주 기뻤어요. 워터브룩 출판사팀에도 많은 감사를 전합니다. 여러분의 활력과 지원에 감사드립니다.

푸에르토리코계 브루클린 사람인 내 친구 아날도 산티아고에게 큰 감사를 전합니다. 내가 보낸 모든 글에 예리한 논평을 해 주었지요. 당신의 우정 덕분에 나는 더 나은 작가가 되었습니다. 여동생 멜리사도 내 초기 원고들을 많이 읽어 주었습니다. "그거 읽어 봤어?"라고 묻는 나의 문자에 일일이 답해 줘서 고맙다. 동생, 너무 고마워.

이 책의 내용 중 상당수는 내가 담임목사로 시무하는 특권을 누린 뉴 라이프 펠로십 교회 공동체에서 흘러나왔습니다. 장로회, 교직자회(케이트 송 목사님께 특히 소리 높여 감사를 드립니다), 그리고 함께 드리는 예배의 즐거움을 나누는 소중한 교우들에게 감사를 전합니다. 저는 이 책을 무엇보다 우리 공동체를 위해 썼습니다. 선하고 아름답고 친절한 교회가 되어 주셔서 감사합니다.

나의 두 아이 카리스와 네이선에게 고맙다는 말을 하고 싶습니다. 이 책을 쓸 때 격려의 말을 해 주어서 고맙고, 저녁 식탁에서 아주 재미있게 나를 놀려 주어서 고맙다. 아빠는 너희를 사랑한다.

끝으로, 아내 로지에게 깊고 깊은 감사의 말을 전합니다. 꾸준히 격려해 주고 예언적 논평을 해 주어서 감사합니다. 당신은 이 모든 현실을 놀라운 방식으로 묶어 낼 줄 압니다. 당신의 변함없는 지원이 없었다면 이 책은 나올 수 없었을 겁니다. 사랑해요, 여보.

성찰과 토론을 위한 가이드

▶ 들어가며 ─────────────────────

관계 형성하기
이 책을 혼자 읽거나 다른 사람들과 함께 살펴보면서 기대하는 바는 무엇인가? 차례를 보라. 가장 토론하고 싶은 주제는 무엇이고, 그 이유는 무엇인가?

성경 공부: 고린도전서 12장
- 본문을 읽으라. 어떤 단어 혹은 구절이 눈에 들어오는가?
- 온전함이라는 말을 당신은 어떻게 이해하는가? 한 개인의 삶에서 온전함은 어떤 흔적으로 남는다고 보는가?
- 이 책의 핵심은 잘 사랑하라는 부르심이다. 잘 사랑하라는 것을 당신의 언어로 표현해 보라.
- 인생의 지금 단계에서 잘 사랑하는 데 가장 큰 장애물은 무엇인가?

개인 성찰
이 성경 본문에 비추어 볼 때, 오늘 당신을 향한 하나님의 초대는 무엇이라고 생각하는가?

다음 단계로 넘어가기
- 당신과 당신의 이야기와 가장 깊은 관련이 있는 단어와 구절에 밑줄을 긋고 나누어 보라.
- 우리 사회를 갉아먹는 벌레는 무엇인가? 당신의 개인 생활을 갉아먹는 벌레는 무엇인가?
- 이 문제를 해결하려면 어떻게 해야 할까?

▶ 1장 사랑하지 않음

관계 형성하기

2분가량 사랑의 정의를 생각하고 작성해 보라. 이 정의는 (만약 바뀌었다면) 몇 년간 어떤 방식으로 변했는가?

성경 공부: 마태복음 22:37-40, 요한1서 4:11-21, 창세기 3장; 4:1-16; 11:1-9

- 본문을 읽으라. 어떤 단어 혹은 구절이 눈에 들어오는가?
- 마태복음 22장과 요한1서 4장에서 하나님에 대한 사랑의 척도는 형제자매에 대한 사랑이다. 하나님에 대한 사랑의 측정 방식이 당신에게 어떤 도전을 주는가?
- 죄가 세상을 분열시킨 창세기의 시작 이야기를 읽을 때(아담과 하와의 움켜쥠, 가인의 질투, 바벨탑의 배타주의) 당신은 당신의 어떤 면을 부서진 모습으로 인식하는가?

개인 성찰

요한1서 4:11-21에 비추어 볼 때, 하나님은 어떤 실질적 변화를 위해 당신을 초대하고 계실까?

다음 단계로 넘어가기

- 사랑이 가장 큰 계명이라면 사랑하지 않는 것은 가장 큰 죄다. 당신의 영적 생활에서 죄와 사랑은 어떤 관련이 있다고 보는가?
- 죄 고백은 우리 자신의 "굽은 상태를 펴기" 위한 가장 중요한 영적 실천 중 하나다. 이 실천은 당신의 삶에 어느 정도 영향을 미쳤는가? (하나님과 다른 사람을 향한) 죄 고백을 어떻게 규칙적인 영적 실천으로서 통합할 수 있을까?

▶ 2장   보이지 않는 적

관계 형성하기

사람들은 귀신, 악마, 보이지 않는 세력을 다루는 신학, 영화, 책 등에 매료되곤 한다. 어떤 사람들은 이러한 것들을 완전히 피해 버린다. 당신은 어떤 쪽에 속하는가? 그 이유는 무엇인가?

성경 공부: 에베소서 6:13-17

- 본문을 읽으라. 어떤 단어 혹은 구절이 눈에 들어오는가?
- 당신의 영적 여정을 생각할 때, 당신은 정사와 권세에 얼마만큼의 자리를 내주었는가?
- 하나님의 갑주 중 어떤 부분이 가장 끌리는가? 그 이유는 무엇인가?
- 바울은 말한다. "우리의 씨름은 혈과 육에 대한 것이 아니요"(엡 6:12). 우리가 진정 이를 믿는다면 우리가 사는 세상은 어떻게 변할까? 이것이 사실인 것처럼 살아간다면, 당신의 삶은 어떻게 변하겠는가?

개인 성찰

이 성경 본문에 비추어 볼 때, 오늘 당신을 향한 하나님의 초대는 무엇이라고 생각하는가?

다음 단계로 넘어가기

- 권세들은 비인간화, 기만, 분열을 추구한다. 세 가지 중에 당신의 삶을 형성하는 데 가장 큰 영향을 끼치는 것은 무엇인가? 당신이 이에 반하는 행동을 한다면 어떤 모습일까?
- 예수님의 방식을 따르기 위해 권세들의 방식에 저항한 적이 있다면 이야기를 나눠 보라.

▶ 3장   걸림이 되는 상처, 거룩한 상처

관계 형성하기
트라우마에 대한 생각이 당신 자신을 이해하는 방식에 어떤 영향을 주었는가?

성경 공부: 요한복음 20:24-29
- 본문을 읽으라. 어떤 단어 혹은 구절이 눈에 들어오는가?
- 부활하신 예수님의 몸에 여전히 충격적인 십자가 처형의 흔적이 남아 있다는 것은 주목할 만하다. 이는 당신의 삶에 어떤 의미를 주는가?
- 예수님은 자신의 상처를 친구들에게는 보여 주셨지만 군중에게는 그렇게 하지 않으신다. 이것에서 관계에 대한 어떤 원리를 이끌어 낼 수 있는가?
- 예수님은 도마에게 그분의 상처를 만져 보라고 권하신다. 이는 취약성을 드러내는 행동이다. 당신이 사람들과 맺는 관계에서 취약성은 1-10까지의 척도 중 어느 정도 영향을 미치는가?(1은 전혀 미치지 않는다, 10은 매우 큰 영향을 미친다)

개인 성찰
이 성경 본문에 비추어 볼 때, 오늘 당신을 향한 하나님의 초대는 무엇이라고 생각하는가?

다음 단계로 넘어가기
- 전에는 트라우마로 분류하지 않았던 개인적인 트라우마 중, 이 그룹에서 공유해도 충분히 안전하다고 느낄 만한 이야기가 있는가? 이 사건을 트라우마로 규정하는 것이 당신 자신이나 다른 사람을 바라보는 방식에 어떤 영향을 미치는가?
- 우리 내면의 이야기(상처)를 이해하는 것은 어떻게 우리 자신과 다른 사람 사이에 강한 유대감을 형성하도록 하는가?
- 당신의 몸과 영성을 통합하는 것이 어려운가? 왜 그런가 혹은 왜 그렇지 않은가?

▶ 4장 기도의 문제

관계 형성하기
당신의 기도 생활에 대해 어떻게 설명할 수 있겠는가? 당신의 여정에서 (특히 기도하는 동안) 침묵은 어떤 역할을 하는가?

성경 공부: 요한복음 15:1-8
- 본문을 읽으라. 어떤 단어 혹은 구절이 눈에 들어오는가?
- 이 본문에서 예수님은 제자들에게 그분 안에 거하고 머물라고 부르신다. 기도와 관련하여 이 말은 당신에게 어떤 의미로 다가오는가?
- 이 본문에서 예수님은 열두 제자들이 어떤 열매를 맺기 바라시는가? 하나님이 당신 안에서 어떤 열매를 맺기 바란다고 생각하는가?

개인 성찰
이 성경 본문에 비추어 볼 때, 오늘 당신을 향한 하나님의 초대는 무엇이라고 생각하는가?

다음 단계로 넘어가기
- 관상기도는 우리가 거짓 자아를 직면하고, 불안하지 않은 존재가 되며, 말을 책임 있게 관리하도록 도와 준다. 관상기도의 세 열매 중 당신에게 필요한 것은 무엇인가? 그 이유는 무엇인가?
- 이번 장을 읽고 나서, 관상기도가 우리 세상의 깊은 문제를 해결하는 데 도움이 된다는 견해에 대한 당신의 생각을 말해 보라.

5장   거짓 자아의 벽을 넘어서

관계 형성하기
겸손을 정의해 보라. 어떤 상황에서 당신은 겸손하기 가장 어려운가?

성경 공부: 빌립보서 2:1-11
- 본문을 읽으라. 어떤 단어 혹은 구절이 눈에 들어오는가?
- 빌립보 교회에 어떤 일이 발생하여 바울이 이 편지를 쓰게 되었는가?
- 이번 장에서 바울은 우리에게 예수님의 겸손을 본받으라고 요청한다. 예수님의 겸손은 어떤 면에서 그토록 반문화적인가?
- 그리스도를 따르는 자들인 우리는 우리 자신보다 다른 사람을 더 소중히 여기도록 부름받는다(3절을 보라). 이 가르침을 따르는 것이 당신에게 얼마나 어려운가? 그 이유는 무엇인가?
- 바울은 예수님의 겸손이 그분의 죽음으로 이어졌다고 쓴다. 당신의 겸손이 일종의 '죽음'으로 이어진 때가 있다면 나눠 보라.

개인 성찰
이 성경 본문에 비추어 볼 때, 오늘 당신을 향한 하나님의 초대는 무엇이라고 생각하는가?

다음 단계로 넘어가기
- 겸손을 기른다는 것은 방어하거나 증명하거나 소유하려 하지 않는다는 뜻이다. 이 세 가지 중 당신이 가장 버리기 어려운 것은 무엇인가?
- 이번 장에서 나아만의 이야기를 떠올려 보라. 그의 이야기는 당신의 이야기와 어떤 점에서 관련이 있는가? 당신의 갑옷을 벗으면 어떤 모습이겠는가?
- 시정 요구를 반기는 사람은 거의 없다. 당신이 시정 요구를 받았을 때 당신 스스로에게 말하는 내면화된 메시지는 무엇인가? 하나님은 그 메시지를 어떻게 바꾸기를 원하실까?

▶ 6장   반사적 반응에 저항하기

관계 형성하기
어떤 상황이 당신을 가장 불안하게 만드는가? 불안해서 무언가를 하지 못한 경험이 있다면 나눠 보라.

성경 공부: 마가복음 4:35-41
- 본문을 읽으라. 어떤 단어 혹은 구절이 눈에 들어오는가?
- 이 이야기에서 불안의 어떤 증상을 볼 수 있는가?
- 예수님은 믿음과 평화를 어떻게 연결시키시는가?
- 최근 며칠 동안 당신의 "배"에 어떤 불안의 "파도"들이 밀려들었는가?

개인 성찰
이 성경 본문에 비추어 볼 때, 오늘 당신을 향한 하나님의 초대는 무엇이라고 생각하는가?

다음 단계로 넘어가기
- 위협이 실재하는 것이든 위협이라고 생각한 것에 불과하든, 우리를 단절시키거나 얽매이게 만든다. 불안이 엄습할 때 당신은 둘 중 어떤 쪽을 선택하곤 하는가? 그럴 때 당신의 모습은 어떠한가?
- 자기 분화는 특별히 극심하게 불안할 때 하나님, 다른 사람, 우리 자신에 대해 호기심을 가지고 가까이 다가가는 것이다. 이를 성공적으로 해낸 적이 있는지 떠올려 보라. 만약 그런 경험이 없다면 아직 자기 분화가 일어나지 않은 이유가 무엇이라고 생각하는가?
- 차분한 현존을 함양하기 위한 세 가지 훈련은 감정적 자기 조절, 내면의 메시지 밝히기, 분명하게 말하기이다. 지금 당신의 삶에서 이 중 어디에 우선순위를 두어야 하겠는가? 그 이유는 무엇인가?

▶ 7장 장애물이 아니라 다리

관계 형성하기
당신이 자라 온 가정은 갈등을 어떻게 해결했는가? 이런 방식은 당신이 관계를 맺는 데 어떤 영향을 미치는가?

성경 공부: 갈라디아서 2:11-21
- 본문을 읽으라. 어떤 단어 혹은 구절이 눈에 들어오는가?
- 갈라디아서의 상황과 관련하여 이 책 191-198쪽이 제시하는 맥락을 검토해 보라.
- 만약 베드로의 위선에 바울이 맞서지 않았다면 교회는 어떻게 되었겠는가?
- 성경에 나타난 갈등의 의미는 무엇인가?

개인 성찰
이 성경 본문에 비추어 볼 때, 오늘 당신을 향한 하나님의 초대는 무엇이라고 생각하는가?

다음 단계로 넘어가기
- 관계는 천상의, 지옥 같은, 긴장 유지라는 세 단계로 묘사할 수 있다. 단일한 관계에서 이 세 가지 모두를 경험한 적이 있는가?
- 이번 장에서 삼각관계가 건강한 갈등을 방해하는 것을 보았다. 당신은 얼마나 자주 갈등 관계에서 삼각관계를 만드는가? 그렇게 하는 이유는 무엇인가?
- 이번 장에서 "정정당당한 싸움"의 단계를 살펴보라. 현재 겪고 있는 갈등 상황을 생각해 보라. 7-10분가량 네 단계에 대한 자신의 생각을 적어 보라. 당신이 편안하다고 느낀다면, 당신이 쓴 내용을 모임에서 나눠 보라.

8장   용서의 선물

관계 형성하기
용서를 구하는 것과 용서를 베푸는 것 중 어떤 것이 더 어려운가? 그 이유는 무엇인가?

성경 공부: 마태복음 18:21-35
- 본문을 읽으라. 어떤 단어 혹은 구절이 눈에 들어오는가?
- 일곱 번씩 일흔 번 용서하라는 예수님의 말씀을 읽을 때 당신은 어떤 느낌이 드는가?
- 어떻게 용서받은 사람은 자신이 용서받은 후에도 그의 종을 가혹하게 대했을까?
- 하나님의 용서하심에 대해 당신은 얼마나 자주 생각하는가? 이것은 당신 삶을 어떻게 바꾸었는가?

개인 성찰
이 성경 본문에 비추어 볼 때, 오늘 당신을 향한 하나님의 초대는 무엇이라고 생각하는가?

다음 단계로 넘어가기
- 용서를 받고서도 용서하지 못하는 감옥에 갇혀 살 수 있다. 개인적으로 당신은 이 사실을 언제 알게 되었는가?
- 용서를 생각할 때 다음 네 가지 진술 중 당신에게 가장 큰 도전을 주는 진술은 무엇인가?
    1. 용서는 망각을 의미하지 않는다.
    2. 용서는 죄의 결과가 없다는 뜻이 아니다.
    3. 용서는 더 이상 슬픔의 고통을 느끼지 않는다는 뜻이 아니다.
    4. 용서는 꼭 상대와의 화해를 의미하지는 않는다.
- 하나님이 당신을 향해 누구를 용서하라고 하신다고 느끼는가? 이 책 225쪽에서 『너무 빨리 용서하지 마라』라는 책에 빗대 설명하는 용서의 5단계를 살펴보라. 당신은 지금 어느 단계에 있다고 생각하는가?

▶ 9장   공적인 사랑

관계 형성하기
세상의 불의 중 무엇이 당신의 인생에 가장 큰 슬픔과 분노를 일으키는가?

성경 공부: 아모스 5:21-24
- 본문을 읽으라. 어떤 단어 혹은 구절이 눈에 들어오는가?
- 이 구절을 현대의 언어로 번역한다면 이는 어떻게 읽히겠는가? 5분가량 이를 작성해 보라.
- 불의가 계속될 때 주님은 어떤 제물도 받지 않으신다고 (아모스서를 통해) 주님이 하시는 말씀에서 어떤 영적 의미를 이끌어 낼 수 있는가?

개인 성찰
이 성경 본문에 비추어 볼 때, 오늘 당신을 향한 하나님의 초대는 무엇이라고 생각하는가?

다음 단계로 넘어가기
- 당신이 예수님을 따르는 데 정의가 한 역할은 무엇인가? 그렇게 생각하는 이유는 무엇인가?
- 능력주의는 종종 사람들이 정의를 추구하지 못하게끔 막는다. 이런 사상은 당신과 세상의 불평등에 반응하는 당신의 방식에 어떤 영향을 미치는가?
- 이번 장은 정의를 실천하기 위한 세 가지 방식을 제시한다. 존중이 담긴 응시, 지역 차원의 참여, 대항문화적 공동체가 그것이다. 이 중 당신의 삶에서 지금 가장 우선순위를 두어야 하는 것은 무엇인가? 구체적으로 어떻게 실천할 수 있겠는가?

들어가며

1 Langston Hughes, *The Collected Poems of Langston Hughes*, ed. Arnold Rampersad (New York: Vintage, 1995), p. 135. 이 비범한 시의 전문을 읽어 볼 것을 권한다.

1장 사랑하지 않음

1 성 아우구스티누스, 마르틴 루터, 칼 바르트의 저작에 나오는 *incurvatus in se*에 대한 온전한 설명을 원한다면 다음을 보라. Matt Jenson, *The Gravity of Sin: Augustine, Luther, and Barth on homo incurvatus in se* (London: T&T Clark, 2007).
2 "Question 1", Westminster Short Catechism Project, www.shortercatechism.com/resources/wsc/wsc_001.html.
3 Barbara Brown Taylor, *Speaking of Sin: The Lost Language of Salvation* (Lanham, Md.: Cowley, 2001), p. 4. 『잃어버린 언어를 찾아서』(비아).
4 Thomas Merton, *New Seeds of Contemplation* (Boston: Shambhala, 1961), pp. 94-95. 『새 명상의 씨』(가톨릭출판사).
5 Edwin H. Friedman, *A Failure of Nerve, Revised Edition: Leadership in the Age of the Quick Fix* (New York: Church Publishing, 2017), p. 58.
6 Karl Barth, *Church Dogmatics: The Doctrine of Reconciliation*, trans. G. W. Bromiley, eds. G. W. Bromiley and T. F. Torrance (New York: T&T Clark International, 2004), p. 144. 『교회교의학』(대한기독교서회).
7 Taylor, *Speaking of Sin*, p. 47, 강조 추가.

2장 보이지 않는 적

1 Wade Goodwyn, "Waco Recalls a 90-Year-Old 'Horror'", NPR, May 13, 2006, https://www.npr.org/templates/story/story.php?storyId=5401868.
2 James H. Cone, *The Cross and the Lynching Tree* (Maryknoll, N.Y.: Orbis Books, 2011), xiv.
3 Walter Wink, *Unmasking the Powers: The Invisible Forces That Determine Human Existence* (Philadelphia, Pa.: Fortress, 1986), p. 41. 『사탄의 가면을 벗겨라』(한국기독교연구소).
4 Hendrik Berkhof, *Christ and the Powers*, trans. John H. Yoder (Scottdale, Pa.: Herald, 1977), p. 29.

5　James H. Cone, *A Black Theology of Liberation* (Maryknoll, N.Y.: Orbis Books, 2010), p. 33.

6　C. S. Lewis, *The Screwtape Letters* (New York: HarperOne, 2001), ix. 『스크루테이프의 편지』(홍성사).

7　Eldon L. Ham, "The Immaculate Deception: How the Holy Grail of Protectionism Led to the Great Steroid Era", *Marquette Sports Law Review* 19, no. 1 (Fall 2008): p. 212, 강조 추가, https://scholarship.law.marquette.edu/cgi/viewcontent.cgi?article=1027&context=sportslaw.

8　David E. Fitch, *The Church of Us vs. Them: Freedom from a Faith That Feeds on Making Enemies* (Grand Rapids, Mich.: Brazos, 2019), p. 28.

9　Reinhold Niebuhr, *Moral Man and Immoral Society: A Study in Ethics and Politics* (Louisville, Ky.: Westminster John Knox, 2021). 『도덕적 인간과 비도덕적 사회』(문예출판사).

10　Martin Luther King, Jr., *A Testament of Hope: The Essential Writings and Speeches*, ed. James Melvin Washington (New York: HarperCollins, 1991), p. 250.

11　Sherry Turkle, *Alone Together: Why We Expect More from Technology and Less from Each Other* (New York: Basic Books, 2011), p. 243. 『외로워지는 사람들』(청림출판).

12　Marva J. Dawn, *Powers, Weakness, and the Tabernacling of God* (Grand Rapids, Mich.: Eerdmans, 2001), p. 149. 『세상권세와 하나님의 교회』(복있는사람).

13　Peter Storey, in Donald B. Kraybill and Linda Gehman Peachey, eds., *Where Was God on September 11? Seeds of Faith and Hope* (Scottdale, Pa.: Herald, 2002).

3장　걸림이 되는 상처, 거룩한 상처

1　Bessel van der Kolk, *The Body Keeps the Score: Brain, Mind, and Body in the Healing of Trauma* (New York: Penguin Books, 2015), p. 1. 『몸은 기억한다』(을유문화사).

2　Barna Group, *Trauma in America: Understanding How People Face Hardships and the Church Offers Hope* (New York: American Bible Society, 2020), p. 25.

3　Parker J. Palmer, *A Hidden Wholeness: The Journey Toward an Undivided Life* (San Francisco: Jossey-Bass, 2009), p. 123. 『다시 집으로 가는 길』(한언).

4　Merriam-Webster, s.v. "trauma", www.merriam-webster.com/dictionary/trauma?utm_campaign=sd&utm_medium=serp&utm_source=jsonld.

5　Resmaa Menakem, *My Grandmother's Hands: Racialized Trauma and the Pathway to Mending Our Hearts and Bodies* (Las Vegas: Central Recovery,

2017), p. 8.
6 Sheila Wise Rowe, *Healing Racial Trauma: The Road to Resilience* (Downers Grove, Ill.: InterVarsity, 2020), p. 10.
7 Rowe, *Healing Racial Trauma*, p. 10.
8 Robert Stolorow, *Trauma and Human Existence: Autobiographical, Psychoanalytic, and Philosophical Reflections* (New York: Routledge, 2007), p. 10. 다음 책에 인용됨. Rich Villodas, *The Deeply Formed Life: Five Transformative Values to Root Us in the Way of Jesus* (Colorado Springs, Colo.: WaterBrook, 2020), pp. 113-114. 『예수님께 뿌리내린 삶』(IVP).
9 Gabor Maté, *When the Body Says No: Exploring the Stress-Disease Connection* (Hoboken, N.J.: Wiley, 2011), p. 203. 『몸이 아니라고 말할 때』(김영사).
10 Brené Brown, *Dare to Lead: Brave Work, Tough Conversations, Whole Hearts* (New York: Random House, 2018), p. 166. 『리더의 용기』(갤리온).
11 Curt Thompson, *Anatomy of the Soul: Surprising Connections between Neuroscience and Spiritual Practices That Can Transform Your Life and Relationships* (Carol Stream, Ill.: Tyndale, 2010), p. 118. 『영혼의 해부학』(IVP).
12 Van der Kolk, *Body Keeps the Score*, p. 13.
13 Stolorow, *Trauma and Human Existence*, p. 10.
14 Shelly Rambo, *Resurrecting Wounds: Living in the Afterlife of Trauma* (Waco, Tex.: Baylor University, 2017), p. 4.
15 Rambo, *Resurrecting Wounds*, p. 145.

4장 기도의 문제

1 공립 학교에서의 기도에 분명 여러 유익이 있지만, 학교에서 기도가 이루어지던 시절의 (1962년 공립 학교에서의 기도가 금지되기 이전의) 미국에도 인종 분리 정책과 인종 차별을 포함한 수많은 사회 문제가 있었음을 기억하자.
2 Saint Augustine, *Confessions: A New Translation by Sarah Ruden* (New York: Modern Library, 2018), p. 63.
3 John H. Coe and Kyle C. Strobel, eds., *Embracing Contemplation: Reclaiming a Christian Spiritual Practice* (Downers Grove, Ill.: InterVarsity, 2019), p. 35.
4 Karl Rahner, "Christian Living Formerly and Today", *Theological Investigations VII*, trans. David Bourke (New York: Herder and Herder, 1971), p. 15.
5 "1987 PDFA Anti-Drug Commercial (This Is Your Brain on Drugs)", streamed on July 14, 2011, YouTube video, 0:14, posted by "K. J. Norman", www.youtube.com/watch?v=F0kCYP_iPtg.
6 Andrew Newberg and Mark Robert Waldman, *How God Changes Your Brain:*

Breakthrough Findings from a Leading Neuroscientist (New York: Ballantine Books, 2010), p. 7.
7 Benedicta Ward, ed. and trans., *The Desert Fathers: Sayings of the Early Christian Monks* (New York: Penguin Books, 2003), p. 20.
8 Ward, *Desert Fathers*, p. 98.
9 Internet Live Stats, www.internetlivestats.com.
10 Douglas Steere, 다음 책에서 인용. Thomas Merton, *Contemplative Prayer* (New York: Doubleday, 1996), p. 12.

5장 거짓 자아의 벽을 넘어서

1 Thomas Merton, *New Seeds of Contemplation* (Boston: Shambhala, 1961), p. 36.
2 M. Robert Mulholland, Jr., *The Deeper Journey: The Spirituality of Discovering Your True Self* (Downers Grove, Ill.: InterVarsity, 2016), p. 24. 『예수의 길에서 나를 만나다』(살림).
3 Richard Rohr, 다음 책에서 인용. Alice Fryling, *Mirror for the Soul: A Christian Guide to the Enneagram* (Downers Grove, Ill.: InterVarsity, 2017), p. 10.
4 John Sanidopoulos, "Life and Sayings of Holy Abba John the Dwarf", *Orthodox Christianity Then and Now* (blog), November 9, 2016, www.johnsanidopoulos.com/2010/11/saint-john-dwarf-kolovos.html.
5 Dallas Willard, 다음 책에서 인용. John Ortberg, *Soul Keeping: Caring for the Most Important Part of You* (Grand Rapids, Mich.: Zondervan, 2014), p. 22. 『내 영혼은 무엇을 갈망하는가』(국제제자훈련원).

6장 반사적 반응에 저항하기

1 Murray Bowen, 다음 책에서 인용. Ronald W. Richardson, *Becoming a Healthier Pastor: Family Systems Theory and the Pastor's Own Family* (Minneapolis, Minn.: Fortress, 2005), p. 18.
2 Ronald W. Richardson, *Becoming a Healthier Pastor*, p. 18.
3 Peter L. Steinke, *Congregational Leadership in Anxious Times: Being Calm and Courageous No Matter What* (Lanham, Md.: Rowman & Littlefield, 2006), p. 45.

7장 장애물이 아니라 다리

1 Dietrich Bonhoeffer, *Life Together*, Dietrich Bonhoeffer Works—Reader's Edition, ed. Victoria J. Barnett, trans. Daniel W. Bloesch (Minneapolis, Minn.: Fortress, 2015), p. 10. 『성도의 공동생활』(복있는사람).
2 Sherry Turkle, *Reclaiming Conversation: The Power of Talk in a Digital Age*

(New York: Penguin, 2015), p. 29. 『대화를 잃어버린 사람들』(민음사).
3 Turkle, *Reclaiming Conversation*, p. 28.
4 Curt Thompson, *The Soul of Shame: Retelling the Stories We Believe About Ourselves* (Downers Grove, Ill.: InterVarsity, 2015), p. 25. 『수치심』(IVP).
5 Edwin H. Friedman, *Generation to Generation: Family Process in Church and Synagogue* (New York: Guilford, 1991), p. 35.
6 Peter and Geri Scazzero, *Emotionally Healthy Relationships: Discipleship That Deeply Changes Your Relationship with Others (Workbook)* (Grand Rapids, Mich.: Zondervan, 2017), pp. 131-132.

8장 용서의 선물

1 Bobby Allyn, "Ex-Dallas Officer Who Killed Man in His Own Apartment Is Found Guilty of Murder", NPR, October 1, 2019, www.npr.org/2019/10/01/765788338/ex-dallas-officer-who-killed-neighbor-in-upstairs-apartment-found-guilty-of-murd.
2 Giovanna Albanese, "Dead Victim's Brother Speaks of Christ, Extends Forgiveness to Convicted Officer", Decision, October 3, 2019, https://decisionmagazine.com/dead-victims-brother-speaks-christ-extends-forgiveness-convicted-officer.
3 Miroslav Volf, *Free of Charge: Giving and Forgiving in a Culture Stripped of Grace* (Grand Rapids, Mich.: Zondervan, 2005), pp. 15-16. 『베풂과 용서』(복있는사람).
4 Volf, *Free of Charge*, p. 130.
5 이 개념의 문화적 배경에 대해서는 Frederick Dale Bruner의 다음 마태복음 주석을 보라. *Matthew: A Commentary* (Grand Rapids, Mich.: Eerdmans, 2004), p. 561.
6 Dennis Linn, Sheila Fabricant Linn, and Matthew Linn, *Don't Forgive Too Soon: Extending the Two Hands That Heal* (New York: Paulist, 1997), iv, p. 29. 『너무 빨리 용서하지 마라』(성바오로).
7 Molly Howes, *A Good Apology: Four Steps to Make Things Right* (New York: Grand Central, 2020). 『그때 이렇게 말했더라면』(웅진지식하우스).
8 William H. Willimon, *Thank God It's Friday: Encountering the Seven Last Words from the Cross* (Nashville: Abingdon, 2006), p. 11.
9 Henri Nouwen, 다음 책에서 다르게 풀어서 소개. Brennan Manning, *The Signature of Jesus: The Call to a Life Marked by Holy Passion and Relentless Faith* (Colorado Springs, Colo.: Multnomah, 2004), p. 149. 『그대 주님을 따르려거든』(좋은씨앗).

9장   공적인 사랑

1 Howard Thurman, *Jesus and the Disinherited* (Boston: Beacon, 2012), p. 7.
2 Scot McKnight, *A Community Called Atonement*, Living Theology, ed. Tony Jones (Nashville: Abingdon, 2007), p. 124.
3 Fleming Rutledge, *The Crucifixion: Understanding the Death of Jesus Christ* (Grand Rapids, Mich.: Eerdmans, 2015), p. 134. 『예수와 십자가 처형』(새물결플러스).
4 McKnight, *Community Called Atonement*, p. 236.
5 Tyler Conway, "James Blake, Former Tennis Star, Detained by Police in Case of Mistaken Identity", Bleacher Report, https://bleacherreport.com/articles/2563853-james-blake-former-tennis-star-detained-by-police-in-case-of-mistaken-identity.
6 Abby Goodnough, "Harvard Professor Jailed: Officer Is Accused of Bias", *The New York Times*, July 20, 2009, https://nytimes.com/2009/07/21/us/21gates.html.
7 James H. Cone, *A Black Theology of Liberation* (Maryknoll, N.Y.: Orbis Books, 2010), p. 33.
8 Annie Correal and Desiree Rios, "'It's Not Enough': Living Through a Pandemic on $100 a Week", *The New York Times*, May 23, 2021, https://nytimes.com/interactive/2021/05/23/nyregion/undocumented-immigrants-poverty-nyc.html.
9 Ralph Ellison, *Invisible Man*, 2nd ed. (New York: Modern Library, 1994), p. 3.
10 Fyodor Dostoyevsky, *The Brothers Karamazov*, trans. Constance Garnett, Dover Thrift ed. (New York: Dover, 1998), p. 101.
11 이 인용문의 정확한 출처를 찾지 못했다. 하지만 내가 이 말을 하우어워스의 강연 중 한 군데서 들었다고 확신한다. 그는 다음 책의 서문에서 그와 비슷한 말을 한다. *Community of Character: Toward a Constructive Christian Social Ethic* (Notre Dame, Ind.: University of Notre Dame, 1991). 『교회됨』(북코리아).

나가며

1 Ruth Burrows, *Living in Mystery* (New York: Sheed and Ward, 1999), p. 96.
2 Brennan Manning, *The Ragamuffin Gospel: Good News for the Bedraggled, Beat-Up, and Burnt Out* (Colorado Springs, Colo.: Multnomah, 2005), p. 25. 『한없이 부어주시고 끝없이 품어주시는 하나님의 은혜』(규장).

옮긴이 홍종락은 학부에서 언어학을 공부했고, 한국해비타트에서 간사로 일했다. 2001년 후반부터 현재까지 아내와 한 팀을 이루어 번역가로 일하고 있으며, 번역하며 배운 내용을 자기 글로 풀어낼 궁리를 하며 산다. 저서로 『악마의 눈이 보여 주는 것』(비아토르), 『오리지널 에필로그』, 공저로 『나니아 나라를 찾아서』(이상 홍성사)가 있고, 역서로는 『그리스도인은 누구인가』(공역) 『예수님께 뿌리내린 삶』 『덕과 성품』 『한나의 아이』 『리딩 더 타임스』(이상 IVP), 『평화의 나라』 『폐기된 이미지』(이상 비아토르), 『실낙원 서문』 『오독』 『이야기에 관하여』 『영광의 무게』(이상 홍성사), 『한밤을 걷는 기도』(두란노) 등이 있다. 2009 'CTK(크리스채너티 투데이 한국판) 번역가 대상'과 2014년 한국기독교출판협회 선정 '올해의 역자상'을 수상했다.

하나님의 사랑, 우리를 빚다

초판 발행_ 2024년 2월 20일

지은이_ 리치 빌로다스
옮긴이_ 홍종락
펴낸이_ 정모세

펴낸곳_ 한국기독학생회출판부
등록번호_ 제2001-000198호(1978.6.1)
주소_ 04031 서울시 마포구 동교로 156-10
대표 전화_ (02)337-2257 팩스_ (02)337-2258
영업 전화_ (02)338-2282 팩스_ 080-915-1515
홈페이지_ http://www.ivp.co.kr 이메일_ ivp@ivp.co.kr
ISBN 978-89-328-2226-6

ⓒ 한국기독학생회출판부 2024

책값은 뒤표지에 있습니다.
무단 전재와 복제를 금합니다.